新疆師範大學
黃文弼中心叢刊

黃文弼

所獲西域文書

榮新江　朱玉麒　主編

上

中西書局

圖書在版編目（CIP）數據

黄文弼所獲西域文書 / 榮新江, 朱玉麒主編. — 上海: 中西書局, 2023

ISBN 978-7-5475-1693-5

Ⅰ.①黄… Ⅱ.①榮… ②朱… Ⅲ.①文史資料—西域—文集 Ⅳ.①K294.5-53

中國國家版本館CIP數據核字（2023）第071511號

黄文弼所獲西域文書

榮新江　朱玉麒　主編

責任編輯	伍珺涵
裝幀設計	梁業禮
責任印製	朱人傑
出版發行	上海世紀出版集團 中西書局 (www.zxpress.com.cn)
地　　址	上海市閔行區號景路159弄B座（郵政編碼：201101）
印　　刷	上海中華印刷有限公司
開　　本	787毫米 × 1092毫米　1/16
印　　張	30.75　插頁 24
字　　數	499 000
版　　次	2023年6月第1版　2023年6月第1次印刷
書　　號	ISBN 978-7-5475-1693-5/K·426
定　　價	298.00元（全二册）

本書如有質量問題，請與承印廠聯繫。電話：021-69213456

Series of Huang Wenbi Institute of Xinjiang Normal University

Manuscripts and Blockprints from the Western Regions Acquired by Huang Wenbi

Edited by
Rong Xinjiang and Zhu Yuqi

ZHONGXI BOOK COMPANY

國家社會科學基金重大項目
"中國西北科學考查團文獻史料整理與研究"（編號：19ZDA215）
階段性成果

國家社會科學基金重點項目
"中國國家博物館藏敦煌吐魯番文獻整理與研究"（編號：21AZD126）
階段性成果

2019 年度中央財政支持地方高校改革發展
專項資金項目成果

國家古籍整理出版專項經費資助項目

主　　編：

榮新江　　朱玉麒

編纂人員（按姓氏拼音順序）：

畢　波	党寶海	荻原裕敏	段　晴
付　馬	貢一文	胡曉丹	劉子凡
孟憲實	裴成國	慶昭蓉	沈　琛
史　睿	王小文	王　湛	吳華峰
徐玉娟	姚崇新	意　如	游自勇
袁　勇	周　珊		

文書攝影：

李　洋　　苑　雯　　邱曉昕

黄文弼

（紀峰雕塑）

謹以此集紀念

黃文弼先生（1893—1966）誕辰130周年

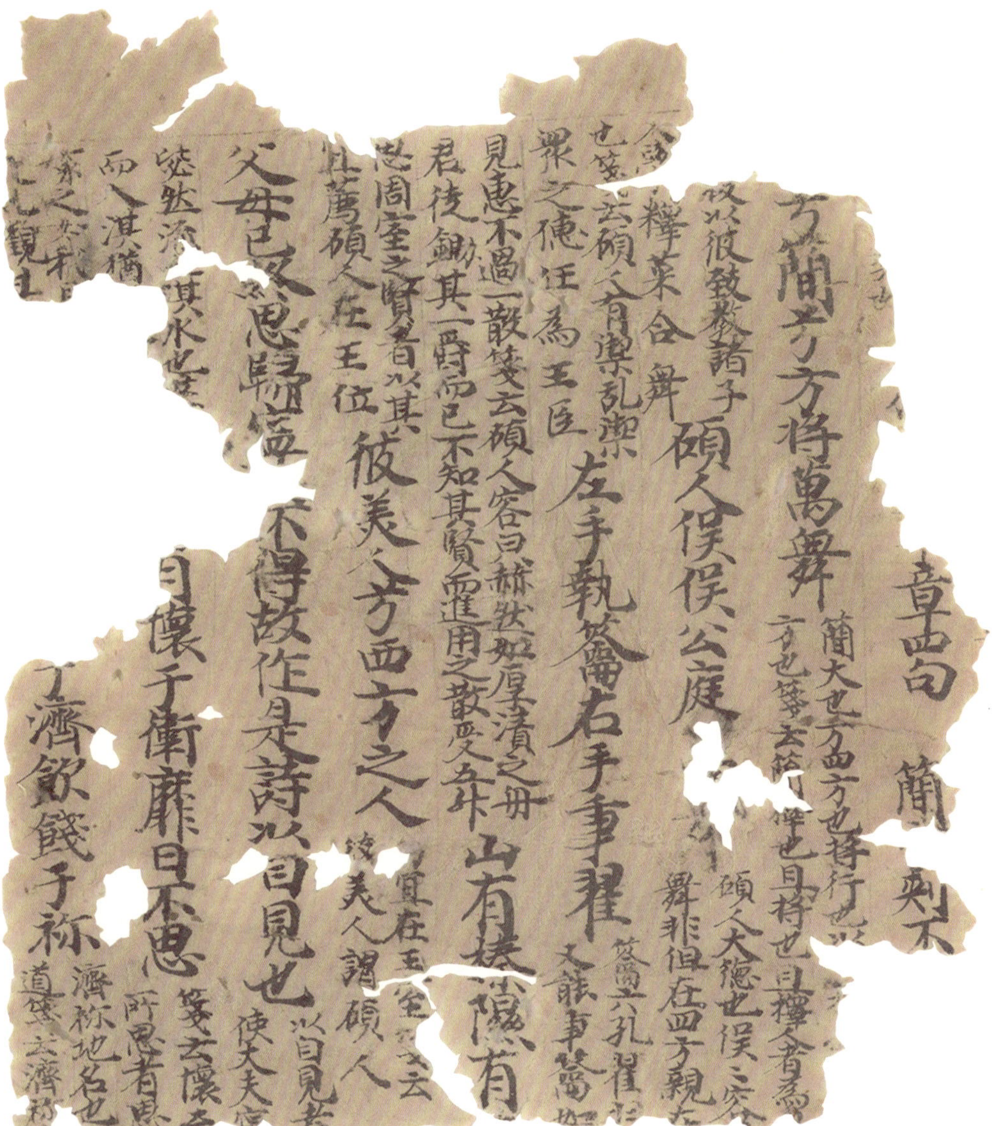

H1 《毛詩・邶風・旄丘～泉水》

是道是趣善勝故說方便是三陰戒上止智
問非為重說戒耶苔前巳說善勝有二種一
受生二出要前戒受生此出要戒義者是習
義問此云何苔戒者正語業命正語正業正
命是三種名戒正語者離兩舌惡口妄言綺
語正業者離殺盜婬正命者此立僧食乞食

衣藥具是正命餘邪命優婆塞離五莘
酒肉眾生是謂正命問云何上止苔
進念定上止者滿具復次滅婬怒癡謂
止向彼住故說上止是三種戒
者力若說進當知巳說力復
進者行此能進至善勝故說

H17r + H18r 《三法度論》卷一《德品》

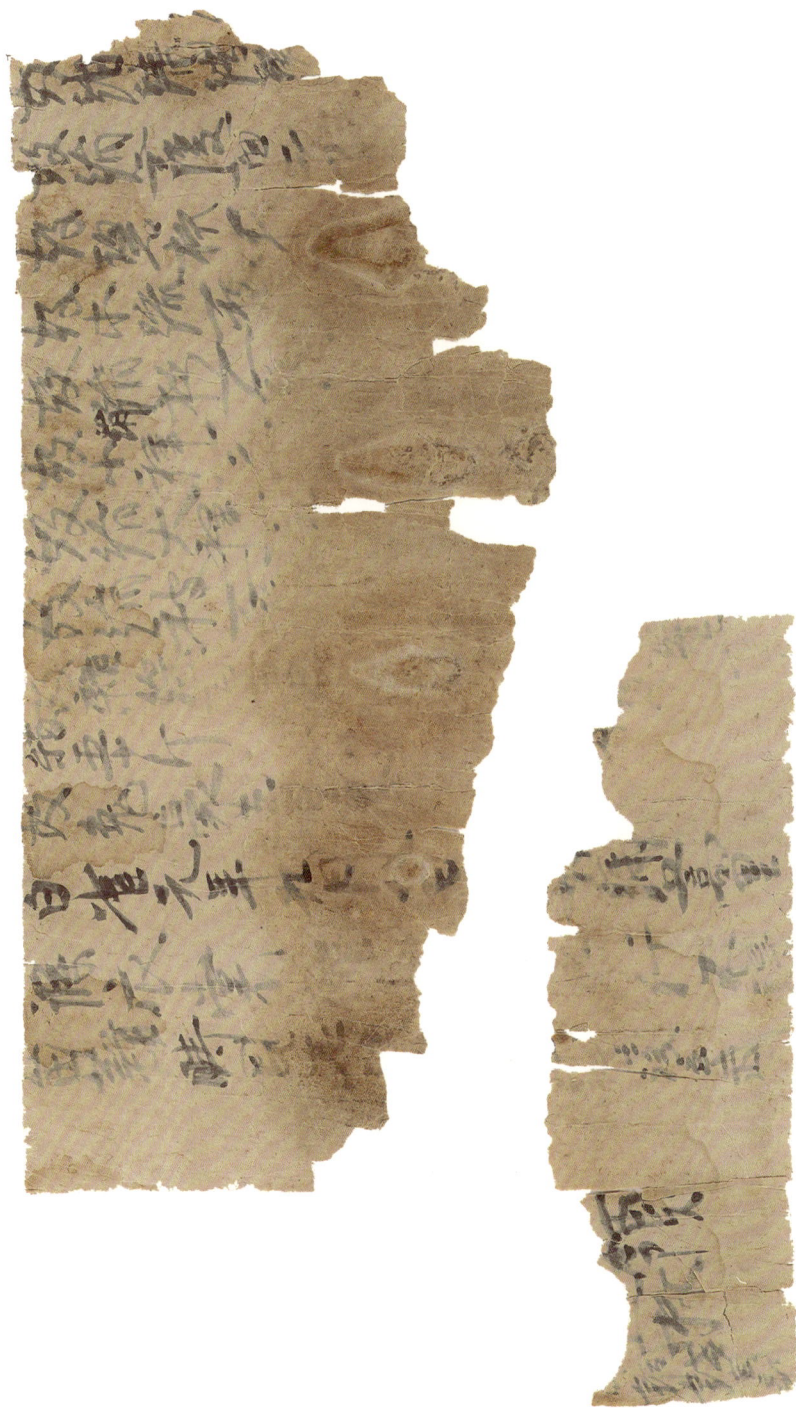

白雀元年衣物疏

H20、H21

H54　回鶻文音寫梵語《大隨求陀羅尼經》咒語（5r）

H56　回鶻文西州回鶻早期摩尼教教團或私人田産地租入歷

H81　龜玆語某寺經濟文書

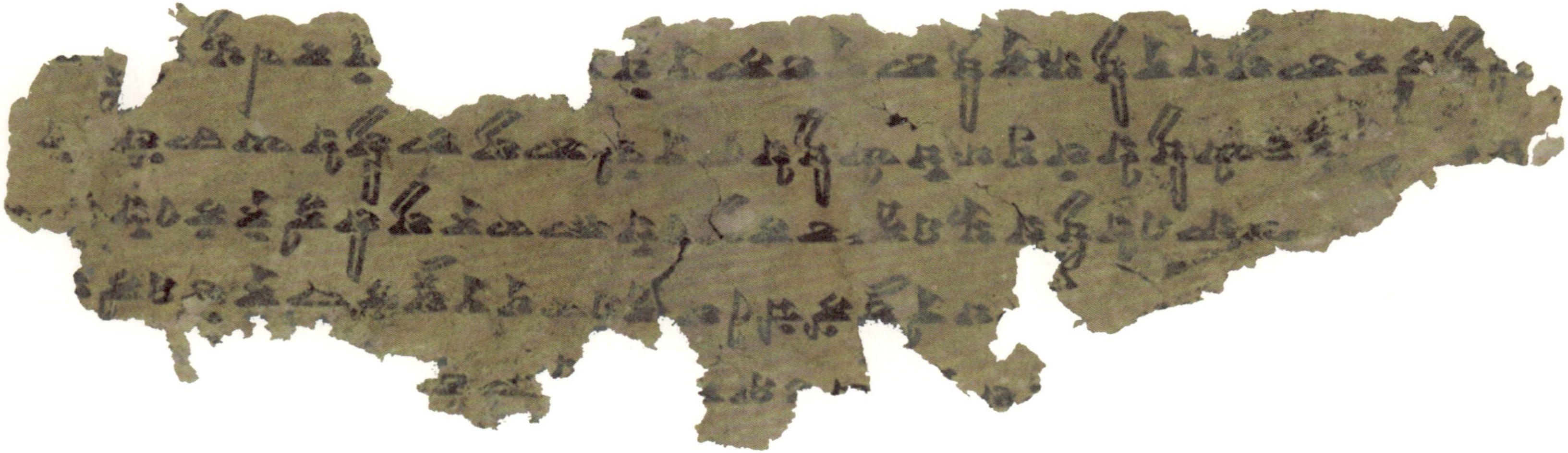

H82r 梵語《妙法蓮華經・普賢菩薩勸發品》

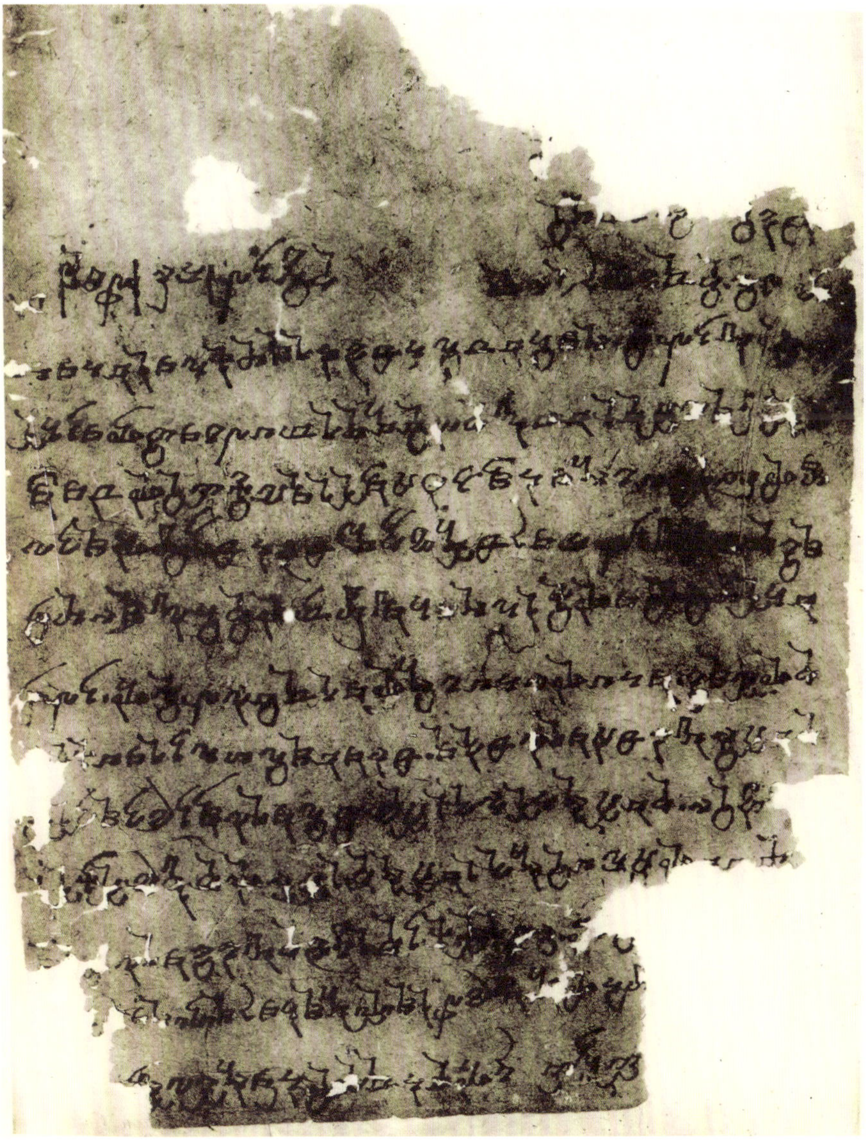

H111　據史德語郁頭王三年烏郎承諾書

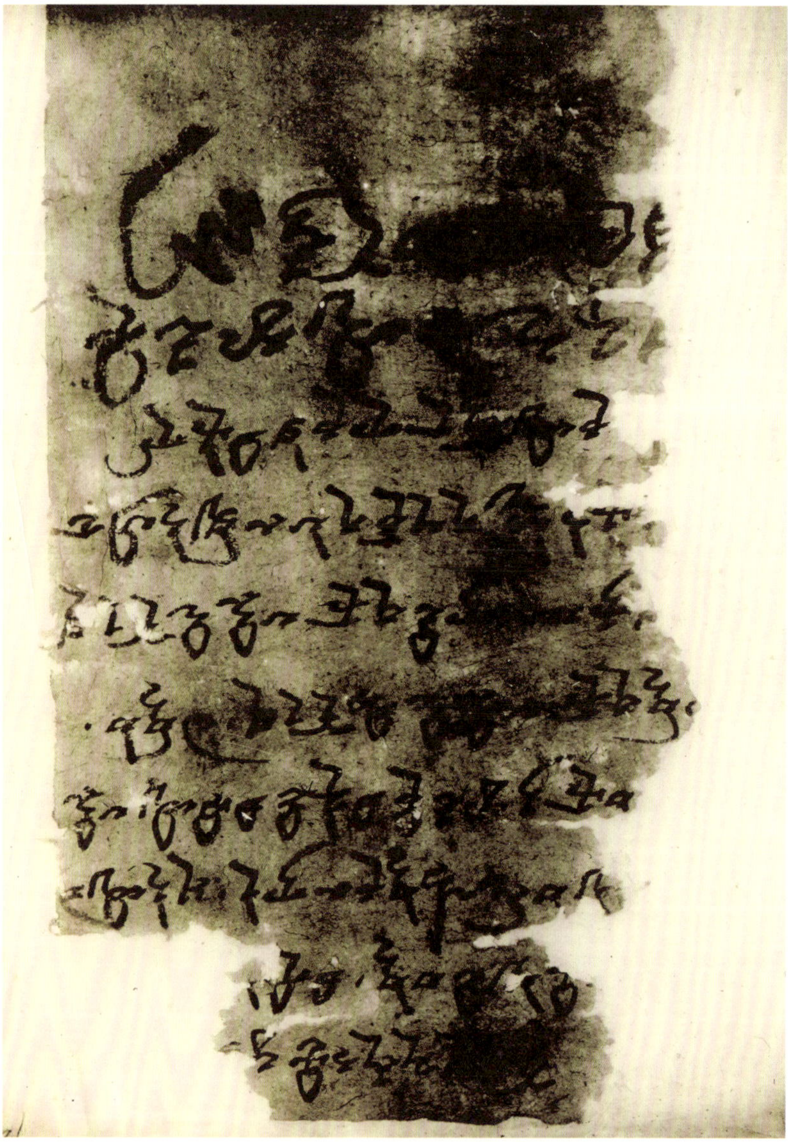

H112　據史德語供養師傅文書

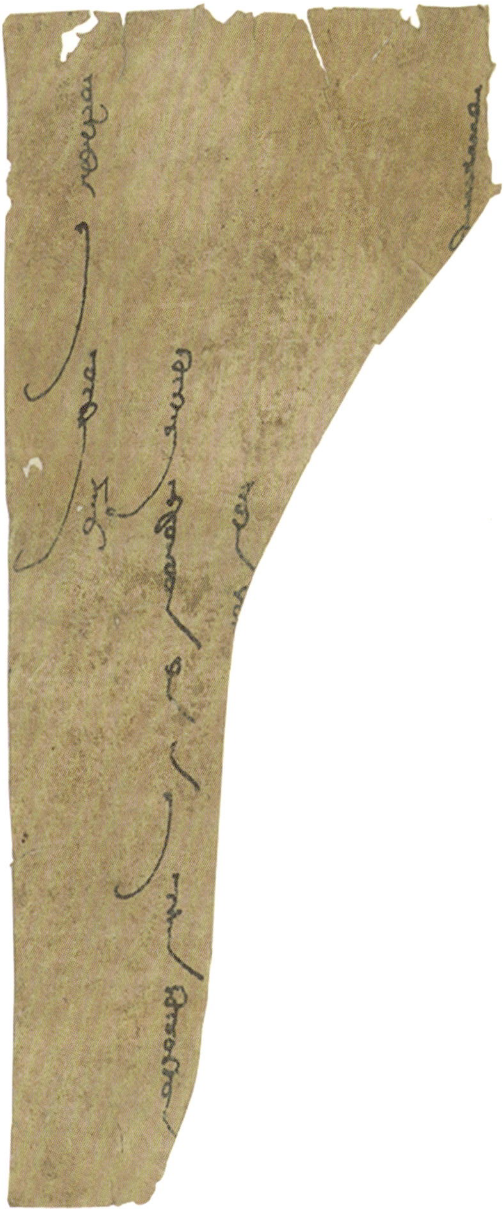

H129 蒙古文完者不花致寬徹亦都護文書（一）

H130　蒙古文完者不花致寬徹亦都護文書（二）

目　録

漢文文書

胡語文書

前　言

　　《黄文弼所獲西域文書》是黄文弼先生（1893—1966）在 1927 年以來的西北科學考察活動中所獲西域文書的第一次完整結集。

一

　　黄文弼是 20 世紀著名的考古學家、西北史地學家。他早年就讀於北京大學哲學門，於 1918 年畢業留校，任職於北京大學研究所國學門，致力於宋明理學和目録學的研究。1924 年，北京大學成立考古學會，他是最早的會員之一，學術興趣也轉向新興的考古研究。1927 年以後，他的學術人生與中國西北地區，特別是新疆的考古活動聯繫在一起，他一生四次到新疆考察，成爲新疆考古事業的先驅者和奠基人。

　　1927 年，中國學術團體協會與瑞典地理學家斯文·赫定（Sven Hedin）合組的“中國西北科學考查團”成立，黄文弼作爲首批中方考查團成員中唯一的考古工作者，隨團由北京出發，赴内蒙古、新疆考察，歷時三年餘。他在新疆的吐魯番和塔里木盆地、羅布淖爾地區做了許多考古工作。此後的 1933—1934 年間，黄文弼又以教育部特派員之職，隨斯文·赫定的“綏新公路查勘隊”再次西行，到内蒙古和新疆考察教育和古代文化，在羅布淖爾地區從事進一步的考古工作。1943—1944 年間，他受西北大學委托，隨“國父實業計劃西北考察團”第三次赴西北考察，沿河西走廊進入新疆，在天山南北，尤其是之前未曾經歷的巴里坤、奇台、吉木薩爾、伊犁、塔城、阿勒泰一綫進行考察。新中國成立後，他成爲中國科學院考古研究所的研究員，曾以六十四歲的高齡，於 1957—1958 年間，第四次到新疆，在哈密、伊犁、焉耆、庫車等地進行考古調查工作。

　　黄文弼不但在西北地區做了重要的考古調查與發掘，從 1930 年起，還撰寫了大量考古報告和研究論著，其成果在中國考古學的許多領域具有首創性和開拓性。他早年的幾部新疆考古報告，以"三記兩集"爲代表，即《高昌磚集》[1]、《高昌陶集》[2]、《羅布淖爾考古記》[3]、《吐魯番考古記》[4]、《塔里木盆地考古記》[5]，記述其在新疆各地考古調查、發掘的經過，并對所收集的文物資料做了儘可能詳細的考釋。在艱難困苦的環境下，這些具有開創性的考古調查報告，成爲中國學者在新疆考古工作中的奠基之作。在《高昌陶集》出版之初，外國學者就曾對於黄文弼突破中國古器物學研究模式的這一標誌性成果，對中國考古學的進步表示慶賀，認爲"隨著發掘的進行，考古學漸漸被采用了其本來應有的面目形式"[6]。事實也的確如此，除了"兩集"的專題性報告外，"三記"圍繞著新疆考古的三個區域，就考古挖掘的遺址和采集的各種文物，都做了詳細的工作經過描述和考古學圖説；文物中，舉凡石器、壁畫、塑像、陶範、木雕、織品、錢幣、銅石、漆器、草器、簡紙文書等，均分門別類予以相當仔細的研究性記録，提供了20世紀上半葉中國學者參與西北科學考察最爲翔實的考古學範本。這一報告範式也一直延續到他晚年最後一次新疆考古活動，其遺著《新疆考古發掘報告（1957—1958）》彙總了在新疆四個地區的考古調查，詳盡記録了遺址和文物的各種細節[7]。

可以説，黄文弼的新疆考古實踐與研究成果擴大了傳統史學研究的範圍，開啓了新疆考古史的新篇章，他被學界譽爲"新疆考古第一人"，當之無愧。

二

大量文字文物的出土與徵集，是黄文弼西北考古活動中的重要收穫，其中包括簡牘、碑誌、印章、錢幣和紙質寫本、印本等豐富的載體。對於精研

---

[1]《高昌磚集》，北平：西北科學考查團理事會，1931年；第二版，北京：科學出版社，1951年。
[2]《高昌陶集》，北平：西北科學考查團理事會，1933年。
[3]《羅布淖爾考古記》，北平：國立北平研究院史學研究所、中國西北科學考察團，1948年。
[4]《吐魯番考古記》，北京：中國科學院，1954年；第二版，北京：科學出版社，1958年。
[5]《塔里木盆地考古記》，北京：科學出版社，1958年。本書還以"附注"的形式，收入了黄文弼1957—1958年第四次新疆考察期間在塔里木盆地的主要收穫。
[6] 水野清一關於《高昌陶集》的短書評，原刊《史林》第19卷第2號，1934年；此據田衛衛中譯本《日本關於黄文弼著作三種書訊》，朱玉麒、王新春編《黄文弼研究論集》，北京：科學出版社，2013年，245頁。
[7] 黄文弼《新疆考古發掘報告（1957—1958）》，北京：文物出版社，1983年。

中國典籍和目録學出身的黄文弼來説，處理這些文字材料，是最爲當行出色的。其中吐魯番的磚誌和羅布淖爾的簡牘，黄文弼確曾作爲專門的文物類別，進行過深入的研究，如《高昌磚集》這一專題性的報告，以及《羅布淖爾考古記》中相對獨立的篇章《木簡考釋》。而其他的文字文物，考慮到考古發掘品記録的全面性，都被作爲考古報告的一個文物類別，均衡分布在某些章節之中。尤其是中古時期書寫在紙本上的漢文文書類別，反映了印刷術發明之前一個階段的文化傳承方式，更是西北考古學中最難得的載體形式，黄文弼只是將他的研究心得表述在考古報告的精審録文和著録中，没有來得及做出進一步的系統梳理。

以往，在許多外國探險家的中國西北收集品中，這些文書類別總是被專門收藏，并多以探險家及其團隊的名字命名，如"斯坦因文書""伯希和文庫""斯文·赫定文書""馬達漢收集品""大谷文書"等，在彰顯這些獲得者本身的采集之功外，也使得這批文書的歸類和研究具有了比較清晰的邊界。

但是，在中國西北考察獲得的這些文獻資料，作爲中國學者的黄文弼却没有享受到這樣的殊榮。戰亂年代的動蕩不安，使得黄文弼的西北考察采集品也飽經流離，甚至部分毁於戰火。長達三十多年的西北考察歷程所采集到的文物，其最後留存下來的部分，甚至分藏中國國家博物館、故宫博物院、中國社會科學院考古研究所、臺北"中研院"歷史語言研究所等地。不同的管理體制和命名方式，使得學者很難再次綜合利用這些原件，這不僅降低了這些文獻材料的價值，也遮掩了黄文弼原本應當擁有的榮譽。

正是在這樣的背景下，本書主編之一在十年前提出了"黄文弼文書"的概念[1]，希望以黄文弼的名義，將其歷次采集而分藏各處的文書予以統一編號，在學術得以推進的當下，再度釋讀，彙編成集；以此紀念黄文弼西北考古研究貢獻的同時，也將黄文弼采集文書作爲一個綜合體，方便於進一步的研究。十年一劍，在各方面的支持、幫助下，《黄文弼所獲西域文書》因此結集成書。

---

[1] 榮新江《黄文弼所獲西域文獻的學術價值》，作者編《黄文弼所獲西域文獻論集》代前言《我們擁有"黄文弼文書"》，北京：科學出版社，2013 年，i—ii 頁。

三

　　本書收録了目前所知的 130 件黃文弼文書，它們以黃文弼所獲西域紙質文書爲主，也包括少量屬於龜兹、焉耆緑洲的胡語簡牘。

　　黃文弼在西北考察歸來之後，就以及時刊布所獲西北文物文獻爲己任。其中 20 世紀 30 年代的考察發現，歷經戰亂，最終在學術條件仍然非常艱苦的 50 年代完成了考古報告的出版。爲了儘快使學界得以利用資料，除漢文文書之外，黃文弼也儘可能地刊布了收集到的胡語文書[1]。他在 50 年代最後一次新疆考察中獲得的新材料，在考察回來的當年，就曾以“新疆考古三個月”爲題，及時做了公布[2]；在 1966 年他去世之前，這一次的報告《新疆考古發掘報告（1957—1958）》也基本完成，所惜賫志以殁，最終由考古研究所整理其遺稿，於 1983 年出版。

　　因此，黃文弼所獲文書，大部分曾在《吐魯番考古記》《塔里木盆地考古記》《新疆考古發掘報告（1957—1958）》中收録過，這些文書的保存單位，原本是中國科學院考古研究所，即今中國社會科學院考古研究所[3]。1959 年，屬於前兩種圖書中的大部分文書，曾經被調撥到即將成立的中國歷史博物館，即今中國國家博物館內。目前所知黃文弼所獲西域文書，主要分藏在以上兩家機構。

　　本書除悉數收録以上三種考古報告中刊布的文書之外[4]，也收録有此前未刊

---

[1]　如其所言，雖然“内容大部分未譯出，并有不知其種類者，今按地點分别印出以供專家研究”。黃文弼《塔里木盆地考古記》，94 頁。

[2]　考古研究所新疆考古隊《新疆考古三個月》，《考古通訊》1958 年第 5 期，37—39 頁；後改題《1957—1958 年新疆考古調查簡記》，收入黃烈編《黃文弼歷史考古論集》，北京：文物出版社，1989 年，8—16 頁。

[3]　部分黃文弼文書可能在之前的戰亂中已經丢失，黃文弼《塔里木盆地考古記·序言》：“在塔里木盆地的考察，是從一九二八年四月開始，至一九二九年十月結束，計一年零七個月。采集材料約數十箱，不幸在抗戰期間，一部分毁於兵燹，幸而器物照片及摹本與考察圖稿、筆記尚保存無缺。本書編寫大部分取材於此。”可見當時整理之材料，部分已經毁於戰火。黃文弼《塔里木盆地考古記》，序言 1 頁。

[4]　《塔里木盆地考古記》中有部分作僞文書，經研究確認後，本書未予收入。如德國梵文專家瓦爾德施密特在《中國考古學家在新疆的調查》中指出《塔里木盆地考古記》中圖版柒捌—玖拾／圖 15—27 所刊貌似於闐語的寫本都是贗品，參 E. Waldschmidt, "Chinesische archäologische Forschungen in Sin-kiang", *Orientalistische Literaturzeitung*, vol. 54/5-6, 1959, pp. 229-242；慶昭蓉中譯本見榮新江編《黃文弼所獲西域文獻論集》，277—289 頁。

布的一些文書，如 1959 年由中國科學院考古研究所調撥到中國國家博物館内的
19 件文書（H79、H113—130 的 19 個編號），這些黄文弼在新疆考察所獲文書，
因爲過於殘破或難以確定性質等原因，在前此提及的《吐魯番考古記》《塔里木
盆地考古記》中，没有能够刊印發布。此次得到合作單位中國國家博物館的支
持，我們首次影印了這些文書，并由整理小組進行了釋讀和録文工作。

　　未刊布的文書還包括原件不存而僅憑照片保留至今的兩件據史德語文書
（H111、H112），它們是黄文弼於西北歸來後的 1931 年，向當時的北京大學文
學院院長胡適匯報發現西域新語種文書時，作爲書信的附件保留下來的。珍貴
的照片舊藏中國社會科學院近代史研究所檔案館的“胡適檔案”中，現藏中國歷
史研究院圖書檔案館。雖然這兩件文書的真迹不知所在，這一文書圖片却爲我
們釐清了黄文弼文書發現的學術史上曾經發生的疑誤[1]，同時也提示我們，由於
各種社會動亂散佚的那部分黄文弼所獲西域文書，在今後依舊有進一步出現的
可能。

四

　　黄文弼文書的大部分在當年的考古報告中陸續刊布之後，就引起了學界的
普遍關注。從本書主編之一於十年前所編之《黄文弼所獲西域文獻論集》反映的
黄文弼文書公布半個世紀的研究情況來看，它們推動了以文書爲核心的西域文
史研究。我們在從事這部文書結集的過程中，也越來越深刻地認識到黄文弼文
書對於西域史地和絲綢之路研究的貢獻。

　　首先是這些文書的年代，從有紀年的《白雀元年（384）衣物疏》（H20、
H21）到《元至元三年（1266）文書殘片》（H53），涵蓋了中古時代西域將近九百
年的歷史，如在吐魯番盆地所發現的文書，從高昌郡、高昌國、唐代西州、西
州回鶻時期、察合台汗國到蒙古統治時期，幾乎都有體現。

　　其次是發現的地點，在環塔里木盆地的重要綠洲，從絲路北道的吐魯番、

---

〔1〕 劉子凡《黄文弼〈塔里木盆地考古記〉中的“托和沙賴”文書》，《理論與史學》第 2 輯，北京：中國社會科學
　　　出版社，2016 年，93—100 頁。

焉耆、庫車、拜城、圖木舒克，到絲路南道的麻札塔格、若羌古城遺址，黃文弼都采集到了相當有表現力的文書。其中有些文書在庫車獲得，而體現的却是關於吐魯番地區的地契（《回鶻文元朝某年某月某日都魯迷失·的斤賣高昌地契》，H69）；有些文書出自吐魯番，反映的却是來自黑水城的内容（《元楊真寶奴殘狀》，H50），由此可見絲綢之路上繁盛的交通狀况[1]。

再次是語文的種類，包括漢文、回鶻文、龜兹語、據史德語、梵語、帕提亞語、粟特語、藏文、蒙古文、阿拉伯文等不下十種語文種類，爲絲路語文的研究提供了多樣性的材料。其中類似回鶻文音寫漢語（H67v）、梵語（H54）等佛典文書，更體現了絲路多民族文化交融在語言上的特徵。而在主要以寫本方式體現中古時代的傳播形式之外，這些文書中還有出現在漢文和回鶻文佛典上的刻本材料，展現了印刷術自發明以來在西域地區的流行情况。

更重要的是，這些文書表現出歷史的豐富性。以數量最多的漢文文書而言，有傳統的經學、小學和子部、集部文獻，也有世俗社會的政治、經濟、軍事文書，而大量的佛教殘片又將絲綢之路上宗派林立的信仰世界綴合在我們眼前。數量僅次於漢文文書的回鶻文文書，也將更爲多樣的佛教、摩尼教世界，以及回鶻語社會的賣地契、兄弟分家書、借錢契、納糧抄、站赤文書等社會生活盡收眼底。即以文書留下的曆日記録而言，黃文弼文書就爲我們留下了絲路北道上行用貴霜曆（《龜兹語賣物文書（木簡）》，H106）、神龍曆（《唐神龍元年（705）曆日序》，H4va）和摩尼教徒曆日（《回鶻文摩尼教徒曆日》，H10v）等非常難得的文獻。

關於黃文弼文書的學術價值，主編之一在之前爲《黃文弼所獲西域文獻論集》所撰前言《黃文弼所獲西域文獻的學術價值》中，曾經做過系統的介紹，兹不贅書。這十年來，隨著整理的開展，我們也對這些文書的價值有更多的認識。如劉子凡發現了原本被黃文弼和研究者忽視的《唐神龍元年曆日序》殘片，提示黃文弼漢文文書的研究有著進一步深入的可能[2]；又如豐富的回鶻文文書的

---

〔1〕 黃文弼文書在異地出現的情况，有些也可能是把出土地搞錯的結果，需要分别對待。

〔2〕 劉子凡《黃文弼所獲〈唐神龍元年曆日序〉研究》，《文津學志》第15輯，北京：國家圖書館出版社，2021年，190—196頁。

内容，也得到進一步的揭示，如原本粗淺題名爲"回鶻文佛典"的文書，今可知其内容是解説佛所倡導的三個修行步驟，因而準確題作"回鶻文'三預流支'解説"（H57r）。前述在"胡適檔案"中發現的據史德語文書照片，則不僅爲黄文弼發現的西域文書增添了新的品種，而且這一在九十多年前未能尋找到解人的新語種文書，也最終由段晴老師在生命的最後階段，不負衆望，成功破解[1]。

五

如前所述，從十年前提出"黄文弼文書"這個概念開始，我們即在新疆師範大學黄文弼中心的邀約之下，啓動了《黄文弼所獲西域文書》這一工作。

在本書整理工作啓動之前，我們已經從事《吐魯番出土文獻散録》的工作有年，黄文弼所獲出自吐魯番盆地的最大宗西域文書，本來是其所獲西域文書中的一個部分。此後，這一部分的初稿從《散録》中分離出來，成爲《黄文弼所獲西域文書》的工作底本。在本書完成之際，我們首先應該感謝《散録》的早期工作者[2]，他們的録文工作，爲本書打下了很好的基礎。

2014 年，劉子凡博士畢業，進入北京大學歷史學系博士後流動站工作，專門從事"黄文弼與中國早期西北考察"的研究，稍後即由他對之前黄文弼文書的録文做了進一步的統稿工作，并負責漢文文書的整理加工，直到本書完成。

黄文弼文書中的胡語部分，首先得益於前輩學者的研究成果[3]，此次整理，則由慶昭蓉、荻原裕敏兩位博士對龜兹語和部分胡語文書做了最新的録文和解題。數量最豐富的回鶻文部分，則由我們的青年同事付馬博士做了最艱苦的整理工作。此外，党寶海、沈琛、胡曉丹、袁勇，分別對其中的蒙古文、藏文、摩尼文、梵文進行了釋讀整理工作。我們也特別要向爲本書據史德語文書做出貢獻的、不幸早逝的段晴教授致以深切的懷念。

本書作爲國家社會科學基金重大項目"中國西北科學考查團文獻史料整

---

〔1〕段晴《黄文弼發現的兩件據史德語文書》，朱玉麒主編《西域文史》第 15 輯，北京：科學出版社，2021 年，1—18 頁。

〔2〕榮新江、史睿主編《吐魯番出土文獻散録》，北京：中華書局，2021 年。

〔3〕參前引榮新江編《黄文弼所獲西域文獻論集》相關論文。

理與研究"（編號：19ZDA215）的階段性成果，項目部分成員參與了這一整理工作。

本書也是"中國國家博物館藏敦煌吐魯番文獻整理與研究"（編號：21AZD126）的階段性成果，特別感謝這一項目的申報單位中國國家博物館的參與，使得入藏該館而未經公布的黃文弼文書，首次得以整理刊出；而部分在之前出版著作中并不清晰的圖版，此次也得以替換爲高清的照片。

感謝新疆師範大學黃文弼中心的信任，通過 2019 年度中央財政支持地方高校改革發展專項資金，將該書列爲"新疆師範大學黃文弼中心叢刊"，保障了這一成果的順利完成。

感謝中西書局，如之前扶持所有冷門學術的出版一樣，使這本書以最完美的形式奉獻給學界。

在黃文弼先生誕辰 130 周年之際，我們願意將《黃文弼所獲西域文書》作爲一瓣心香，向這位在絲綢之路考察與研究中篳路藍縷的開創者，表達最崇高的敬意。

榮新江　朱玉麒

2023 年 1 月 1 日，北京大學朗潤園

凡 例

總則暨漢文文書整理凡例

一 本書所收爲黄文弼所獲西域文書，簡稱"黄文弼文書"，包括《吐魯番考古記》《塔里木盆地考古記》《新疆考古發掘報告（1957—1958）》中刊載的新疆出土的紙質文書、胡語木簡，以及此前未刊布的一些文書。黄文弼所獲漢代簡牘不予收錄。

二 本書所收文書的編號，依次按照黄文弼《吐魯番考古記》《塔里木盆地考古記》《新疆考古發掘報告（1957—1958）》中刊載的圖片順序編排，下接未刊布的文書。今藏中國國家博物館的文書，括注現藏編號。如"黄文弼文書 H5（K7689）"，H 是本書編定的"黄文弼文書"序號，K 是中國國家博物館入藏編號。以 r 表示文書正面，以 v 表示文書背面。同一面紙上有不同文書內容，則以 a、b 區分，如"黄文弼文書 H4ra"代指第 4 號文書正面的第一件文書內容。直接綴合的文書用符號"＋"，非直接綴合用頓號"、"。

三 本書所收漢文文書，典籍類按傳統四部書分類編排，同時根據新疆出土文書的特性，立佛教文獻類和文書類，除佛教文獻按 H 編號排列外，每類中大體按成書年代爲序，部分無年代的文書與有紀年文書相關者，也隨有紀年文書排列，無年代附後。胡語文書按語種分類，大體按編號順序排列語種，每類之下按照 H 編號排列。

四 每件文書，均據其內容，參考前人成果（如有），予以擬題，其斷代、定性及文書特徵等均做出解題說明，列於標題、編號之後。文書本身字句問題則作簡要注釋。本書所排文書圖版并非原大，具體尺寸以解題說明文字爲準。

五 本書錄文大體保持原件格式，不連寫，每行加行號，以與原件行數對照，版面不能容納時，轉行續寫，頂格與前一行首字對齊。胡語文書有不同轉寫體例者，下附各自語種的補充凡例；其有暫未釋讀者，不出錄文。

六 文書斷裂，不能綴合，但據書法、紙質及內容判斷爲同一組文書者，在同一標題下每片分標"（一）""（二）""（三）"……；文書有年代或年代可推知者，排列儘可能以年代先後爲序；無法推知紀年者，一般依編號原始順序排列，則此處"（一）""（二）""（三）"……標號并不表明先後次序；文書較長時，視情況分頁展示。

七 文書中異體、俗體、別體字，除人、地、度量衡名外，釋文基本用現在通行繁體字；同音假借字、錯別字照錄，旁括注本字，武周新字改爲正字；其古寫簡體字與今簡寫相同者照録；原文筆誤及筆畫增減，徑行改正。文書中朱書字在解題中提示。

八　　文書有缺文時，依缺文位置標明"（前缺）""（中缺）""（後缺）"；中有原未寫文字處，標作"（中空）"或"（中空若干行）"；文末空白標作"（餘白）"。

九　　缺字用□表示。不知字數的缺文，上缺用"▭"、中缺用"▭"、下缺用"▭"表示，長度據原缺長短而定。騎縫綫用"‥‥‥‥‥‥"表示，正面騎縫押署或朱印直接書於騎縫綫上，背面騎縫押署或朱印括注於騎縫綫下方。

一○　原文字形不全，但據殘筆確知爲某字者，補全後在外加□，如圓；無法擬補者作爲缺字；字迹清楚但不識者照描，字迹模糊無法辨識者亦用□表示。原文點去或抹去的廢字不録，出注提示。

一一　所有文書大體依原格式照録，除原以空格表示標點者外，均加標點。文書中原寫於行外的補字，釋文一般徑補入行内；成句的補文，不能確定應補在哪一句之下者，依原樣録於夾行。原件中之倒書（自下向上書寫）者，及寫於另一件文書行間者，分別釋録，但加以説明。

一二　全書之後附有按 H 字順序編排的《黄文弼文書編號索引》、按 K 字順序編排的《中國國家博物館今藏黄文弼文書編號索引》，以及圖版新舊編號對照的《黄文弼文書圖片新舊編號索引》。

回鶻文文書補充凡例

一、轉寫體系

　　*字符按拉丁字母順序排列。

1 轉字（transliteration）字符

　　', č, d, k, l, m, n, p, q, r, s, š, t, v, w, y, z

2 轉寫（transcription）字符

　2.1 輔音字符：

　　*齒音、噝音混同以正字符表示，其下加一點。

　　b, č, d, f, γ, g, h, k, l, m, n, p, q, r, s, š, t, v, w, x, y, z, ž

　　*f, h, w, x, ž 見於外來詞。

　2.2 元音字符：

　　a, ä, e, ï, i, o, ö, u, ü

二、校勘體例

　/　　　　　　　缺字符或不能識讀的殘字符。

[ ]	不確定字符數的缺文。
]	不確定字符數和長度的前缺文。
[	不確定字符數和長度的後缺文。
[a]、a]、[a	缺文中重構的字符。
a	據殘筆補全的字符。
[+a]	行間增補文字。
(a)	書寫中省略、據正字補出的字符。
~~abc~~	塗抹過的文字。
-	應當連寫的字符。
+	應當分隔的字符。

三、漢譯體例

〔漢譯〕	原文省略内容。
漢譯（方框）	缺文重構内容。
（漢譯）	解釋原文内容。
₂漢譯	同義反復，阿拉伯數字小字脚標表示同義詞的數量。

龜兹語文書補充凡例

一、録文體例

録文采轉録（transcription）形式，粗體字表示臨時增添文字。婆羅謎文字之轉寫形式（transliteration）多可參照既有相關刊著，兹不重複。

由於黄文弼文書之龜兹語木簡大多極漫漶且僅存模糊照片，并且一部分可以認爲是埋藏層位較深而幸免盗掘之手的較早期木簡，兹參照歐美學者録寫樓蘭、尼雅佉盧木牘文書習慣以及整理者處理庫車地區石窟現存題記之做法，以文字叙述簡面殘損、漫漶的情况并大致估計簡面磨損内容。

轉録體例基本秉承趙莉、榮新江主編《龜兹石窟題記》（上海：中西書局，2020 年），專有名詞首字大寫，不過由於木簡過殘，婆羅謎數字仍逐字符照録，不予簡并爲阿拉伯數字。

符號用法如下：

///	文面全殘，尤指紙、簡之殘去邊緣位置。
[ ]	受損而仍可釋讀之内容。
–	難以釋讀的一個婆羅謎字符（akṣara）。

+	修正記號（原件所有）。
abc	畫押與添補内容。
( )	嚴重受損文字。
·	無法釋讀的字符成分（如元音、單輔音或複輔音）。

二、漢譯體例

爲維持本書體例一致，可以確定爲胡語人名之名詞儘量采用漢譯，漢字之選用儘量貼近中古漢語發音，或佛教徒常用人名。較難以確定是否爲地域名、社團名抑或氏族名的不明專有詞彙維持不譯。

符號用法如下：

［ ］	殘缺較嚴重的内容。
（ ）	嚴重殘失或漏寫而據上下文補充的内容。
■	簡面疑似婆羅謎數字的漫漶字符。
□	簡面上殘缺人名的前半或後半成分。

據史德語文書補充凡例

一、轉寫體例（特殊字符）

序號	茅埃博士	本書
1	z	z
2	g1	g1
3	g2	gg [*]新的轉寫
4	ẓ	ẓ
5	x5	x5
6	x6	zy [*]新的轉寫
7	d1	ḏ [*]采用了柯努的拼寫
8	x8	x8
9	x9	x9
10	ź	ź
11	v1	v1
12	χš	χš

二、校勘體例

///	文書斷裂處。

?	一個模糊不識的字。
( )	筆者據文增補的字。
[ ]	不能確讀的字。
·	寫本中的符號。
-	連字符。
-- --	留白處。
[SI]	不明簽字。

三、漢譯體例

（漢譯）	增補的内容。
……	缺文的内容。

梵文文書補充凡例

一、校勘體例

///	文書斷裂處。
+	一個缺失的字。
.	一個部分模糊不識的字。
..	一個模糊不識的字。
*	筆者修正後的字。
( )	筆者據文增補的字。
[ ]	不能確讀的字。
-	連字符。
=	連詞符號。
		寫本中的符號。

二、漢譯體例

（漢譯）	增補的内容。
……	缺文的内容。

摩尼文文書補充凡例

摩尼文文書轉字（transliteration）字符

’, b, β, g, γ, d, ẖ, w, z, j, h, ṯ, y, k, x, l, δ, m, n, s, ‘, p, f, c, q, r, š, t

一、校勘體例

[ ]	完全殘損，補入的部分。

( )   部分殘損或模糊不清，推測的部分。

./°°   寫本中的符號。

二、漢譯體例

[漢譯]   缺文重構內容。

（漢譯）   解釋原文內容。

……   缺文或語意不清的部分。

藏文文書補充凡例

藏文拉丁轉寫采用威利（Wylie）轉寫方案。

I   反寫 i。

$/:/   句首雲頭符◟◉꜒。

[…]   原卷殘損或照片模糊，不確定所缺字母數。

[---]   原卷殘損或照片模糊，- 的數量表示所缺字母數。

[abc]   原卷殘損或照片模糊，文字係推定。

[abc?]   原卷殘損或照片模糊，文字不能確定。

蒙古文文書補充凡例

一、轉寫（transcription）字符

1 輔音字符：

b, č, d, γ, g, ǰ, k, l, m, n, p, q, r, s, š, t, w, y

2 元音字符：

a, e, i, o, ö, u, ü

二、校勘體例

/   缺字符或不能識讀的殘字符。

[ ]   不確定字符數的缺文。

]   不確定字符數和長度的前缺文。

[不確定字符數和長度的後缺文。

[a]   增補文字。

-             詞中分寫的字符。

三、漢譯體例

[漢譯]   缺文重構內容。

（漢譯）   解釋原文內容。

漢文文書

―

經

《毛詩・邶風・旄丘～泉水》

黄文弼文書 H1（K7691）

　　吐魯番雅爾湖舊城（今交河故城遺址）出土。尺寸爲 12.6cm×11.0cm，存 9 行。大字正文，雙行小注，楷書精寫，有朱筆句讀。

　　參：黄文弼 1954，17—19 頁，圖 1；虞萬里 1993，118—119 頁；黄文弼 1994，38—40、42 頁，圖 1；吕長生 1994，86 頁（圖），200 頁（録文）；楊文和 1999，86 頁（圖），200 頁（録文）；朱玉麒 2009，91—92 頁；虞萬里 2013，86—91 頁；許建平 2018，160 頁。

（前缺）

1　　　　　　　□□《旄□》□章，章四句。《簡兮》，刺不□□□□

2　　□兮簡兮，方將《萬》舞，<small>簡，大也。方，四方也。將，行也。以□□□方也。《箋》云："簡，擇也。將，且也。"且擇人者爲□</small>

3　　<small>□版以彼致教諸子入學，釋菜合舞。</small>碩人俣俣，公庭《萬》舞，<small>碩人，大德也。俣々，容舞，非但在四方，親困□□</small>

4　　<small>也。《箋》云："碩人有禦亂、禦衆之德，任爲王臣。"</small>左手執籥，右手秉翟。<small>籥，六孔。翟，羽□又能秉籥，如</small>

5　　<small>見惠不過一散。《箋》云："碩人容貌赫然，如厚漬之舟。君徒鉏其一爵而已，不知其賢而進用之。散受五升。"</small>山有榛，隰有□□□

6　　<small>思周室之賢者，以其宜薦碩人在王位。"</small>彼美人兮，西方之人！<small>乃宜在王室。《箋》云："彼美人，謂碩人。"</small>

7　　父母已終，思歸寧不得，故作是詩以自見也。<small>以自見者□□使大夫寧</small>

8　　<small>毖然流也。淇，水也。《箋》□□而入淇，猶□□</small>有懷于衛，靡日不思。<small>《箋》云："懷，至。所思者，思□</small>

9　　<small>嫁之女，我且□□□之礼，觀其</small>□□□田濟，飲餞于祢。<small>濟祢，地名也。□道。《箋》云："濟祢困</small>

（後缺）

《尚書・虞書・大禹謨》

黄文弼文書 H2（K7695）

　　吐魯番雅爾湖舊城出土。尺寸爲 12.5cm×8.2cm，存 3 行。大字正文，雙行小注，楷書精寫，有朱筆句讀。係孔傳《古文尚書》，即隸古定本。審其書法、句讀、格式，與德藏 Ch 3698 當是同一寫本，兩者相距較遠，可惜一卷寫本僅存兩片。

參：黃文弼 1954，20—21 頁，圖 2；黃文弼 1994，41—42 頁，圖 2；呂長生 1994，86 頁（圖），199—200 頁（錄文）；顧頡剛、顧廷龍 1996，159 頁；楊文和 1999，86 頁（圖），199—200 頁（錄文）；許建平 2012，209—211 頁；許建平 2014，80—82 頁；許建平 2016，250—251 頁。

（前缺）

1　　　　□禹曰："於！帝念

2　　　　□在養民 歎而言 "念"，重其

3　　　　□木土穀惟修 言

（後缺）

《孝經·開宗明義章》

黃文弼文書 H4vb（K7696）

吐魯番哈拉和卓出土。尺寸為 18.6cm×20.4cm，存 2 行。與 H4va《唐神龍元年（705）曆日序》一同抄寫於官文書背面。

參：黃文弼 1954，20、22 頁，圖 4；黃文弼 1994，41、43、45 頁，圖 4；王啓濤 2017，575—576 頁。

1　　　　□宗明義章》第□

2　　　　□子曰：先王有至□

（後缺）

《孝經·開宗明義章～天子章》

黄文弼文書 H4rb（K7696）

　　吐魯番哈拉和卓出土。尺寸爲 18.6cm×20.4cm，存 3 行。原爲官文書牒文殘紙，廢棄後用來抄寫《孝經》。"天"字爲武周新字。

　　參：黄文弼 1954，20、22 頁，圖 4；黄文弼 1994，67—68 頁，圖 4；王啓濤 2017，593—595 頁。

（前缺）

1　　　□□□曾子待（侍），子□□□

2　　　□□□要道，以順天□□□

3　　　　□□□第二□□□

（後缺）

《孝經·三才章》鄭注

黄文弼文書 H3（K7676）

　　吐魯番哈拉和卓出土。尺寸爲 13.4cm×14.0cm，存 7 行。大字正文，雙行小注，文字與敦煌 P.3428《孝經》鄭注略同。文書中"天""人"均爲武周新字。

　　參：黄文弼 1954，20—22 頁，圖 3；黄文弼 1994，41—43 頁，圖 3；吕長生 1994，87 頁（圖），200—201 頁（録文）；楊文和 1999，87 頁（圖），200—201 頁（録文）。

（前缺）

1　　　　　　　□□□□□□

2　　　□□而成。其政不嚴而治，政不煩荷（苟），故

3　　　□□化民也。見因天地教化民人之助。是以故先

4　　　□□覩，先修人事，流化於人。陳之以德義

5 　　□□讓而民不争，_{若文王敬讓於□}

6 　　□和睦。_{上好禮則人莫敢不敬。} 示□

7 　　□之而《詩》云：赫赫□□

8 　　□因臣若□ □□

（後缺）

一

小學

玄應《一切經音義》卷十六《善見律》卷八

黄文弼文書 H5（K7689）

　　吐魯番雅爾湖舊城出土。尺寸爲 13cm×19.5cm，存小字注文 8 行。
　　參：黄文弼 1954，22—23 頁，圖 5；黄文弼 1994，44—45 頁，圖 5。

（前缺）

1　　□□□

2　　□《説文》："水圉□□

3　　□図，粘黏也。

4　　□罝茸也，亦亂貌也。今取

5　　□《說文》："股，髀也。"謂脛本
　　□作皶，非體也。

6　　□也。《方言》："箭三廉者，

7　　□弓。困忠注云："黄帝
　　□爲□□

（後缺）

玄應《一切經音義》摘抄

黄文弼文書 H6（K7700）

　　吐魯番雅爾湖舊城出土。尺寸爲 8cm×19cm，存 8 行。殘片文字疑節録自玄應《一切經音義》，且行款與敦煌 P.2901 玄應《一切經音義摘抄》略同，據此擬題。
　　參：黄文弼 1954，23—24 頁，圖 6；黄文弼 1994，44—46 頁，圖 6；范舒 2016，108—109 頁。

（前缺）

1　　鴛 奴胡。 虺蛇□□□

2　　舌取食。　醒 思定反，思
反，醉曰醒 ⬚

3　　都賢
反。　秅麳 □
聲 ⬚

4　　所從
士。　補盧衫 所
士 ⬚

5　　補盧沙 此云士因
丈因 ⬚

6　　此聲月田 ⬚

7　　憤 胡
對反。　敦惇 都
厚 ⬚

8　　軶楄 音
厄。　坬（坰） 公 ⬚

（後缺）

三

子

唐神龍元年（705）曆日序

黄文弼文書 H4va（K7696）

　　吐魯番哈拉和卓出土。尺寸爲 18.6cm×20.4cm，存 5 行。與 H4vb《孝經·開宗明義章》一同抄寫於官文書《武周長安三年（703）狀上括浮逃使牒》背面。"地""日"爲武周新字。文書内容與日本正倉院藏模擬唐曆的《日本天平勝寶八歲（756）曆日》（見岡田芳朗 1972，72—73 頁）以及敦煌 P. 3403《宋雍熙三年丙戌歲（986）具注曆日》等的序文相關部分大致相同，可知此文書爲曆日序。根據正面官文書的時間，可斷定此曆日時間在武周長安三年（703）後，又據其記載的年神方位，可以確定爲唐神龍元年（705）曆日。按照唐代制度，該曆日應在武周長安四年（704）預先編造并頒發至各州，故有武周新字。

　　參：黄文弼 1954，44 頁，圖 4；黄文弼 1994，67 頁，圖 4；劉子凡 2021，191 頁。

　　（前缺）
1　　　　　　　□□□在卯　歲□□□□
2　　　　　　　□□□幡在丑　豹尾□□□
3　　　　　　　□□□□其地不可穿鑿□□□
4　　　　　　　□□□頣營者日□□□□
5　　　　　□□□者修營無□□□□
　　（後缺）

産乳相子書

黄文弼文書 H8rb、H8v（K7684）

　　吐魯番雅爾湖舊城出土。尺寸爲 14cm×9.5cm，正、背書寫，正面存 8 行，背面存 7 行，文字皆有塗改添補痕迹，係書寫於廢棄的户籍殘紙，背面有朱印殘迹。（黄文弼《吐魯番考古記》原以 7 行之面爲正面，此據户籍正、背及這一時期産書大多産育在前、相子在後的情況，將原定正背顛倒，以 8 行之面爲正面。）正面爲設産廬與選擇生産方位之法，與《外臺秘要》所引《崔氏年立成圖法》同。背面爲推某月、某日所生子女之吉宜，與《醫心方》卷二四所引《產經》中的諸種相子法似，據此擬題。背面有朱印一方。

參：黃文弼 1954，25—26 頁，圖 8；黃文弼 1994，47—48 頁，圖 8。

正面：

（前缺）

1 ☐☐☐☐☐在甲

2 ☐在西南方，絕命在西方，生氣在南方☐

3 ☐著赤衣臥，宜頭向南著，大吉。懸尸在巳

4 ☐在東北方乾，絕命在東北方艮，生氣在☐

5 ☐宜著黑衣臥，向北首著頭，吉。懸

6 ☐在東北艮，絕命在西☐☐☐☐

7 ☐著青衣臥☐

8 ☐東北艮，絕命在☐

（後缺）

背面：

（前缺）

1 ☐人相樂，有五子☐

2 ☐人貴相，得夫力☐

3 ☐生女 爲人作使人婦☐☐

4 ☐月生女 爲人富貴，有子相，使奴婢，保卅年財，一云有三子。

5 ☐日子當房太陽日生 壽年一百廿，不利父母與門，所求皆得，宜子，將太陽日是

6 ☐大☐太陰日生子，壽年九十，所求不得

7 ☐☐☐☐宜父母，田宅好与人，物急求不可☐☐

（後缺）

四

集

《文選序》

黄文弼文書 H7（K7649）

　　黄文弼 1928 年收集於吐魯番，據云出自哈拉和卓張懷寂墓。尺寸爲 28.2cm×29.5cm，存 17 行。

　　參：黄文弼 1954，24—26 頁，圖 7；黄文弼 1994，46—48 頁，圖 7；吕長生 1994，79—80 頁（圖），198 頁（録文）；饒宗頤 2000，1 頁；傅剛 2000，135 頁；傅剛 2004，50 頁；秦丙坤 2004，55—56 頁；金少華 2008，36 頁；毛秋瑾 2014，108—109 頁；金少華 2017，225—229 頁。

（前缺）

1　沙》之志，吟澤有顦顇之容。騷□□□

2　者，蓋志之所之也，情動於中而□□□

3　趾》，政（正）始之道著；桑間濮上，亡國之音表。故《風雅》

4　之道，粲然可觀。自炎漢中葉，厥途漸異。退傅有

5　《在鄒》之作，降將著《何（河）梁》之篇。四言五言，區以別矣。

6　又少則三字，多則九言，各體牙（互）興，分鑣並驅。頌

7　者，所以游揚德業，褒讚成功。吉甫有“穆若”之談，

8　季子有“至矣”之歎。舒布爲詩，既其如彼；緫成爲

9　頌，又亦若此。次則箴興於補闕，戒出於弼匡。論

10　則析理精微，銘則序事清潤。美終則誄發，圖像

11　則讚興。又詔誥教令之流，表奏牋記之別（列），書誓

12　符檄之品，弔祭悲哀之作，答客指事之製，三言

13　八字之文，篇辭引序，碑碣誌狀，衆製鋒起，源流

14　間出。譬陶匏異品，並爲入耳之娱；黼黻不同，俱

15　爲悦目之翫。作者之致，蓋云備矣！余□□□

16　　居多暇日。歷觀文囿，泛覽詞林，未嘗 □□□

17　　移暑忘倦。自姬漢已來 □□□

　　（後缺）

五

佛教文獻

北涼太緣二年（436）令狐廣嗣寫《佛説首楞嚴三昧經》并題記

黄文弼文書 H9

　　係 1930 年春鮑爾漢於迪化（今烏魯木齊市）贈予袁復禮者，據云出自吐魯番。尺寸爲 27.8cm×42.5cm，存《三昧經》尾部 18 行，題記 4 行。佛典内容參見 CBETA 2022. Q4, T15, no. 642, p. 645b2-26。

　　參：黄文弼 1954，26—27 頁，圖 9；中田勇次郎 1970，148 頁上；柳洪亮 1984，52 頁；關尾史郎 1985，4—5 頁；池田温 1990，85 頁，圖 10；黄文弼 1994，48—49，圖 9；王素 1996，46—48 頁；王素 1998a，182 頁；暨遠志 2003，283—284 頁；孔令梅、杜斗成 2010，100 頁；彭傑 2014，297—302 頁；劉衛東、劉子凡 2020，3、13—15 頁。

　　（前缺）

1　　⬚⬚⬚⬚思議、修治諸波羅⬚⬚⬚

2　　思議。是爲二十。堅意！若人⬚⬚⬚

3　　二十不可思議功德之分。是故⬚⬚⬚

4　　諸利，當書寫讀誦、解説修行是首楞嚴三⬚⬚⬚

5　　道善男子、善女人，於千万劫勤心修行六波⬚⬚⬚

6　　是首楞嚴三昧，即能信受，心不退没，不驚不畏，福勝於彼，

7　　疾至阿耨多羅三藐三菩提；何况受持讀誦，如説修行，爲

8　　⬚⬚⬚⬚⬚説？若有菩薩！欲聞諸佛不思議法，不驚不畏，□於一

9　　□諸佛法中現了自知，不從他教，應當修集行是三昧；若

10　　欲得聞所未聞法，信受不逆，應當聞是首楞嚴三昧。説是

11　　《首楞嚴三昧經》時，无量衆生發阿耨多羅三藐三菩提心，

12　　復倍是數，住阿惟越致地；復倍是數，得无生法忍。万八千

13　　菩薩，得是首楞嚴三昧；万八千比丘、比丘尼，不受諸法故，

14　　漏盡得解脱，得成阿羅漢。二万六千優婆塞、優婆夷，於諸

15　　法中得法眼净。三十那由他諸天，得入聖法。佛説經已！文

16　殊師利法王子、堅意菩薩等一切諸菩薩摩訶薩，及諸聲

17　聞大弟子，一切諸天、龍、神、乾闥婆、阿修羅等世間人民，聞

18　佛所説，歡喜信行。

19　《佛説首楞嚴三昧經》下　　　　　　　　　　清信士史良奴所供養經

20　維太緣二年歲在丙子四月中旬，令狐廣嗣於酒泉勸助爲優婆塞史良奴寫此

21　經，願以此福，所往生處，常遇諸佛賢聖，深入法藏，辯才无碍，与諸菩
　　薩而爲善友。隻是遊□□□□

22　十方，捨身先生弥勒菩薩前，亦聞説法，悟无生忍。要值賢劫千佛，心終
　　不退於无上菩提。

《注維摩詰經》卷二

黄文弼文書 H10r

　　係 1930 春鮑爾漢於迪化贈予袁復禮者，據云出自吐魯番。存 35 行，大字正文，雙行小注。佛典内容參見 CBETA 2022.Q4, T38, no. 1775, pp. 340b7-341a23。第 5、6 行首尾小字注"在家或"3 字重衍。背面爲回鶻文摩尼教徒曆日。

　　參：黄文弼 1954，27—28 頁，圖 10；黄文弼 1994，49—50 頁，圖 10；劉衛東、劉子凡 2020，4、13—15 頁。

　　（前缺）

1　中尊，羅□□
　　　　　人有大□□

2　以爲。教以忍辱；　釋僧肇曰："刹利王□□　　　　　□□
　　姓也。　　　　　　人食地味，轉食自然粳米。後人情漸僞

3　各有封殖，遂立有德處平分田，此王者之始也。故相承爲　　若在
　　名焉，其尊貴自在，多强暴決意不能忍和之也。"

4　婆羅門，婆羅門中尊，羅什曰："廣學問，求邪道，自
　　　　　　　　　　　恃智慧，驕慢自大，名婆

5　羅也。"除其我慢；　釋僧肇曰："婆羅門秦言外意，其種別有
　　門也。　　　　　　經書，世世相承，以道學爲業，或在家或

6　在家或出家苦行，多恃己道術，自我慢人。" 若在大臣，大臣中尊，教

7　以正法；釋僧肇曰："正法，治正（政）法也。以正治國，以道佐時也。" 教若在王子，王子

8　中尊，示忠孝；釋僧肇曰："所承處重，宜以忠孝爲先之也。" 若在內

9　官，內官中尊，化正宮女；羅什曰："非如今內官也，外國法取，歷世中

10　良，耆長有德，用爲內官，化正宮女也之者。"釋僧肇曰："妖媚邪飾，女人之情，故誨以正直。" 若在庶人，

11　庶人中尊，令興福力；羅什曰："昔有一賤人來入城邑，見□□□飾嚴淨，

12　乘大馬，執寶蓋，唱言不好，乃至再三。彼人怪而問之：'我嚴飾如是，汝何言不好耶？' 賤人曰：'君宿殖德，本獲

13　此果報，威德被服，人所宗仰。我昔不種福，鄙陋如是，以我比君，猶如禽獸，故自言不好耳，非毀君也。' 賤人因

14　是感屬，廣修福業，形尊悟物，所益已弘，況以道沽化人哉。"釋僧肇曰："福力微淺，故生庶人。" 若在

15　梵天，梵天中尊，誨以勝慧；羅什曰："小乘中初梵有三

16　種，大乘中有四種，餘上三地亦如是。非出要，誨以佛慧，故言勝也。"釋僧肇曰：梵□□□□

17　福，不求出世，勝慧也。" 若在帝釋，帝釋中尊，示□□□□

18　无常；羅什曰："梵垢薄而著淺，故爲現勝慧，釋愛重而□深，故爲現无常也。"釋僧肇曰："天帝處忉利宮，五□

19　自娛，視東望（忘）西，多不慮不（无）常。" 若在護世，護世中尊，護諸

20　眾生：羅什曰："護世四天王也，諸惡鬼神□□之令不害也。今言尊者，道力所護，兼及十方。"

21　釋僧肇曰："護世四天王也各治一方，護其所部，使諸惡鬼神不得并侵害之也。" 長者維摩

22　詰，以如是等无量方便饒益眾生。

23　釋僧肇曰："法身圓應，其迹无端，故稱无量，上略言之耳。" 其以方便，現身有

24　疾。羅什曰："上諸方便，以施戒攝人；則人感其惠，聞其有疾，問疾者衆；問疾者衆，則功化弘矣。是以廣現

25　方便，然後處疾之也。" 以其疾故，國王大臣、長者居

26　士、婆羅門等，及諸王子并餘官屬，无

27　數千人，皆往問疾。釋僧肇曰："雖復變應殊方，妙迹不一，然經之起，

28　本于現疾，故作者別序其事之也。" 其往者，維摩詰因以

29　身疾廣爲説法：羅什曰："欲明履道之身未勉斯患，況於无德而可保耶。"釋僧

30　肇曰："同我者易信，異我者難順，"是身无常、羅什曰："諸佛常法要故因其身疾，廣明有身之患。"

31　先以七事發人心，然後説四諦，何等七？一施；二戒；三生天果報；四説味，味樂味也；五果報過患，雖有少樂而衆苦无

32　量，衆生迷於少樂而不覺衆苦，猶以芥子置□□□□見芥而不都（覩）大山也；六教

33　德。今不説七法直説无常者修明故也。復次无常是空□□□□

34　常，所以但説身不説餘法，餘法中少生著故也。"无强、□□□□

35　无堅，體□□□□速朽之法，不可□□□□

（後缺）

麴氏高昌延昌十七年（577）比丘尼僧願寫《涅槃經》題記

黄文弼文書 H11（K7658）

吐魯番哈拉和卓舊城（今高昌故城遺址）出土。尺寸爲 19.7cm×12.9cm，存 7 行，首行有割裂痕迹。

參：《北平圖書館館刊》第 5 卷第 1 號卷首；《藝林月刊》第 23 期，2 頁；黄文弼 1954，28—29 頁，圖 11；池田温 1990，138 頁；黄文弼 1994，50—51、99—100 頁，圖 11；湛如 2001，520—521 頁；王素 1998b，315 頁；王素 2011，349 頁。

1　　　　　　　　　　　　□□□□比丘尼僧願普爲一切，敬造供養。

2　延昌十七年丁酉歲二月八日，比丘尼僧願稽首歸命常住三

3　寶，僧願先因不幸，生禀女穢，父母受怜，令使入道。雖參法

4　侶（侣），三業面牆，夙霄驚懼，恐命空過。寤寐思省，冰炭

5　交懷，遂割減衣鉢之分，用寫《涅槃》一部，冀讀誦者獲

6　涅槃之樂，礼覲者濟三塗之苦。復以斯福，願現身康

7　彊，遠離苦縛，七祖亡魂，考姚（姒）往識，超昇慈宮，挺（誕）生養界。

爲開元皇帝祈福文

黄文弼文書 H12（K7692）

吐魯番雅爾湖舊城出土。尺寸爲 12cm×12.5cm，存 12 行。

參：黄文弼 1954，29 頁，圖 12；黄文弼 1994，51 頁，圖 12。

（前缺）

1　　　□□□□□□□□
2　　　□□□今瞻仰□□□
3　　　□□□迴向之□□□
4　　　□□□尚書□□□□
5　　　□□□使王六宮之□□□□
6　　　□□□捨爲念，共崇勝因□□□□□□
7　　　□□種，蒙百寶以騰光，含五雲而噴色，
8　　　□□□□□□塔梵寥，亮鍾鏗鈜，烟扣
9　　　□□□□迎天上之歌聲，下月中之
10　　　□□□奉用莊嚴開元皇帝楎（陛）下
11　　　　□□□耀日竪飛聲諸王
12　　　　□□□□衛隱□□□

（後缺）

《妙法蓮華經》卷五《如來壽量品》

黄文弼文書 H13r

吐魯番出土。尺寸爲 11.3cm×18.7cm。文書正面爲漢文《妙法蓮華經》斷片，佛典内容參見 CBETA 2022.Q4, T09, no. 262, p. 43b20-c11。經上有横寫 1 行文字，與背面回鶻文譯

經跋文相關。背面爲回鶻文《別譯雜阿含經》跋文 4 行，末行尾似有一漢字標記，第 1 行旁另有 1 行漢文題記。

　　參：黃文弼 1954，29—30 頁，圖 13；黃文弼 1994，51—52 頁，圖 13。

　　（前缺）

1　　_____滅度，廣□_____

2　　衆生既信伏，質直_____

3　　時我及衆僧，俱出靈_____

4　　以方便力故，現有滅_____

5　　我復於彼中，爲説無_____

6　　我見諸衆生，没在於_____

7　　因其心戀慕，乃出爲_____

8　　常在靈鷲山，及餘諸_____

9　　我此土安隱，天人常_____

10　　寶樹多華果，衆生所遊_____

11　　雨曼陁羅華，_____

　　（後缺）

《大般若波羅蜜多經》卷四九一《善現品》

黃文弼文書 H14（K7648）

　　吐魯番哈拉和卓舊城出土。尺寸爲 22.6cm×47.5cm，存 23 行。刻本。佛典内容參見 CBETA 2022.Q4, T07, no. 220, p. 496b12-c1。

　　參：黃文弼 1954，30 頁，圖 14；中村菊之進 1990，52 頁；黃文弼 1994，52 頁，圖 14；党寶海 1999，104 頁；党寶海 2014，319 頁。

（前缺）

1　　　　　　《大般若經》第四百九十一卷　第十張　號字号

2　實了知一切有情諸根勝劣，是爲菩

3　薩摩訶薩常應圓滿根勝劣智。世尊！

4　云何菩薩摩訶薩常應圓滿嚴净佛

5　土？善現！若菩薩摩訶薩以無所得而

6　爲方便，嚴净一切有情心行無所執

7　著，是爲菩薩摩訶薩常應圓滿嚴净

8　佛土。世尊！云何菩薩摩訶薩常應圓

9　滿如幻等持數入諸定？善現！若菩薩

10　摩訶薩住此等持，雖能成辦一切事

11　業，而心於法都無動轉。又修等持極

12　成熟故，不作加行能數現前，是爲菩

13　薩摩訶薩常應圓滿如幻等持數入

14　諸定。世尊！云何菩薩摩訶薩常應圓

15　滿隨諸有情善根應熟故，入諸有自

16　現化生？善現！若菩薩摩訶薩爲欲成

17　熟諸有情類殊勝善根，隨其所宜故

18　入諸有而現受生，是爲菩薩摩訶薩

19　隨諸有情善根應熟故，入諸有自現

20　化生。善現當知！諸菩薩摩訶薩住第

21　九地時，於此四法常應圓滿。世尊！云

22　何菩薩摩訶薩常應圓滿攝受無邊

23　處所大願，隨有所願皆令證得？善現！

24　　若菩薩摩訶薩已修六種波羅蜜多

（後缺）

《大般若波羅蜜多經》卷一九七《難信解品》

黄文弼文書 H15（K7659）＋H16（K7657）

　　吐魯番哈拉和卓舊城出土。共 2 片，内容可左右接合，H15 尺寸爲 22cm×16.6cm，存 6 行；H16 尺寸爲 22.7cm×16.6cm，存 6 行。刻本。佛典内容參見 CBETA 2022.Q4, T05, no. 220, p. 1054c1-11。

　　參：黄文弼 1954，30 頁，圖 15；中村菊之進 1990，52 頁；黄文弼 1994，52 頁，圖 15；党寶海 1999，104 頁；党寶海 2014，319 頁；西脇常記 2016，25 頁。

（前缺）

1　　二分、無別、无斷故。生者清净函□□□

2　　處、九次第定、十遍處清净八□□□

3　　次第定、十遍處清净故一切□□□

4　　净。何以故？若生者清净，若□□□

5　　次第定、十遍處清净，若一切□□□

6　　□□□二、无二分、無別、无斷函□□□

7　　□□□清净故四念住清净，四念□□□

8　　故一切智智清净。何以故？若匡□□□

9　　净，若四念住清净，若一切智智□□□

10　　無二、无二分、無別、无斷故。生者□□□

11　　故四正斷、四神足、五根、五力、比□□□

12　　支、八聖道支清净，四正斷乃至□□□

（後缺）

《三法度論》卷一《德品》

黄文弼文書 H17r（K7645）＋H18r（K7653）

吐魯番哈拉和卓舊城出土。共 2 片，可左右綴合，H17 尺寸爲 31.1cm×11.3cm，存 6 行；H18 尺寸爲 25.3cm×11.3cm，存 6 行。刻本。佛典内容參見 CBETA 2022.Q4, T25, no. 1506, p. 18b21-c3。背面爲蒙古文文書。

參：黄文弼 1954，30 頁，圖 17、18；黄文弼 1994，52 頁，圖 15。

（前缺）

1　是道，是趣善勝，故説方便是三陰戒上止智。

2　問：非爲重説戒耶？答：前已説善勝有二種：一

3　受生、二出要。前戒受生，此出要。戒義者是習

4　義。問：此云何？答：戒者正語、業、命。正語、正業、正

5　命，是三種名戒。正語者，離兩舌、惡口、妄言、綺

6　語。正業者，離殺、盜、婬。正命者，比丘僧食乞食

-----------東四-----------九-----------六-----------

7　衣藥具，是正命；餘邪命。優婆塞離五業□□□

8　酒、肉、衆生，是謂正命。問：云何上止？答：上□□□

9　進、念、定。上止者滿具。復次，滅婬、怒、癡謂□□□

10　止。向彼住故説上止，是三種進□□□

11　者力，若説進當知已説力。復□□□□

12　進者行此，能進至善勝，故説□□□□

（後缺）

《鹹水喻經》

黃文弼文書 H19r（K7681）

　　吐魯番雅爾湖舊城出土。尺寸爲 14.6cm×15.2cm，存 7 行，可復原版式爲每行 14 字，同北宋《開寶藏》《金藏》版式。刻本。佛典内容參見 CBETA 2022.Q4, T01, no. 29, p. 811b15-20。背面爲回鶻文文書。

　　參：黃文弼 1954，31 頁，圖 19；中村菊之進 1990，49 頁；黃文弼 1994，53 頁，圖 19；党寶海 1999，105 頁；党寶海 2014，319 頁。

　　（前缺）

1　　　　　　　阻是没溺，有

2　　　　　　　圉方便，於諸善

3　　　　　　　水還没溺水，是

4　　　　　　　□云何人出水遍

5　　　　　　　田水，彼有信於善

6　　　　　　　勇猛意，於諸不善法

7　　　　　　　水上，不復没溺於水。

　　（後缺）

《妙法蓮華經》卷一《方便品》

黃文弼文書 H59r（K7723）

　　吐魯番雅爾湖舊城大廟後出土。尺寸爲 13.6cm×6.1cm，存 9 行。刻本。佛典内容參見 CBETA 2022.Q4, T09, no. 262, p.7c17-8a3。背面爲回鶻文佛典。黃文弼《吐魯番考古記》圖 83 只刊載了背面回鶻文佛經的照片，未介紹正面漢文佛經。

　　參：黃文弼 1954，64 頁，圖 83。

（前缺）

1　　　　　□□□□斯人尠福德，不堪受是法。

2　　　□□□□寶。

3　　　　□□□□无量方便力，而爲衆生説。

4　　□□□□□。若干諸欲性，先世善惡業。

5　　□□□□□。言辭方便力，令一切歡喜。

6　　　□□□事。本生未曾有，亦説於因緣。

7　　　□□□經。

8　　　　□□□諸无量佛，不行深妙道。

9　□□□慧，未曾□□□□

（後缺）

《妙法蓮華經》卷六《藥王菩薩本事品》

黄文弼文書 H67r

吐魯番出土。存 13 行。佛典内容參見 CBETA 2022.Q4, T09, no. 262, p. 54a5-19。背面爲回鶻文音寫漢語《寅朝禮懺文》節本。

參：黄文弼 1954，圖 92 正；黄文弼 1994，398 頁，圖 92。

（前缺）

1　兩臂，必當得佛□□□□

2　臂還復如故。"作是誓□□□□

3　福德智慧淳厚所致。闓□□□□

4　界六種震動，天雨寶華，□□□□

5　佛告宿王華菩薩："於汝意云何？一切衆生□□□□

6　見菩薩，豈異人乎？今藥王菩薩□□□□

7　　身布施，如是無量百千萬億▨▨▨▨

8　　華！若有發心欲得阿耨多羅三藐▨▨▨▨

9　　能然（燃）手指，乃至一指，供養佛塔，勝以國城、

10　　妻子，及三千大千國土山林河池、諸▨▨▨▨▨

11　　　　　　　▨▨▨▨七寶滿三千大千世

12　　　　　　　▨▨▨▨辟支佛、阿羅漢，是人

13　　　　　　　▨▨▨▨《法華經》，乃至一四句

（後缺）

《大般涅槃經》卷一〇《一切大眾所問品》

黃文弼文書 H68r

　　吐魯番出土。存 8 行。佛典內容參見 CBETA 2022.Q4, T12, no. 374, pp. 423c25-424a3。背面爲回鶻文佛典。

　　參：黃文弼 1954，圖 93 正；黃文弼 1994，399 頁，圖 93。

（前缺）

1　　▨▨▨▨放種種色，青、黃、赤、白、紅、

2　　▨▨▨陀遇已，與諸眷屬，持諸

3　　▨▨▨如來及比丘僧最後供

4　　　　▨▨▨佛前。爾時有大

5　　　　　▨▨▨謂純陀言：“且

6　　　　　　▨▨▨□放无量

7　　　　　　▨▨▨尋聽純

8　　　　　　▨▨▨寰生

（後缺）

《大通方廣經》卷中

<u>黃文弼</u>文書 H98

　　<u>庫車</u>明田阿達古城內 2 號調查點出土。尺寸爲 8.5cm×16.2cm，存 8 行。佛典內容參見 CBETA 2022.Q4, T85, no. 2871, p.1345a36。

　　參：<u>黃文弼</u>1983，65 頁，圖版四五·圖 1。

　　（前缺）

1　　一佛寶，即有法☐☐☐☐

2　　間七寶，可以濟☐☐☐☐☐

3　　能續行者，智慧☐☐☐☐

4　　佛現王宮，二應☐☐☐

5　　行苦行，道場☐☐☐☐

6　　爲佛，佛名覺者☐☐☐

7　　名爲僧，僧有☐☐☐☐

8　　无爲，亦名☐☐☐☐☐

　　（後缺）

佛典注疏

<u>黃文弼</u>文書 H99

　　<u>庫車</u>明田阿達古城內 2 號調查點出土。尺寸爲 11.5cm×18cm，存 16 行。殘片文字與<u>敦煌</u> S.2446《對根起行法》相似，疑爲三階教典籍。

　　參：<u>黃文弼</u>1983，65—66 頁，圖版四五·圖 2。

　　（前缺）

1　　　　☐☐☐☐☐☐☐

2　　　　□衝六、單五、隻七、雙四者，那四依□

3　　　　□不依□義經，所觀境界名之与□

4　　□内有耶三毒，外有□神魔，空有□□

5　　六單五者，自但上下，普別善惡□

6　　盡；三善天龍八部出國盡，惡天龍

7　　有見盡；六頓失法界有緣諸佛□

8　　□由有六重漏病，即行單□□

9　　□寬，名之与相，能觀之心，妄□□

10　　　　　□　第十二万滅破三寶法成三□

11　　□中二卷説滅三寶成三災盡，准依阿□

12　　□至火地等，准依方等陁羅尼□

13　　有如被籠之鳥，意欲高飛□

14　　□惡業行□錦，緯經雖一□

15　　衆生同名相觀，故生老病死□

16　　　　　□死難□雖□

　　　（後缺）

《正法念處經》卷五〇《觀天品》

黄文弼文書 H100r＋H101r

　　庫車明田阿達古城内 2 號調查點出土。斷爲 2 片，可上下拼合，其中圖 45-3（H100）尺寸爲 18cm×30cm，存 13 行；圖 46-1（H101）尺寸爲 17cm×13cm，存 7 行。佛典内容參見 CBETA 2022.Q4, T17, no. 721, p. 298b29-c16。背面爲藏文文書。

　　參：黄文弼 1983，65 頁，圖版四五・圖 3、圖版四六・圖 1。

（前缺）

1　　　　　　□□□有河，百千蓮華集在其岸，處

2　　　　　　□□□華。我共天眾皆如是見，在□

3　空中如是下觀，一□諸欲功德具足。

4　此天世間百千種殿處處皆饒，我常於中行

5　无障礙，謂在三處：水、陸、虛空，如是游戲種種

6　受樂。

7　我復有時，遂見六山有六光明穿空而出，□

8　□分明，不知何物。我時見已，生□□□

9　思惟：此所見者，曾未曾□，爲□□□

10　已，即并行殿，一□天眾速疾前□□□

11　我既到彼六光明□□□

（中缺）

12　墮，□德□□□

13　於天眾中□□□

14　是六山六種□□□

15　所畏，王□□□

（後缺）

禮懺文

黄文弼文書 H102v

庫車明田阿達古城內 2 號調查點出土。尺寸爲 13cm×3.5cm。書寫於書信封紙的背面。

參：黄文弼 1983，66 頁，圖版四七。

（前缺）

1 　　　　□□□□□　　　

2 　　　□礼西方阿弥陁佛，佛在西　　

3 　　　皆昭引，只是凡夫業不成，第一　　

（後缺）

六

文 書

白雀元年（384）衣物疏

黄文弼文書 H20、H21（Y0855）

　　黄文弼 1928 年購自哈拉和卓，據云出自哈拉和卓舊城。共 2 片，尺寸分別爲 6.1cm×
18.2cm、14.1cm×29.3cm。多數學者認爲 2 片應爲同一件文書，存 18 行。

　　參：黄文弼 1954，33—34 頁，圖 21—22；史樹青 1960，28 頁；池田温 1961，51、
59 頁；小田義久 1961，53 頁；馬雍 1973，61—65、72 頁；小田義久 1976，78—104 頁；
吴震 1983，27 頁；謝初霆 1985，373—379 頁；關尾史郎 1987，66—84 頁；小田義久
1988，54 頁；侯燦 1988，46—50 頁；關尾史郎 1989，1—2 頁；王素 1992，18 頁；三保忠
夫 1992，93—94 頁；侯燦 1993，33—34 頁；孟憲實 1993，41 頁；黄文弼 1994，55—56 頁，
圖 21—22；吕長生 1994，194 頁（圖），65 頁（録文）；王素 1998a，137—145 頁；黄景春
2006，107—110 頁；馬雍 2013，1—7 頁；謝初霆 2013，8—13 頁；關尾史郎 2013，14—
25 頁；魏軍剛 2016，156—158 頁；张鼎 2022，157—170 頁。

　　（前缺）

1　　□紺綪□□□□

2　　故紺綪結髮□□□□

3　　故絹覆面二枚

4　　故碧梳一枚

5　　故木梳一枚

6　　故絹衫一領

7　　故絹小褌一㔫

8　　故絹大裙一㔫

9　　故絹被一領

10　　故雜綵百疋

11　　絲五十斤

12　　故兔豪五百束

13　　白雀元年九月八日□□□□□　　□□□□□歸蒿里

14　條衣裳雜物▢▢▢▢　　　　▢▢▢▢▢行不得

15　留難時見左青▢▢▢　　　　▢▢▢雀後玄武

16　　　　　　　　　　　　　▢▢▢領

17　　　　　　　　　　　　　▢▢▢二枚

18　　　　　　　　　　　　　▢▢▢銅錢自副

　　（後缺）

唐調露二年（680）西州牒爲徵收折衝關職仗身錢事

黃文弼文書 H22r（K7671）+ H39v（K7664）+ H40r（K7694）+ H38v（K7666）+ H49r（K7697）+ H115v（K7701）

　　吐魯番哈拉和卓出土。拆自紙鞋，共 5 殘片，尺寸分別爲 18.7cm×25.5cm、19.3cm×37.5cm、12cm×13cm、19.2cm×18.8cm、11cm×6.5cm。文書排列順序據背面《武周某年西州勘官田簿》確定。（三）第 4、5 行上有印文，曰“西州都督府之印”。（六）H115v 亦是黃文弼 1928 年於吐魯番收集品，但不見於《吐魯番考古記》，此係首次發表。

　　參：黃文弼 1954，34—35、42—44 頁，圖 23、37—42、50；李春潤 1983，106、109 頁；王永興 1987，677—678 頁；黃惠賢 1990，275—276 頁；黃文弼 1994，56—57、66—67、68、100 頁，圖 23、39—42、50；楊文和 1999，129、131、132、135 頁（圖），222—224 頁（錄文）；李方 2002，90—91 頁；李方 2010，34—35 頁；程喜霖、陳習剛 2013，273—277 頁。

（一）

　　（前缺）

1　　　▢▢▢衝關職課仗身銅錢▢▢▢

2　　　▢▢▢案內，上件錢徵課▢▢▢▢

3　　　▢▢▢請裁，謹牒。

4　　　▢▢▢露二年二月▢▢▢

5　　　　　　　檢校司馬柱國張▢▢▢

6   付司，□

（後缺）

（二）

（前缺）

1   ̄ ̄ ̄

2   二月十六日府麴才□

3   以狀録申州兵曹

3   訖請下報。諮，文□

4   依判，惕示

5   十六日

（三）

（前缺）

1   ̄ ̄ ̄職仗身銅 ̄ ̄ ̄

2   ̄ ̄ ̄団主者，得申 ̄ ̄ ̄

3   ̄ ̄ ̄檢案内，上件錢 ̄ ̄ ̄

4   ̄ ̄ ̄州狀申者，依㩗 ̄ ̄ ̄

5   ̄ ̄ ̄兵曹訖 ̄ ̄ ̄

（後缺）

（四）

（前缺）

1   ̄ ̄ ̄□領 ̄ ̄ ̄

2   司馬

3   ̄ ̄ ̄□徵收折衝闕職仗身□ ̄ ̄ ̄

（後缺）

（五）

（前缺）

1　□□□□兵曹件狀如□，□□□□

2　　　　調露□□□□

（後缺）

（六）

（前缺）

1　□□□□□

2　□□□□一日

3　　□□□□□

（後缺）

唐西州典馬思牒爲才子負麥徵還事

黄文弼文書 H46（K7675）

　　吐魯番哈拉和卓出土。尺寸爲 14.8cm×16.5cm，行楷書，存 5 行。“馬思”又見阿斯塔那 206 號墓所出《唐事目曆》，身份爲“倉史”，該墓所出紀年文書最早爲高昌義和五年（618），最晚爲武周光宅元年（684）（《文書》貳，302 頁）。“法義”數見《武周證聖元年（695）五月西州高昌縣崇福寺轉經歷》（《文書》肆，231—235 頁）。本件文書“年”“月”“日”不用武周新字，推測當在武周之前。

　　參：黃文弼 1954，45 頁，圖 47；黃文弼 1994，69 頁，圖 47；池田温 1998，111 頁；楊文和 1999，191 頁（圖），239 頁（錄文）；池田温 2013，44 頁。

（前缺）

1　　　　女婦才子負僧法義麦二石四斗，

2　□□□□□訖上者，准狀徵得各付本主訖，謹

3　　□□□□　　□□□□□

4

5　　┌───┐年　二月　日典馬思┌───┐

6　　　　　録事氾□賢┌───┐

武周載初元年（689）三月廿四日衛士按馱領練抄

黄文弼文書 H23（K7706）

　　吐魯番哈拉和卓舊城出土。尺寸爲 27cm×38.4cm，行書，存 8 行，有武周新字。

　　參：黄文弼 1954，35 頁，圖 24；孫繼民 1990，113—115 頁；王永興 1992，261 頁；黄文弼 1994，57—58 頁，圖 24；楊文和 1999，128 頁（圖），221—222 頁（錄文）；陳國燦 2003，187 頁；程喜霖、陳習剛 2013，823 頁；孟憲實 2016a，164—165 頁。

1　　載初元年三月廿四日衛士安末奴、趙阿闍利、

2　　趙隆行、王勳記、馬守海、韓憙有、李隆德、康

3　　□毗、張大師、樊孝通等，其中安末奴、韓憙有、

4　　趙阿闍利等三人先有十馱，餘外柒人無馱，

5　　□　　　　　　　　負練康知毗奴師子（畫指）

6　　□□記一馱練一疋付團。負練人馬守海妻康（畫指）

7　　　　　　　　　　　負練人趙隆行（畫指）

8　　　　　　　　　　　負練人李隆德妻

武周載初元年（689）前後西州某衙事目

黄文弼文書 H45

　　吐魯番哈拉和卓舊城出土。尺寸爲 15cm×14cm，存 7 行。第 6 行有勾記。唐欽祚又

見《武周載初元年（689）西州高昌縣寧和才等户手實》（《文書》叁，513 頁）。馮孝通又見《唐西州都督府殘牒》（《文書》肆，33 頁），身份爲"佐"。

　　參：黄文弼 1954，45 頁，圖 46；黄文弼 1994，69 頁，圖 46；池田温 1998，110—111 頁；楊文和 1999，164 頁（圖），232—233 頁（録文）；池田温 2013，44 頁。

　　（前缺）

1　張孝威

2　孫思亮辭爲馬奴子等頁▢▢▢▢

3　辛禮爽　　　　　追▢▢▢▢

4　牛思訥辞爲王嘉礼負▢▢▢

5　唐欽祚牒爲馮孝通負▢▢▢

6　趙思禮牒爲范申素負▢▢▢

7　　　　▢▢▢▢▢▢▢

　　（後缺）

武周長安三年（703）一月廿八日狀上括浮逃使牒

黄文弼文書 H4ra（K7696）

　　吐魯番哈拉和卓出土。尺寸爲 18.6cm×20.4cm。原爲官文書牒文殘紙，"年""月""日"爲武周新字，陳國燦推測當爲長安三年。文書廢棄後用來抄録《孝經》。

　　參：黄文弼 1954，44、20、22 頁，圖 4；唐長孺 1961，90—95 頁；孔祥星 1979，50 頁；姜伯勤 1989，286 頁；劉進寶 1989，136 頁；陳國燦 1990a，409—410 頁；黄文弼 1994，67—68 頁，圖 4；陳國燦 2002，162 頁。

1　▢▢▢府　　　　　狀上括浮逃使

2　▢▢▢浮逃行客等 付城▢▢▢

3　▢▢▢稱前件色等，先▢▢▢

4　　　　　　⎴鄉得里正粟感⎴

5　　　　　⎴□等可通，如後捉獲⎴

6　　　　　⎴

7　　　　　⎴三年壹月廿八日史⎴

武周某年西州勘官田簿

黄文弼文書 H22v（K7671）＋H36（K7668）＋H37（K7669）＋H39r（K7664）＋H40v（K7694）＋
H38r（K7666）＋H49v（K7697）＋H41（K7686）＋H115r（K7701）

吐魯番哈拉和卓出土。共 9 斷片，尺寸分别爲 18.7cm×25.5cm、17.2cm×25cm、
16.5cm×17.4cm、19.3cm×37.5cm、12cm×13cm、19.2cm×18.8cm、11cm×6.5cm、
13.5cm×13.7cm、18.7cm×25.5cm。文書排列順序據陳國燦 1990b。有武周新字。（四）背
面塗黑。（九）H115r 是黄文弼 1928 年於吐魯番收集品，但不見於《吐魯番考古記》，此係首
次發表。

　　參：黄文弼 1954，34—35、42—43 頁，圖 23、37—42、50；堀敏一 1975，317—319
頁；池田温 1975，39—45 頁；池田温 1979，334—335 頁；堀敏一 1984，284—285 頁；
陳國燦 1990b，419—439 頁；黄文弼 1994，56—57、66—67、102—103 頁，圖 23、37—
42、50；楊文和 1999，130—131、133—134、136—139 頁（圖），222、223、224 頁（錄
文）；盧向前 2001，214 頁；陳國燦 2013，26—38 頁。

（一）

　　（前缺）

1　　　　　⎴籍同　龍屈仁二　大女龍如⎴

2　　　　　⎴

3　　　　　⎴□田　張歡隆二　^{入史}⎴

4　　　　　⎴^{□元質}　索石德一　員□⎴

5　　　　　⎴^{已上四畝入和觀々}曹□⎴

6　　☐☐☐☐

7　　☐☐☐田☐籍　魯忠歡☐☐☐

8　　☐☐☐無籍無主　史守漢☐☐☐

9　　☐☐☐舊主辛慶恕 ^{東☐}_{北☐}

10　☐☐☐☐同　氾貞☐☐☐☐

（後缺）

（二）

（前缺）

1　　☐☐☐☐☐☐☐

2　　☐☐☐無主　麴仕行☐☐☐

3　　☐☐☐曹太仁 ^{東西直寺　西☐}_{至　　北☐}

4　　☐☐☐同　趙禿子☐☐☐

5　　☐☐☐有籍無田　氾大師☐☐☐

6　　☐☐☐忠　侯道達二　入梁☐☐☐

7　　☐☐☐有田無籍合授　麴☐☐☐

8　　☐☐☐右子一

9　　☐☐☐無籍無主　麴玄義二　麴☐☐☐☐

（後缺）

（三）

（前缺）

1　　　　一段廿三畝　舊主曹太仁 ^{東渠　西☐}_{北高仲☐☐}

2　　☐☐☐田籍同　氾義二　郭小是一　☐☐☐

3　　☐☐☐信一　張長年二

4　　☐☐☐有田無籍　史海住一 ^入大女夏藥☐☐

5　　￣￣￣畝有田無籍　馬慈護四　大女￣￣

6　　￣￣￣□一　氾慈二　男孝敦二　￣￣￣

7　　￣￣￣甌無籍無□￣￣￣

（後缺）

（四）

（前缺）

1　　￣￣￣大女龍□￣￣￣

2　　￣￣￣畝有無籍　王□￣￣￣

3　　￣￣￣^{康津實}王才緒一　^{入陳□}￣

4　　￣￣￣畝無籍無主　王才君一　￣￣￣

5　　￣￣￣畝舊主王懷願^{東渠￣}_{北渠￣}

6　　￣￣□畝田籍同龍沙子三　樊君￣￣

7　　￣￣￣畝有籍無主田　陳阿隆四甌￣￣

8　　￣￣￣畝有田無籍　龍沙子￣￣

9　　￣￣￣畝舊主管有^{東渠　西圛}￣

10　￣￣￣籍樊雲弘一　令狐智￣￣

11　￣￣￣□達二　闞處實三　￣￣

12　￣￣百田無籍　闞元憧四　￣￣

13　￣￣￣子二^{入姜令隆}張隆々二^入￣

14　　　　￣入曹醜是　一入侯寅和

15　　　　￣貞君一^{入令狐智去}￣

16　　　　￣東渠　西水田　南高堤　北￣

（後缺）

（五）

（前缺）

1　　　□□□□□

2　　　□難陁二 □□□

3　　　□張衆漢 ^{入永隆□}

4　　　□□

5　　　□荏陁二 ^{入張海歡} □

6　　　□□助德一 ^{入大女□□} □

7　　　□無籍無□□

（後缺）

（六）

（前缺）

1　　　　　□□ □

2　　　□□ 白善多二　張□□

3　　　□籍無田　馮怚仁二 ^{入令狐文勝}

4　　　□二畝^{併乘（剩）入令狐隆抱} 令狐□□

5　　　□歡海一 ^{入陰達々}

6　　　□籍無主　宋君感

7　　　□舊主張延達 ^{東渠　西渠　南□}
^{北道}

（後缺）

（七）

（前缺）

1　　　□籍同宋元達一　宋□□

2　　　□□二畝

3　　　□□□入氾□□□□□

（後缺）

（八）

（前缺）

1　　　□□□貞仁

2　　　□□□東范□進　西范延武　南渠□

3　　　　□□□□□

4　　　　□□□張信進二　大女曹如□□□

5　　□□□

6　　　　□入宋點奴　刀□□

7　　　□□□□□□□□□

（後缺）

（九）

（前缺）

1　曹武才一□□

2　史伯子一□□

3　大女史女□□

4　□□舊□□□

（後缺）

武周某年殘帳

黄文弼文書 H42

　　吐魯番哈拉和卓出土。尺寸爲 13.7cm×13.8cm，行書，存 6 行。"月"爲武周新字。

參：黄文弼 1954，43 頁，圖 43；黄文弼 1994，66 頁，圖 43；楊文和 1999，134 頁（圖），224 頁（錄文）。

（前缺）
1　　　□□□□□
2　　三 石 二 斗 □□□
3　　右從臘月 □□□
4　　蹛叁拾 □□□
5　　拾陸 □□□
6　　□伍日□□ □□□
（後缺）

唐開元十三年（725）西州未納徵物牒

黄文弼文書 H24（K7680）、H25（K7677）、H26（K7679）

吐魯番哈拉和卓出土。尺寸分別爲 14.6cm×40.2cm、14.9cm×43.5cm、14.7cm×43.6cm，共存 36 行。

參：黄文弼 1954，36—37 頁，圖 25—27；池田温 1979，353—354 頁；黄文弼 1994，58—59、100—101 頁，圖 25—27；李錦繡 1995，473 頁；池田温 1998，107—109 頁；楊文和 1999，159、165—166 頁（圖），231、233—234 頁（錄文）；池田温 2013，41—42 頁。

（前缺）
1　　　　　□□□鄧大方　典宋叡芝　孫玄瑋　康才感
2　　　　　□□□□昕貳勝練布氈屨索雜物等
3　　　　　□□□闢尺錢壹伯壹拾叁貫叁伯文
4　　　　　□□□十 石 二 斗 粟
5　　　　　□□□□ 一 石 七 斗 二 升 麦

6	⬜⬜⬜卅 七 疋 二 丈 大 小 練
7	⬜⬜⬜疋 九 尺 生 絁
8	⬜⬜⬜十 三 端 三 丈 五 尺 布
9	⬜⬜⬜十 四 領 氈
10	⬜⬜⬜十 九 條 索
11	⬜⬜⬜屯 綿
12	⬜⬜⬜一 十 三 貫 三 百 文 錢
13	⬜⬜⬜五 十 五 事 氈 屨 雜 物
14	⬜⬜⬜貫 三 百 文 州徵所狀注所由高昌縣欠

15	⬜⬜⬜□四貫文 已上准前狀注所由柳中縣
16	⬜⬜⬜前狀注所由蒲昌縣
17	⬜⬜⬜疋二丈 所由高昌縣
18	⬜⬜⬜十三端三丈五尺 氈十四領
19	⬜⬜⬜户曹王道忱欠未納
20	⬜⬜⬜四升 所由里正范行忠
21	⬜⬜⬜斗八升 所由里正寧和才
22	⬜⬜⬜□一十石二斗 已上所由里正牛慈惠
23	⬜⬜⬜由里正馬善積
24	⬜⬜⬜物 所由李義康寶焦藏等欠
25	⬜⬜⬜典曹忠順
26	⬜⬜⬜三斗 今日得李玉狀並納了
27	⬜⬜⬜月十六日衙，奉處分，並限
28	⬜⬜⬜上依檢，上件數未納□

29 ☐

----

30 牒件狀如前，謹 ☐

31 　開元十三 ☐

32 州徵物□ ☐

33 事既已囚 ☐

34 可矜放。 ☐

35 如若不 ☐

36 決此復□ ☐

（餘白）

唐開元十三年（725）前後西州都督府典張元璋牒

黄文弼文書 H27（K7672）、H28（K7674）

　　吐魯番哈拉和卓出土。有 2 件，尺寸分別爲 14.7cm×42.6cm、14.9cm×19.2cm，共存 16 行。文書 H27 中的“濟”即是 H28 中的“廣濟”，李方據其判署方式推測此人爲西州都督。又本件文書判文部分字體與黄文弼文書 H26《唐開元十三年（725）西州未納徵物牒》一致，應同是“廣濟”書寫判文，據此推斷本件文書的時間大致在開元十三年前後。

　　參：黄文弼 1954，37 頁，圖 28—29；黄文弼 1994，60、101 頁，圖 28—29；李方 1996，282—284 頁；池田溫 1998，109 頁；楊文和 1999，彩圖 VIII，160—161 頁（圖），231—232 頁（錄文）；李方 2010，15 頁；池田溫 2013，42—43 頁。

（一）

　　（前缺）

1 ☐判，稽違不上，事目如前。

2 ☐年十二月　日典張元璋牒。

3 ⬚⬚兩道放至

4 ⬚⬚肆道已上

5 ⬚⬚下，濟示。

6　　　　二日

7 ⬚⬚到情亦可

8 ⬚⬚朒却少間

9 ⬚⬚了科決

10 ⬚⬚晚，濟示。二日

（二）

　　（前缺）

1 ⬚⬚⬚應須行下，任便處分。牒

2 ⬚⬚⬚録白施行，謹牒。

3 ⬚⬚田二月九日典張元璋牒。

4 ⬚⬚⬚判官倉曹李

5 ⬚⬚判，廣濟示。

6　　⬚日

　　（後缺）

唐開元十三年（725）前後西州婦人梁氏辭

黄文弼文書 H29（K7647）

　　吐魯番哈拉和卓出土。尺寸爲 28.7cm×35.9cm，行書，存 10 行。劉俊文認爲本件文書判文部分字體與黄文弼文書 H26《唐開元十三年（725）西州未納徵物牒》及黄文弼文書 H27、H28《唐開元十三年（725）前後西州都督府典張元璋牒》一致，據此推斷本件文書的時間大致在開元十三年前後。

參：黄文弼 1954，37—38 頁，圖 30；池田温 1979，376 頁；孔祥星 1982，51—52 頁；劉俊文 1989，562—565 頁；黄文弼 1994，60、101 頁，圖 30；李方 1996，282—284 頁；池田温 1998，110 頁；楊文和 1999，162—163 頁（圖），232 頁（録文）；陳永勝 2000，202 頁；朱江紅 2008，315 頁；鄧小南 2009，305 頁；李方 2010，16 頁；張可輝 2011，70—71 頁；石墨林 2012，759 頁；盧向前 2012，407—408 頁；陳習剛 2012，64 頁；楊際平 2012，278—279 頁；池田温 2013，43 頁；鄭顯文 2018，158—159 頁。

1　　府司：阿梁前件萄爲男先安西鎮，家無手力，去春租

2　　與彼城人卜安寶佃，准契合依時覆蓋如法，其人至今

3　　不共覆蓋，今見寒凍。婦人既被下脱，情將不伏，請乞商

4　　量處分，謹辭。

5　　　　付識□即勒藏

6　　　　蓋，分□重□

7　　　　諸如小事，便即

8　　　　與奪訖申，濟

9　　　　示。

10　　　　　　十三日

唐開元十六年（728）西州都督府請紙案卷

黄文弼文書 H31（K7646）

　　吐魯番哈拉和卓出土。尺寸爲 29.2cm×141.8cm，存 28 行。第 9、10 行上有印文，曰“西州都督府之印”。本件文書與上博 31、大谷 5839、大谷 4882、大谷 5840、大谷 4918(a)、大谷 4918(b)、大谷 4919、大谷 5372、大谷 5375 共 10 件爲同一案卷，内容是開元十六年二月至八月西州幾次請紙事務之牒文粘連之案卷。

　　參：黄文弼 1954，38—40 頁，圖 32；内藤乾吉 1960，32—52 頁；小笠原宣秀、西村

元佑 1960，158—161 頁；室永芳三 1974，96—102 頁；小笠原宣秀、西村元佑 1985，949—960 頁；盧向前 1986，370—371、378—379 頁；李錦繡 1995，367—368、1056—1060 頁；李方 1996，284—285 頁；中村裕一 1996，598—599、610—612 頁；楊文和 1999，167—174 頁（圖），234 頁（錄文）；劉安志 2000，112—122 頁；李方 2002，301—307 頁；毛秋瑾 2010，201—212 頁；中田裕子 2010，170—174 頁；李方 2010，17—18、42—43、73—75、238—240、262—263 頁；劉安志 2011，261—263 頁；雷聞 2011，423—444 頁；中田裕子 2012，393—395 頁；雷聞 2013，60—84 頁；程喜霖、陳習剛 2013，228—239 頁；王永興 2014a，78—83 頁；黃樓 2015，209—211 頁；孟憲實 2016b，285—287 頁；榮新江、史睿 2021，474—477 頁。

（前缺）

1　　　□□□□

2　　　　　史

3　　　六月八日受，即日行判。

4　　　錄事^使

5　　　錄事參軍^{自判}

6　案爲虞候司請六月料紙事

1　法曹

2　　黃紙拾伍張　　　　壹拾伍張典李義領

3　　　右請上件黃紙寫　　　敕行下，請處分。

4　牒件狀如前，謹牒。

5　　　　　　開元十六年六月　日，府 李 義 牒。

6　　　　　　　法曹參軍王仙喬

7　　　付司，楚珪示。

8　　　　　　　　九日

9　　　六月九日，錄事^使

10　　　　録事參軍 沙安　付

11　　　　檢案，沙白。

12　　　　　　　　九日

13　牒檢案連如前，謹牒。

14　　　　　　六月 日吏李藝牒

15　　　　　　法曹司請黃紙，准數分

16　　　　　　付取領，諮，沙安白。

17　　　　　　　　　　　九日

18　　　　　　依判，諮，希望示。

19　　　　　　　　　　　九日

20　　　　　　依判，諮，球之示。

21　　　　　　　　　　　九日

22　　　依判，楚珪示。

23　　　　　　　　九日

24　　　　開元十六年六月九日

25　　　　　　史李藝

26　録事參軍沙安

27　　　　　　　史

28　　　六月九日受，即日行判。

　　（後缺）

唐開元二十九年（741）典侯奉□牒爲追史某上番事

黄文弼文書 H35（K7654）

吐魯番哈拉和卓出土。尺寸爲 25.4cm×40.3cm，存 7 行。

參：黄文弼 1954，42 頁，圖 36；黄文弼 1994，65—66 頁，圖 36；楊文和 1999，180 頁（圖），236 頁（録文）；程喜霖 1990，265 頁；程喜霖、陳習剛 2013，62、761 頁，圖 52；劉子凡 2016b，217 頁。

（前缺）

1 ＿＿＿＿＿十二月不到番兵史□＿＿＿＿

2 　　　　　右件兵配當諸烽鋪□＿＿＿＿

3 　　　　　人，恐有不處，虞罪及所□＿＿＿＿

4 　　　　　追捉發遣，庶免斥候無虧，謹□。

5 　　　牒 件 狀 如 前，謹 牒。

6 　　　　　　開元廿九年十二月九日典侯奉□＿＿＿＿

7 　　都巡官游擊將軍果毅都尉馬守奉　判官□□＿＿＿

（餘白）

唐開元年間伊州伊吾軍屯田文書

黄文弼文書 H33（K7673）、H34（K7661）

吐魯番哈拉和卓出土。尺寸分別爲 15.1cm×26.1cm、21.5cm×6.3cm，共存 10 行。前件鈐有朱印“伊吾軍之印”，5.5cm×5.5cm。

參：黄文弼 1954，41—42 頁，圖 34—35；池田温 1979，351 頁；程喜霖 1990，274 頁；黄文弼 1994，64—65 頁，圖 34—35；李錦繡 1995，127 頁；楊文和 1999，181 頁（圖），236—237 頁（録文）；殷晴 2007，238 頁；殷晴 2012，119、181—182 頁；劉安志 2012，219 頁；程喜霖、陳習剛 2013，78、468、958—959 頁，圖 67；程喜霖 2013，385 頁；王

永興 2014a，169—170 頁；王永興 2014b，63—64 頁；劉子凡 2016a，243—245 頁。

（一）

（前缺）

1　　　　　　□　遠　　□　界

2　　　　　五十畝種豆　一十二□　　　檢校健兒焦思順

3　　　　　三畝種豆　廿畝種麦　檢校健兒成公洪福

4　　　　　□用□水　澆　溉

5　　　　　軍　　　界

6　　　　　□畝　苜蓿烽地伍畝^{近屯}

7　　　　　都羅兩烽共伍畝

8　　　　　烽鋪近屯即侵屯

（後缺）

（二）

（前缺）

--（背縫有 "一百卅八□" 編號）

1　　朝請大夫使持節伊州諸軍事守伊州刺史兼伊吾軍硬□

2　　　　　　□月　廿　四

（後缺）

唐開元年間趙悟那違契私賣田苗案卷

黄文弼文書 H44（K7683）

　　吐魯番哈拉和卓出土。尺寸爲 14.0cm×25.0cm，存 9 行。

　　參：黄文弼 1954，45 頁，圖 45；黄文弼 1994，69、103 頁，圖 45；池田温 1998，110 頁；楊文和 1999，185 頁（圖），238 頁（録文）；池田温 2013，43—44 頁。

1　　張奉先

2　　右得上件人牒稱：去開□□□□

3　　与趙悟那准法不合，□□□□

4　　先元契在悟那處，未□□□□

5　　都督判付，希逸據狀□□□□

6　　閻大賓立契，證見何□□□□

7　　賣苗是實，不見舉□□□□

8　　今尋檢文契知錯，請□□□□

9　　明，趙那甘心伏罪，謹連□□□□

　　（後缺）

唐天寶十二載（753）二、三月交河郡天山縣牒爲申車坊新生犢事

黄文弼文書 H32（K7682）

　　吐魯番哈拉和卓出土。尺寸爲 14.2cm×171.5cm，存 32 行。正、背面鈐有朱印"天山縣之印"。

　　參：黄文弼 1954，40—41 頁，圖 33；池田温 1979，478 頁；盧向前 1986，388 頁；黄文弼 1994，63—64、101—102 頁，圖 33；李方 1996，288—289 頁；李方 1997，55 頁；楊文和 1999，154—157 頁（圖），230—231 頁（錄文）；李方 2002，151—152 頁；李方 2010，21—22、259 頁。

（一）

　　（前缺）

1　　□□□□至准狀，故牒。

2　　□□□□十二載三月十一日

3　　　　　　　　　府張玄璋牒

4　▭

5　　　　　　　　　　史

6　▭日受，其月十一日行判

---------------------------------（紙縫背署"祐"）

7　▭　使

8　▭圍參軍大簡勾訖。

9　▭□牛事

---------------------------------（紙縫背署"祐"）

（二）

1　▭□具上事

2　▭

3　▭十　　　載　　　犢

4　▭叁黃牸，貳歲。肆黃，貳歲。^{已上牸}壹牸牸，白尾，貳歲。

5　▭禿尾，貳歲。壹黃，盲，貳歲。貳赤，貳歲。壹牸，貳歲。

6　▭尾貳歲。^{已上特}

7　▭一　　　載　　　犢

---------------------------------（紙縫背署"言"）

8　▭□歲。壹黃，白面，壹歲。壹黃牸，面尾白，壹歲。

9　▭尾壹歲。肆黃灰，壹歲。^{已上牸}肆赤，壹歲。

10　▭□歲。壹青灰，壹歲。貳黑，壹歲。壹赤牸，白面，壹歲。^{已上特}

11　▭毛色齒歲上者，准符牒所由，勘得

12　▭朕通，毛色齒歲如前，狀上者車坊挈

13　▭歲到，具狀録申郡户曹聽處分者。

---（紙縫背署"言"，用印）

14　　□丞 ^{在郡}

15　　□請裁，謹上。

16　　□二月廿五日　宣德郎行尉馬睿言上

17　　　　　　　録事 ^{在郡}

18　　　　　　　佐 ^{在郡}

---（紙縫背署"祐"）

19　　　　　　　史孫元祐

20　　□十二日録事 ^使

21　　□録事參軍元祕　　　付

22　　　　檢案元祕白

23　　　　　　十五日

---（紙縫背署"祐"）

24　　□牒

25　　□月　日府張玄璋 牒

26　　天山縣申車坊新生犢伍拾

27　　捌頭，各具毛色齒歲到，勒

28　　所由勘會，諮。 元祕白

29　　　　　　十六日

30　　依判，諮。 休胤示。

　　　　　　　十六日

---（紙縫）

31　　□判，忠比示。

32　　　　　十六日

（餘白）

唐某年西州高昌縣寧大鄉役夫簿

黃文弼文書 H30（K7650）

　　吐魯番哈拉和卓出土。尺寸爲 27.1cm×18.9cm，存 6 行。

　　參：黃文弼 1954，38 頁，圖 31；池田温 1979，381 頁；黃文弼 1994，61 頁，圖 31；楊文和 1999，179 頁（圖），236 頁（録文）。

1　　高昌縣　　　　　寧大鄉
2　　合當鄉夫總廿 四人：
3　　　二人破除見在。
4　　　一人逃走，秦禿子。一十二人併雇馱見到。
5　　　一十人見在到界首：
6　　何□□　□□□　□□帥　□直□　園□仁
　　（後缺）

唐西州天山府帖爲佃地人納地子事

黃文弼文書 H43（K7667）

　　吐魯番哈拉和卓出土。尺寸爲 18cm×25cm，存 6 行。

　　參：黃文弼 1954，44—45 頁，圖 44；黃文弼 1994，68 頁，圖 44；楊文和 1999，184 頁（圖），237 頁（録文）；程喜霖、陳習剛 2013，117 頁。

1　　□山府　帖佃地人□□□□□□
2　　去年地子粟肆碩捌圍□□□□□
3　　　右件地子今配入焦□□□□□□
4　　　便分付，其帖留□□□□□□

5　　　　抄了即毀，四月□□□□□

6　　　　　　　□□□□□□

　　　（後缺）

唐西州胡玄□辭

黃文弼文書 H47、H48（K7652）

　　吐魯番哈拉和卓出土。尺寸分別爲 14.0cm×16.6cm、11.7cm×16.3cm，均爲正、背書。

　　參：黃文弼 1954，46，圖 48—49；黃文弼 1994，70，圖 48—49。

（一）

正面：

1　　　□□□□胡玄□辭：

2　　　□□□□□城人任智遠處租得□□□□

3　　　□□□□當時開渠□□□□

4　　　□□□□□被州□□□□□

5　　　□□□□望乞處

　　　（後缺）

背面：

　　　（前缺）

1　　　□□□□縣司宜新□□□□□

2　　　□□□□處租得□□□□□□

3　　　　□□□□手力□□□□

4　　　　□□□□徵來□□□□

5　　　　□□□□自佃□□□□

　　　（後缺）

（二）

正面：

（前缺）

1 ⬚⬚⬚三月拾⬚⬚⬚

2 ⬚⬚⬚□□琦（？）心素（？）⬚⬚⬚

3 ⬚⬚⬚退本主任智⬚⬚⬚

（後缺）

背面：

（前缺）

1 ⬚⬚⬚□□⬚⬚⬚

2 ⬚⬚⬚□□⬚⬚⬚

3 ⬚⬚⬚却還⬚⬚⬚

4 ⬚⬚⬚其來不□⬚⬚⬚

5 ⬚⬚⬚合是任與所由，⬚⬚⬚

（後缺）

唐某年户籍

黄文弼文書 H8ra（K7684）

吐魯番雅爾湖舊城出土。尺寸爲14cm×9.5cm，存3行，背面有朱印殘迹，廢棄後正、背面書寫《産乳相子書》。

參：黄文弼1954，25—26頁，圖8；黄文弼1994，47—48頁，圖8。

（前缺）

1 ⬚⬚⬚東滑□ 西張□ 南□□ 北孟梁

2 ⬚⬚⬚□□ 西□□□ 南劉□ □□

3　　　　　□□□□西劉□　　　南許□□□□

　（後缺）

王万年書封

黄文弼文書 H102r

　庫車明田阿達古城内 2 號調查點出土。尺寸爲 13cm×3.5cm，存 1 行。

　參：黄文弼 1983，66 頁，圖版四七。

1　　　左衛率府廣濟府衛士王万年　雅□□□　□□□□

唐大曆十四年（779）二月白蘇畢梨領屯米等帳

黄文弼文書 H75（K7233）

　新和通古斯巴什古城出土。尺寸爲 25.5cm×8cm，存 3 行。

　參：黄文弼 1958a，95，圖 2（圖版柒壹）；蘇北海 1988，96—97 頁；黄烈 1989，428 頁；劉安志、陳國燦 2006，42 頁；劉安志 2011，298 頁；石墨林 2012，661—662 頁；慶昭蓉 2017a，56 頁。

1　　　□□□□曆十四年米□數 二月廿三日白蘇畢梨領得

2　　　□□□□領屯米四卧半，麵壹碩捌卧，醋壹

3　　　□□□□卧，油叁勝，醬八勝，酢五勝。

　（後缺）

唐大曆十五年（780）四月李明達借麥粟契

黃文弼文書 H74（K7232）

新和通古斯巴什古城出土。尺寸爲 27.7cm×17cm，存 7 行。

參：黃文弼 1958a，94 頁，圖 1（圖版柒壹）；TTT III，(A)，74 頁；TTT III，(B)，37 頁；蘇北海 1988，96—97 頁；黃烈 1989，428 頁；楊文和 1999，192 頁（圖），239 頁（録文）；榮新江 2000，335 頁；劉安志、陳國燦 2006，46 頁；劉安志 2011，311—312 頁；石墨林 2012，666 頁；慶昭蓉 2017a，56 頁。

1　大曆十五年四月十二日，李明達爲無糧用，

2　遂於蔡明義邊，便青麦一石七斗，

3　粟一石六斗，其麦限至八月内□□□□

4　付，其粟限至十月内□□

5　□麦，一取上好□□

6　□如取麦已□□

7　如爲限不□□

　　（後缺）

唐磧西行軍押官楊思礼等辯辭

黃文弼文書 H77（K7512）

拜城克孜爾石窟出土。尺寸爲 14.2cm×11.4cm，存 4 行。"磧"字旁有倒"乙"符號。

參：黃文弼 1958a，95—96 頁，圖 4（圖版柒壹）；徐伯夫 1985，74 頁；黃烈 1989，427 頁；榮新江 1992，61 頁；楊文和 1999，158 頁（圖），231 頁（録文）；榮新江 2000，335 頁；王永興 2010，44 頁；石墨林 2012，462 頁；慶昭蓉 2017a，63 頁；榮新江 2022，110 頁；榮新江 2023，64 頁。

（前缺）
1　　□□
2　　磧行軍押官楊思礼請取□□□□
3　　闐鎮軍庫訖。被問依□□□□□
4　　　　　　　　更問□□□□
（後缺）

文書殘片

黃文弼文書 H105

　　庫車蘇巴什古城西寺區 T1 出土。尺寸爲 9cm×3cm。左側有勾記。
　　參：黃文弼 1983，90 頁，圖版六六·圖 3；徐伯夫 1985，74 頁；榮新江 1992，61 頁；榮新江 2022，111 頁；榮新江 2023，65 頁。

（前缺）
1　　□□□□一十人于闐兵
（後缺）

丙午年（766？）將軍姚閏奴支付烽子錢抄

黃文弼文書 H76（K7234）

　　新和通古斯巴什古城出土。尺寸爲 22.5cm×4.2cm，存 2 行。丙午年疑爲 766 年。
　　參：黃文弼 1958a，95 頁，圖 3（圖版柒壹）；慶昭蓉 2012c，121 頁；慶昭蓉 2017a，56 頁；Ching Chao-Jung 2018，15 頁。

1　　將軍姚閏奴丙午年烽子錢伍佰文，支付□□□□
2　　大鋪。丙午年三月十一日典□惠願抄。

丁丑年石俅衛芬倍社社條

黄文弼文書 H52

　　係 1930 年春鮑爾漢於迪化贈予袁復禮者，據云出自吐魯番吐峪溝。尺寸爲 25.5cm×27.4cm，存 11 行。人名旁有點記。

　　參：黄文弼 1954，47—48 頁，圖 53；郝春文 1989，34 頁；郭平梁 1990，93—94 頁；郭鋒 1991，74—75 頁；黄文弼 1994，71 頁，圖 53；寧可、郝春文 1997，63 頁；郝春文 2006，2 頁；張小艷 2012，68—69 頁；劉衛東、劉子凡 2020，4、13—15 頁。

1　　一、去丁丑年九月七日石俅衛芬倍社，周

2　　而復始，時敬教難，再立條章。三人作社，

3　　已向前社邑同麗，不得卷（善）果。□□□者，罰

4　　好布壹段，社家任用。

5　　□社官　胡段耶　宋社官三十月倍

6　　□月曹社官　馮平直　宋副使　十二月王榮□

7　　王三老　郭都使　來年正月安平直　劉孝□

8　　□□老　二月趙滿奴　朱晟子　□小君　三月□□□

9　　□□　麴憲子　尹國庭　四月梁都蘭段　楊□□□

10　　□□君　五月安國義　何主　石願德　六月□□□

11　　□□□□元　楊胡　七月何□□□

　　（後缺）

元至元三年（1266）文書殘片

黄文弼文書 H53（K7670）

　　黄文弼記吐魯番雅爾湖舊城出土。尺寸爲 11cm×9cm，存 4 行。

參：黄文弼 1954，48 頁，圖 54；黄文弼 1994，72 頁，圖 54；党寶海 2014，314—315 頁。

1　　▭▭調牢獄至元三年三月初六日悉▭▭

2　　▭▭總府指揮爲首施行，至當年十一月▭▭

3　　▭▭昗壹拾貳張縫。

4　　▭▭□十一月　日獄典▭▭

元某年課程錢文書

黄文弼文書 H78（K7217）

　　庫車庫木吐喇石窟出土。尺寸爲 18cm×34cm，存下半段，漢文 2 行，八思巴文 3 行。文書中的扎牙失里（意爲“勝祥”）亦見於黑水城出土亦集乃路總管府至正十一年考較錢糧文卷（編號 F116:W554）。兩件文書都是吏員用漢文書寫，扎牙失里用八思巴字書寫，時代大致都在元順帝時期；亦集乃路即今内蒙古額濟納旗黑城，故頗疑本件亦是出自黑水城的文書。

　　參：黄文弼 1958a，96—97 頁，圖 5（圖版柒貳）；党寶海 2014，315—318 頁。

1　　▭▭十年二月　吏楊道亨□

2　　▭▭（八思巴文，讀音爲“提控案牘”）

3　　▭▭分課程錢

4　　▭▭（八思巴文，讀音爲“知事”）

5　　▭▭（八思巴文，讀音爲“經歷扎牙失里”）

　　（後缺）

元楊真寶奴殘狀

黃文弼文書 H50（K7662）

　　黃文弼記吐魯番雅爾湖舊城出土。尺寸爲 21.3cm×19.5cm，正、背書寫，正面存 12 行，背面存 3 行。狼心站是元朝甘肅行省亦集乃路的一處驛站，本件文書反映了亦集乃路與西域間的交通聯繫。有朱印 7—8 枚。

　　參：黃文弼 1954，46—47 頁，圖 51；黃文弼 1994，70 頁，圖 51；党寶海 2014，312—313 頁。

正面：

　　（前缺）

1　　　　　　　□使移三室家

2　　生和力，見在耳八渠，与使同

3　　　□爲使人等謀賴，陳答失

4　　居有□數來，□厶人及之力□

5　　□爾作鑒訖，伊等羊□致禮何福寿

6　　　□元欠黃米，什月姐與出人□□相

7　　首先□官□□之日□勿過□□□支上

8　　　□篤，什月姐支□此鄰人納□□

9　　取狀，今來厶，依守和責

10　　　□□守和□□拿抱於房内

11　　房内將使厶數點羊一口拴於厶項

12　　　七謀□□□以致厶□□。

　　（後缺）

背面：

1　　取狀人楊真寶奴

2　　右眞寶奴年卅一歲，無病，係狼心站户，

3　　見在耳八渠住坐。

　　（餘白）

元稅使司使喚哈三文書

黄文弼文書 H51（K7651）

　　黄文弼記吐魯番雅爾湖舊城出土。尺寸爲 26.6cm×16cm，存 6 行。

　　參：黄文弼 1954，44—45 頁，圖 52；黄文弼 1994，71 頁，圖 52；吕長生 1994，176
頁（圖），47 頁（録文）；党寶海 2014，313—314 頁。

1　　仰喚下項人等依限到

2　　府，如違治罪，奉此

3　　　稅使司付使朱彦成

4　　　屠行 哈三

5　　右仰

6　　　六月 日批行。

七

附録

高昌乙亥年六月傳供帳

黄文弼文書 H79（K7698）

　　黄文弼 1928 年收集於吐魯番，不見於《吐魯番考古記》，此係首次發表。尺寸爲 9cm×6.5cm，存 2 行，背有押字，不清。文中"宊"爲高昌特用字，即"斗"。乙亥爲 555 年或 615 年。

　　（前缺）
1　　　　　□乙亥歲六月□

2　　　　　□□惟奴傳大麦伍宊（斗）□
　　（後缺）

唐某年別奏等欠糧文稿

黄文弼文書 H113（K7663）

　　黄文弼 1928 年收集於吐魯番，不見於《吐魯番考古記》，此係首次發表。尺寸爲 19.5cm×16cm，存 5 行。第 2 行夾有雜寫。

1　　欠隆下別奏人、典、傔等壹伯壹□

2　　　　　尚賢尚賢總□

3　　　人欠米貳碩肆斞 賢□

4　　　□碩貳斞 賢欠□

5　　　　　□示□

武周某年租田文書

黄文弼文書 H114（K7699）

　　黄文弼 1928 年收集於吐魯番，不見於《吐魯番考古記》，此係首次發表。尺寸爲 9.5cm×8.2cm，存 2 行。"年"爲武周新字。兩紙正、反粘貼。

　　（前缺）

1　　＿＿＿須得＿＿＿

　　（後缺）

　　（前缺）

1　　租田□田

2　　男□觀年廿

　　（後缺）

給糧文書

黄文弼文書 H116（K7665）

　　黄文弼 1928 年收集於吐魯番，不見於《吐魯番考古記》，此係首次發表。尺寸爲 29.5cm×19.5cm，存 3 行。

1　　＿＿＿給□兵曹粮＿＿＿

2　　＿＿＿量□拾＿＿＿

3　　＿＿＿成洛館粟壹略（？）碱（？）＿＿＿

殘辯辭

黄文弼文書 H117（K7702）

　　黄文弼 1928 年收集於吐魯番，不見於《吐魯番考古記》，此係首次發表。尺寸爲 11cm×7.5cm，存 4 行。

　　（前缺）
1　　駞壹▢▢▢▢
2　牒被問▢▢▢▢
3　蜜致夫▢▢▢
4　　▢▢▢▢▢
　　（後缺）

文書殘片

黄文弼文書 H118（K7704）

　　黄文弼 1928 年收集於吐魯番，不見於《吐魯番考古記》，此係首次發表。尺寸爲 15cm×5.7cm，存 4 行。

　　（前缺）
1　管失▢▢▢▢
2　王智▢▢▢▢
3　文隳▢▢▢▢
4　牒▢▢▢▢
　　（後缺）

文書殘片

黄文弼文書 H119（K7687）

　　黄文弼 1928 年收集於吐魯番，不見於《吐魯番考古記》，此係首次發表。尺寸爲 12cm×15.5cm，存 4 行。

　　（前缺）
1　□□□□□□□
2　□□□□四年正月□□□
3　□□□十三日更納□□□
4　□□□□□□□□

文書殘片

黄文弼文書 H120（K7703）

　　黄文弼 1928 年收集於吐魯番，不見於《吐魯番考古記》，此係首次發表。尺寸爲 9.2cm×6.0cm，存 3 行。

　　（前缺）
1　□九十六□□□
2　□□屯□□□
3　左軍□□□
　　（後缺）

文書殘片

黄文弼文書 H121（K7705）

　　黄文弼 1928 年收集於吐魯番，不見於《吐魯番考古記》，此係首次發表。尺寸爲 20.5cm×4.5cm，存 4 行。

1　　而□□□□□□□□

2　　別□□□□□□□□□

3　　別□□□□□□□□□

4　　　□

文書殘片

黄文弼文書 H128r（K7690）

　　1928—1930 年間於吐魯番出土。尺寸爲 12.8cm×4.8cm。係一件漢文、回鶻文雙面書寫寫本殘片，以玻璃板雙面對夾保存。該殘片不見於《吐魯番考古記》，此係首次發表。殘片正面存漢文、回鶻文各 1 行。漢文疑屬於契約文書，回鶻文則係回鶻人利用廢棄的漢文文書正面和紙背空白處書寫。

　　參：付馬 2023，待刊。

（前缺）

1　　□□□□□□休悔先□□□□□□

（後缺）

胡語文書

————————

一

回鶻文文書

回鶻文摩尼教徒曆日

黄文弼文書 H10v

　　本文書由鮑爾漢於 1930 年春在迪化贈予袁復禮，據稱出土於吐魯番。正面爲 H10 漢文《注維摩詰經》卷二。背面寫半楷體回鶻文 52 行。《吐魯番考古記》首次刊布文書圖版後，哈密屯（James Russel Hamilton）在其論文中刊布了更清晰的照片（Hamilton 1992，19—21頁），并致謝中國社會科學院（Hamilton 1992，7 頁；哈密屯 2013，182 頁），知原件應藏於中國社會科學院考古研究所。

　　本文書爲西州回鶻牟羽·毗伽天王（Bügü bilgä tängri elig）朝摩尼教徒所用曆日，第 11 行有回鶻文音寫漢文"曆日"（lïγžir）。其主要功用是在粟特（伊朗）曆中標注出陰曆（即漢曆）每月初一開始的時刻，即新月發生的時刻。在西州回鶻官方采用漢曆紀年的背景下，摩尼教徒需要將漢曆標注在其教團習慣使用的粟特曆坐標中，以安排與統治階級及世俗信衆有關聯的宗教活動。文書保存的曆日範圍爲公元 1002 年 3 月至 1004 年 4 月，相當於北宋咸平六年三月至景德元年四月。此曆中，陰曆每月初一與北宋官頒曆日所記常有一日之差，其原因應是西州回鶻當時采用了一種不同的漢曆。

　　參：黄文弼 1954，63 頁，圖 88；Hamilton 1986，XVII 頁；吉田豊 1988，165—168 頁；Hamilton 1992，7—21 頁；黄文弼 1994，96—97 頁，圖 88；吉田豊 2013，177—181 頁；哈密屯 2013，182—206 頁；榮新江 2013，v—vi 頁；阿不都熱西提 2014，278—280 頁；UMT III，402—408 頁；劉衛東、劉子凡 2020，15 頁。

　　（前缺）

1　　[altïnč ödtä iki yüz] altï y(e)g(i)rmi qolu ärtmištä
2　　[mišvuγ(ï)č čaxšapat a]y bir yangïsï kičig
3　　[wat roč tir ž(a)mnu altïn]č suv qutluγ kui laγzïn
4　　[künkä küntüz med(a)nčati al]tïnč ödtä . . žimtič
5　　[ram ay bir] **yangïsï** uluγ wat roč naxi-d ž(a)mnu üčünč
6　　[su]**v** qutluγ kui yïlan künkä tünlä neme axšaph
7　　altïnč ödtä . . axšumšip(e)č ikinti ay bir
8　　yangïsï kičig ram roč kewan ž(a)mnu altïnč suv
9　　qutluγ žim ït künkä küntüz med(a)nčati yetinč
10　　ödtä . yüz tört älig qolu ärtmištä .

11　bešinč altun qutluγ kui-i tavïšγan yïlqï lïγzïr

12　bügü bilgä t(ä)ngri elig sanï säkiz . . kün t(ä)ngri

13　bun sanï . toquz on taqï bir t(a)su .. törtünč ..

14　w(e)pinče artuxušt roč elänür . .

15　ay t(ä)ngri bun s(a)nï t[oquz öd (?) taqï] üč p(a)nču . . s(a)γta yorïmaq˙bu yïl

16　wšγn' roč ol . . taqï y(e)mä ay t(ä)ngri-ning bun sanï

17　p(a)nču öntürmäk bu yïl saqtïmïz . yeti otuz san

18　ol . . naws(a)rd mir ž(a)mnu baštïnqï suv qutluγ

19　ti ud künkä . naws(a)rdinč　　　üčünč ay bir yangïsï

20　kičig v[a]γ'e roč maxu ž(a)mnu . üčünč suv qutluγ

21　žim luu künkä küntüz x(u)wers(i)ne ikinti ödtä

22　iki [säkiz o]n qolu ärtmištä . . xwrsynynč törtünč

23　ay bir yangïsï . uluγ vaγ'e roč tir ž(a)mnu　altïnč

24　suv qutluγ žim ït künkä tünlä γranxšame

25　[ikinti] ö-dtä　　　iki säkiz on qolu ärtmištä . 　 .

26　[nysnyč] bešinč ay bir yangïsï kičig γoš d(a)šče

27　[roč xormz]t ž(a)mnu . üčünč ïγač qutluγ tsin tavïšγan

28　[künkä küntüz χwyr]syny ikinti ö-dtä iki yüz altï

29　**y(e)g(i)rmi qolu ärt**mištä . . p(a)sakinč altïnč ay bir

30　yangïsï uluγ γoš d(a)šče roč kuwan ž(a)mnu altïnč

31　ïγ(a)č qutluγ tsin taqïyu künkä tünlä γranxšame

32　ikinti ö-dtä iki yüz altï y(e)g(i)rmi qolu ärtmištä

33　. . šnax(a)ntinč yetinč ay bir yangïsï . kičig γoš

34　roč mir ž(a)mnu . üčünč ïγač qutluγ qï-ï bars

35　künkä küntüz x(u)wersine ikinti ödtä . mazeγteč

36　säkizinč ay bir yangïsï . uluγ γoš roč w(a)nxan ž(a)mnu

37　altïnč ïγ(a)č qutluγ qï bečin künkä . tünlä

38　γran axšame ikinti ö-dtä . v(a)γ(a)kanč toquzunč

39　ay bir yangïsï kičig tiš roč tir+ž(a)mnu üčünč

40　ot qutluγ ki ud künkä　　　küntüz x(u)w(e)rsine üčünč

41　ö-dtä yüz tört älig qolu ärtmištä .　　.

42　apanč onunč ay bir yangïsï uluγ tiš roč naxi-d

43　ž(a)mnu . altïnč ot qutluγ ki qoyn künkä tünlä

44　γranxšame üčünč ö-dtä yüz tört älig qolu

45　ärtmištä ． vuγ(ï)č bir y(e)g(i)rminč ay bir yangïsï

46　kičig maxu roč kewan ž(a)mnu üčünč ot qutluγ

47　buu küskü künkä　　　　　küntüz x(u)w(e)rsine üčünč ödtä

48　iki yüz säkiz toquz on qolu ärtmištä .. mišvuγ(ï)č

49　č(a)xšap(a)t ay bir yangïsï　　　uluγ maxu roč maxu

50　ž(a)mnu **altïnč** ot qutluγ buu yont künkä tünlä

51　[γranxšame üčünč ödtä iki yüz] säkiz toquz on

52　[qolu ärtmištä žimtič ram ay bir] yangïsï

（後缺）

譯文

（前缺）

1　　　　在第六時第二百一十六分〔開始〕。

2—4　　〔粟特曆〕十月：〔漢曆〕臘月初一，小，在 22 日、星期三、第六個癸日（屬水、癸亥），在白日、正午、第六時〔開始〕。

4—7　　〔粟特曆〕十一月：〔漢曆〕元月初一，大，在 22 日、星期五、第三個癸日（屬水、癸巳），在夜間、午夜、第六時〔開始〕。

7—10　　〔粟特曆〕十二月：〔漢曆〕二月初一，小，在 22 日、星期五、第六個壬日（屬水、壬戌），在白日、正午、第七時第一百二十四分〔開始〕。

11—19　　〔以下爲〕第五個癸年（屬金、癸卯）的曆日。牟羽·毗伽天王治下的第八年。日神的基本數爲九十又四分之一，它支配第四個閏的 3 日。月神的基本數爲九時又五分之三。本年〔日子的〕$_2$流逝止於 20 日。復次，我們算出月神的基本數在本年以五分之一爲單位增長的數量。該數爲 27。〔粟特曆〕元月〔初一〕在星期日，在〔漢曆〕第一個丁日（屬水、丁丑）。

19—22　　〔粟特曆〕一月：〔漢曆〕三月初一，小，在 16 日、星期一、第三個壬日（屬水、壬辰），在白日、日出、第二時第七十二分〔開始〕。

22—25　　〔粟特曆〕二月：〔漢曆〕四月初一，大，在 16 日、星期三、第六個壬日（屬水、壬戌），在夜間、入夜、第二時第七十二分〔開始〕。

26—29　　〔粟特曆〕三月：〔漢曆〕五月初一，小，在 15 日、星期四、第三個辛日（屬木、辛卯），在白日、日出、第二時第二百一十六分〔開始〕。

29—32　　〔粟特曆〕四月：〔漢曆〕六月初一，大，在 15 日、星期六、第六個辛日（屬木、辛酉），在夜間、入夜、第二時第二百一十六分〔開始〕。

33—35 〔粟特曆〕五月：〔漢曆〕七月初一，小，在 14 日、星期日、第三個庚日（屬木、庚寅），在白日、日出、第二時〔開始〕。

35—38 〔粟特曆〕六月：〔漢曆〕八月初一，大，在 14 日、星期二、第六個庚日（屬木、庚申），在夜間、入夜、第二時〔開始〕。

38—41 〔粟特曆〕七月：〔漢曆〕九月初一，小，在 13 日、星期三、第三個己日（屬火、己丑），在白日、日出、第三時第一百四十四分〔開始〕。

42—45 〔粟特曆〕八月：〔漢曆〕十月初一，大，在 13 日、星期五、第六個己日（屬火、己未），在夜間、入夜、第三時第一百四十四分〔開始〕。

45—48 〔粟特曆〕九月：〔漢曆〕十一月初一，小，在 12 日、星期六、第三個戊日（屬火、戊子），在白日、日出、第三時第二百八十八分〔開始〕。

48—52 〔粟特曆〕十月：〔漢曆〕臘月初一，大，在 12 日、星期一、第六個戊日（屬火、戊午），在夜間、入夜、第三時第一百八十八分〔開始〕。

52   〔粟特曆〕十月：〔漢曆〕臘月初一，

（後缺）

漢、回鶻雙語觀音奴都統誦《別譯雜阿含經》跋文

黃文弼文書 H13v

吐魯番出土。尺寸爲 11.3cm×18.7cm，存草體回鶻文 4 行，漢文 1 行。係回鶻人剪裁廢棄的漢文佛經卷子後，利用紙背空白處書寫。正面漢文佛經爲《妙法蓮華經》，天頭空白處寫漢文 "觀音奴都統所別譯" 一行（見 H13），應與背面文字同出於回鶻人之手。"別譯" 應指《別譯雜阿含經》(T. 100)，此或爲畏兀兒僧人觀音奴都統之誦經題記。

參：黃文弼 1954，29—30 頁，圖 13；小田壽典 1987a，62—63 頁；Kudara & Zieme 1990，130—131 頁；黃文弼 1994，51—52 頁，圖 13；阿不都熱西提 2014，277、280 頁；党寶海 2014，318 頁。

1   ] 別譯之第一帙訖無安爲 [

2   n]om . piryik-ning baš čir tükäḍip /[

3   ]/ɣuča oqïmadïn /// yorïdïm . amtï .

4 　　]//ki(?) tep bitig almatïn kältim
5 　　] ïdγïl bošγut alt[ï]m {漢字簽名或畫押}

譯文

1 　……《別譯》之第一帙訖。無安爲……
2 　……經。別譯之首帙訖，……
3 　……未誦，我已走。今……
4 　我來，未獲得名作《……經（？）》之〔經〕書。
5 　送來……！我已受教示。

回鶻文蒙古統治時期站赤文書

黃文弼文書 H19v（K7681）

　　殘片出土於吐魯番雅爾湖舊城。尺寸爲 14.6cm×15.2cm。正面爲 H19 漢文刊本《鹹水喻經》。背面係回鶻人剪裁廢棄佛經紙後，利用紙背空白書寫文書，存草體回鶻文 7 行。書寫方向與漢文經文刊刻方向垂直。殘片左邊係經紙下邊，應即原文書的左邊；下邊顯示了較整齊的裁剪痕迹，應即原文書的下邊。右下角有私人之押印（tamγa），通常簽押在回鶻文書的結尾處，説明文書右邊殘缺内容較少。上邊殘缺狀况不明。文書字迹較潦草，墨迹輕淡，紙張有明顯揉折痕迹，因此較難釋讀。文書性質爲蒙古統治時代站赤文書，内容應是交河城某户或某聚落站户向蒙古統治者所派使臣提供騎乘和衹應的記録。

　　參：黃文弼 1954，31 頁，圖 19；黃文弼 1994，53 頁，圖 19；阿不都熱西提 2014，277 頁；王小文、付馬 2023，待刊。

1 　　yo?]l-či-qa iki badman **m**in? **b**ir laγ[sï]
2 　　]iki at bir äšgäk ulaγ?-**ta** bi[r?]
3 　　]/ šïγ birlä bir laγsï män[g] p'[
4 　　ä]šgäk ulaγ saba? qa(ta?) bir
5 　　] ulaγ saṭïr? saba? [+bir šïγ] ïd**u**[r m(ä)n?]
6 　　] bor-ta b[ir?] äšgäk ulaγ
7 　]qa bir qap? lükčüng-kä

8　　　]/t saba?// el-či-lär-kä

9　　　]**ta**pïγčï iki baṭman min?

10　　　i]**ki** laγsï ｛畫押｝

譯文

1　　　……給導人（？）2 把蠻麵粉、1 絡 子飼料（？） ……

2—3　　在〔給〕……的 2 匹〔驛〕馬、1 頭驛驢中，〔我〕交 1……石以及 1 絡子飼料。

4—5　　在〔給〕……的……驛驢和皮囊〔葡萄酒〕中，我交 1……驛（馬？驢？）、薩特爾（？）、皮囊（？）、1 石。

6　　　在〔給〕……的葡萄酒中，1（？）頭驛驢……

7—10　……給……1 合（？）。給前往柳中……的諸使者……侍從、2 把蠻麵粉、……2 絡子

回鶻文音寫梵語《大隨求陀羅尼經》咒語

黃文弼文書 H54（K7725）

　　吐魯番出土，但具體出土地點不詳。冊子裝書葉 7 葉，保存原書中的 14 頁。書葉尺寸爲 10cm×9cm，上下作朱絲欄。每頁以抄經體楷書寫回鶻文 7 行，共存 98 行。原書用一張紙對折作兩葉，按"蝴蝶裝"裝幀。先將若干張紙疊在一起後對折，用白絲綫裝訂成一疊；再將各疊裝訂，用青絲索鎖口。裝訂綫索尚存。

　　寫本內容爲回鶻文音寫梵語《無能勝大明王大隨求陀羅尼經》(*Mahāpratisarā Mahāvidyārājñī*) 中的第一段陀羅尼經——《普遍光明清净熾盛如意寶印心無能勝陀羅尼》(*Samantajvālāmāl āviśuddhisphuritacintāmaṇimudrahṛdayāparājitādhāraṇī*)。其所據母本不同於傳世的各種梵文本，其文本結構與漢文本不同，但與藏文本和西夏文本類似，應與其有關。本號寫本所存前 8 頁內容連續，屬文獻前半部分；後 6 頁內容連續，屬文獻後半部分。兩組書葉之間缺若干葉。對本件寫本全面的語文學研究和文本比較，參見 Fu 2022（564—584 頁）。

　　參：黃文弼 1954，63 頁，圖 78；Umemura 1990，176 頁；梅村坦 1991，158 頁；黃文弼 1994，96 頁，圖 78；梅村坦 2013，267 頁；阿不都熱西提 2014，277 頁；Fu 2022，564—584 頁。

轉寫—梵文母本重構—梵文標準本中的位置：

1r

	轉寫	梵文母本重構	梵文標準本中的位置
1	gaẍi: gaẍa gaẍa gamaṅi	gahi gaha gaha gamani	Hidas 2012，116 頁 2—3 行
2	gare gamaṅi gamani gare: guru	gare gamani gamani gare guru	
3	guru: guba guba: guẍa guẍa	guru gubha gubha guha guha	
4	guru guru guruṅi: čale guxani	guru guru guruṇi cale guhani	
5	guẍ(a)ṅi: čulu čulu: čale	guhani culu culu cale	
6	čale: samučale: čay-e	cale samucale jaye	
7	vičay-e: čay-a-vati	vijaye jayavati	

1v

	轉寫	梵文母本重構	梵文標準本中的位置
1	apračite: sarva bay-a	aparājite sarvabhaya	Hidas 2012，116 頁 3 行—117 頁 1 行
2	vigate: garba sambar-a	-vigate garbhasaṃbhara	
3	-ṅi: siri siri: viri	-ṇi siri siri viri	
4	viri: miri miri: piri	viri miri miri piri	
5	piri: širi širi: čiri	piri śiri śiri ciri	
6	čiri: viri viri: tiri	ciri viri viri diri	
7	tiri: vikada avaraṅa	diri vigatāvaraṇe	

2r

	轉寫	梵文母本重構	梵文標準本中的位置
1	višidaṅi: vivida avarana	viśodhani vividhāvaraṇa	Hidas 2012，117 頁 1 行—118 頁 1 行
2	viṅašaṅi muṅi muṅi muči	-vināśani muni muni muci	
3	muči : muli muli : kamale	muci muli muli kamale	
4	vimale : čay-a-vati :	vimale jayavati	
5	višiš-a-vati: čaṅti	viśeṣavati caṇḍi	
6	čaṅti čanti. čaṅti:	caṇḍi caṇḍi caṇḍi	
7	čantini čantini: vegavaṭi	caṇḍini caṇḍini vegavati	

2v

		轉寫	梵文母本重構	梵文標準本中的位置
1		sarva tušda ṅivariṅi	sarvaduṣṭanivāriṇi	Hidas 2012，118 頁 2—3 行
2		vičay-a vaẍini: xuru xuru:	vijayavāhini huru huru	
3		muru muru: čuru čuru:	muru muru curu curu	
4		turu turu: ayu-palaṅi: sur	turu turu āyuḥpālani sur	
5		-a var-a pir-a mardaṅi:	-avarapramardani	
6		sarva tev-a ganapučite	sarvadevagaṇapūjite	
7		čiri čili: viri viri:	ciri ciri viri viri	

3r

		轉寫	梵文母本重構	梵文標準本中的位置
1		samanta avalokida pirabe:	samantāvalokitaprabhe	Hidas 2012，118 頁 3—6 行
2		supiraba višute: sarva	suprabhaviśuddhe sarva	
3		papa višodaṅi: turu turu:	-pāpaviśodhani turu turu	
4		ḍarini tare: tar-a tar-a:	dharaṇidhare dhara dhara	
5		sumu sumu: musu musu :	sumu sumu musu musu	
6		sumuru sumuru: čale čalay	sumuru sumuru cale cālay	
7		-a čay-a kamale: kišiṅi	-a jayakamale kṣiṇi	

3v

		轉寫	梵文母本重構	梵文標準本中的位置
1		kišini varada anakuš-e:	kṣiṇi varadāṅkuśe	Hidas 2012，118 頁 6 行—119 頁 1 行
2		oom padma višute šotay	oṃ padmaviśuddhe śodhay	
3		-a šotay-a: šute šute:	-a śodhaya śuddhe śuddhe	
4		t+t+t+t: biri biri:	[bhara bhara] bhiri bhiri	
5		buru buru manggal-a viš(u)te:	bhuru bhuru maṅgalaviśuddhe	
6		pavitir-a muki: kaṅgiṅi:	pavitramukhi khaḍgini	
7		kangini: kar-a kar-a:	khaḍgini khara khara	

4r

	轉寫	梵文母本重構	梵文標準本中的位置
1	čivalida šikare samanta	jvalitaśikhare samanta	Hidas 2012，119 頁 1—3 行
2	avalokida pirabe supiraba	-avalokitaprabhe suprabha	
3	višute : samanta avabasita	-viśuddhe samanta[prasārit]āvabhāsita	
4	šute čuvala čuvala : s(a)rva	-śuddhe jvala jvala sarva	
5	tew-a samakarš-a-ni saty-a	-deva[gaṇa]samākarṣaṇi satya	
6	virate: oom xiriṅ tiraṅ	-vrate oṃ hrīṃ tram	
7	tar-a tar-a : laxu laxu	tara tara lahu lahu	

4v

	轉寫	梵文母本重構	梵文標準本中的位置
1	xulu xulu : xutu xutu : lagu	hulu hulu hutu hutu laghu	Hidas 2012，119 頁 3 行—120 頁 1 行
2	lagu tuxu tŭxu : turu t[ur]u:	laghu tuhu tuhu turu turu	
3	kiriṅi kiri-ṅi : kisiṅi	kiṇi kiṇi kṣiṇi	
4	kisini : x̌uṅi sarva giraẍa	kṣiṇi huni sarvagraha	
5	bakšanu : pinggale pinggale	-bhakṣaṇi piṅgali piṅgali	
6	miču muču : sumu sumu: suči	mucu mucu: sumu sumu suvi	
7	čare : tar-a tar-a v(a)čir-a	-care tara tara vajra[jvālāviśuddhe]	

5r

	轉寫	梵文母本重構	梵文標準本中的位置
1	svaxa: s(a)rva kumbanteby	svāhā sarvakumbhāṇḍebhy	Hidas 2012，124 頁 1—2 行
2	-a svaxa: sarva pudaneby	-aḥ svāhā sarvapūtanebhy	
3	-a svaxa: sarva kadapu	-aḥ svāhā sarvakaṭapū	
4	-daneby-a svaxa: sarva	-tanebhyaḥ svāhā sarva	
5	tušda pir-a tušdeby	-duṣṭapraduṣṭebhy	
6	-a svaxa : oom buru buru	-aḥ svāhā oṃ buru buru	
7	svaxa : oom turu turu	svāhā oṃ turu turu	

5v

		轉寫	梵文母本重構	梵文標準本中的位置
1		svaxa : oom kuru kuru	svāhā oṃ kuru kuru	Hidas 2012，124 頁 2—3 行
2		svaxa : oom čuru čuru	svāhā oṃ curu curu	
3		svaxa : oom muru muru	svāhā oṃ muru muru	
4		svaxa : oom ẍana ẍana	svāhā oṃ hana hana	
5		s(a)rva šaturun svaxa:	sarvaśatrūn svāhā	
6		oom taxa taxa s(a)rva	oṃ daha daha sarva	
7		tušdan svaẍa : oom-a	-duṣṭān svāhā oṃ	

6r

		轉寫	梵文母本重構	梵文標準本中的位置
1		pača pača : sarva	paca paca sarva	Hidas 2012，124 頁 3—5 行
2		piraty-artika piraty	-pratyarthikapraty	
3		-amitiranan svaxa :	-amitrāṇāṃ svāhā	
4		sarva satv-a xita	sarvasattvāhita	
5		ayišiṅaṅ tešaṅ	-iṣiṇāṃ teṣāṃ	
6		sarvešaṅ šariraṅ	sarveṣāṃ śarīraṃ	
7		čuvalay-a čuvalay-a:	jvālaya jvālaya	

6v

		轉寫	梵文母本重構	梵文標準本中的位置
1		svaxa : sarva tušda	svāhā sarvaduṣṭa	Hidas 2012，124 頁 5—6 行
2		čitanan svaxa: čuvali-	-cittānāṃ svāhā jvali	
3		-daya svaxa: pir-a	-tāya svāhā pra	
4		čuvaliday-a svaxa:	-jvalitāya svāhā	
5		tipda čuvaliday-a v(a)čir	dīptajvālāya vajr	
6		-a čuvalay-a svaxa:	-ajvālāya svāhā	
7		samanta čuvalay-a	samantajvālāya	

7r

	轉寫	梵文母本重構	梵文標準本中的位置
1	svaxa : maṅi badiray-a	svāhā maṇibhadrāya	Hidas 2012，124 頁 6—7 行
2	svaxa: purna badiray-a	svāhā pūrṇabhadrāya	
3	svaxa: samanta badiray	svāhā samantabhadrāy	
4	-a svaxa: m(a)xasamanta	-a svāhā mahasamanta	
5	badiray-a svaxa: kalay	-bhadrāya svāhā kālāy	
6	-a svaxa : m(a)ẍakalay-a	-a svāhā mahākālāya	
7	svaxa: m(a)ẍa matarganay-a	svāhā mahāmātṛgaṇāya	

7v

	轉寫	梵文母本重構	梵文標準本中的位置
1	svaxa: yakšiṅan svaxa :	svāhā yakṣināṃ svāhā	Hidas 2012，125 頁 1—2 行
2	rakšaziṅiṅaṅ svaxa :	rākṣasīnāṃ svāhā	
3	pireta [pi]šača takininan	pretapiśācaḍākinīnāṃ	
4	svaxa : a[ka]š-a matarnan	svāhā ākāśamātṛṇāṃ	
5	svaxa : samudir-a gamiṅiṅan	svāhā samudragāminīnāṃ	
6	svaxa : samudir-a vasiniṅaṅ	svāhā samudravāsinīnāṃ	
7	svaxa : r[a]tiri ča[rana]n	svāhā rātricarāṇāṃ	

回鶻文脫因（Toyïn）等致也先·帖木兒（Äsän Tämür）等信札

黃文弼文書 H55（K7715）

　　吐魯番雅爾湖舊城大廟後出土。尺寸爲 25cm×19cm。係一封已經寄出的書信，存草體回鶻文 14 行，末行右側有一畫押，背面無字。文書學和語言學特徵顯示，此書信年代較晚，其語言反映當時回鶻語的口語特徵。

　　參：黃文弼 1954，64 頁，圖 79；Tezcan & Zieme 1971，456—459 頁；Clark 1975，95、123、130 頁；Umemura 1990，176 頁；梅村坦 1991，267—268 頁；黃文弼 1994，97 頁，

圖 79；GOT，UigBrief C3；鐵茲江、茨默 2013，262—264 頁；梅村坦 2013，262—264、267—268 頁；COUL，134—135 頁；付馬 2023，待刊。

1　　[　　　] ay bir otuz-qa biz toyïn turmïš **b**ilgä

2　　t//[　　　]' kübän y(a)q-a tolu toyïn qamarda kör**k**l-ä

3　　büräk sük'sin kidmä bašlap äv-däki-lär-tin äsän

4　　t(ä)mür körklüg ikigü-kä ïraq yer-tin yaqïn köngül-in

5　　enč-li**k** äsän-lik ayïḏu ïdur biz enč äsän bar ärki

6　　siz-lär **biz** so körmiš-ḏäki-čä äsän tükäl bar turur biz

7　　baš-a toyïn söz-üm äsän t(ä)mür-kä sän mini qarï aḍang-nï

8　　tesär sän yol yer kördüng kälip körüšüp barsar

9　　sän nägü bolur aq-a ini-lär m-ä barïp körüp qïlma[yï]**n**

10　　tu**r**ur mäning sindin özkä qayɣum yoq amtï m-a

11　　bolsar k(ä)lip körüšüp barɣul töläč k(ä)lmäyin anta

12　　oq tursar sän y**e**rni m-ä qarï kiši [+ni] unïṭmïš

13　　bolɣay sän ašuq[m(a)z] mu köngül-üng uluɣ bolday bärü

14　　　　　　{ 畫押 } /ylk///l bilz-ün

譯文

1—5　……月，第 21 日，自我們，以脫因（Toyïn）、都魯迷失・伔理伽（Turmïš Bilgä）、……闊班・亞哈（Köbän Yaqa）、脫魯・脫因（Tolu Toyïn）、哈馬丹（Qamardan）、闊兒烈（Körklä）、普烈（Büräk）、蕭新（Süksin）、乞蔑（Kidmä）爲首的家人，寄至也先・帖木兒（Äsän Tämür）和闊兒律（Körklüg）二人處，并自遠方衷心問安好。

5—6　你們一切應無恙！

6　　我們如當初相見時一樣，仍一切周全。

7　　然後，是我脫因給也先・帖木兒的話。

7—10　如果你問我你的老父〔，我要對你説〕：你已經看過了這個世界。你回來〔與我們〕相見，如何？兄、弟們也走了，一直没有〔回來〕看〔我們〕。

10　　除你以外，對〔我〕自己而言已別無牽挂。

10—11　現也可以回來看看。

11—13　如果你就待在那里根本不回來，那麼你將會忘記故土和故人。你的心就不著急嗎？

13—14　　兀魯 · 布魯台之後應知……

回鶻文西州回鶻早期摩尼教教團或私人田産地租入歷

黄文弼文書 H56（K7717）

　　吐魯番雅爾湖舊城大廟後出土。尺寸爲 24.2cm×28.1cm，存半楷體回鶻文 24 行。文書上缺，下部中間殘，左、右、下邊可見紙張裁剪邊緣，應爲原文書紙邊。據内容推測，原文書紙應爲正方形。在第 16—23 行中偏下部鈐有回鶻文圓形朱印，直徑約 8.3cm。文書内容爲西州回鶻時代吐魯番盆地内若干處田産所收糧（小麥）、粟兩種穀物地租的入歷。田産所有者可能是摩尼教教團，或是某位擁有較多地産的權貴。

　　參：黄文弼 1954，64 頁，圖 80；Umemura 1990，176 頁；梅村坦 1991，268、272—273 頁；森安孝夫 1991，85—88 頁；黄文弼 1994，97 頁，圖 80；Moriyasu 2004，105—109 頁；松井太 2011，154—158 頁；梅村坦 2013，268、272—273 頁；UMT III，384—389 頁；付馬 2023，待刊。

1　[　　yïl　ay　] yaŋï-**qa** qoč[o] ba**šlap** öngdün [ke]din balï[q]lar

2　[　　　　ya]qa-lar tarïγ **ü**[ür] [k]**ig**ütin biti-dim(i)z . sy//**t**[a]qï

3　[　　　　　]z-t’ . //k’ty-daqï pytyqt’p yer yaqasï py[ ] **š**[ï]γ

4　[　　　　]-t’ . pwq’pčy-taqï yer yaqasï iki šïγ beš [küri] **t**arïγ

5　[　　　　　] yer-ning yaqasï on šïγ tarïγ . **on** š[ïγ üür]

6　[　　　　]-taqï yer yaqasï säkiz y(e)g(i)rmi šïγ tarïγ tegin[　　]

7　[　] **yaqasï a**ltï y(e)g(i)rmi šïγ t[ar]ïγ . üč y(e)g(i)rmi šïγ [üür　]

8　[　　　　ši]γ tarïγ . on šïγ üür ötükän-[tä　　　　　]

9　[　　　ši]γ üür utmïš qoštr-ta . krpyqy šäli-tä **iki küri** ？[　　　]

10　[　　　]/// šïγ tarïγ . qavšurmïš ödüš šaxan-lar-**ta.** [　　　　]

11　] **bir** š[ï]γ beš küri tarïγ asïγ änüktä . k’rpyz suz[aq ？　　　]

12　[　]/[　]/[ ] tA . tura suzaq yaqasï yeti y(e)g(i)rmi šïγ tarïγ /[

13　[　　　]tA bayïq-tïn nižüngdäki örü tam **yaqasï** ///[　　　]

14　[　　　　　] yaqasï tört šïγ tarïγ beš šïγ [üür　　　]/myš

15 [　　ye]ti šïγ tarïγ . iki šïγ üür //ty-t'. 'y/[　　　]/

16 [　　]/y **šïγ** üür qonguzta . uluγ köl-nüng suv st/[　šï]γ üür

17 [　　] šïγ üür taz-ta . **altï** šïγ üür šabï-ta . [　]/[　] **üür**

18 [　　] y[er] yaqasï iki šïγ **üür** alp oγul-ta. qongdsïr-ta**qï** yer

19 [　　　　]//qu šengtung-ta. /' 'c'pyr t[AKI] yer yaqasï bir šïγ üür

20 [　　　　　] [m]a[n]**is**tan [+qa yonglaγ-ïn ketärip]-taqï yer yaqasï toquz šïγ altï
küri tarïγ

21 [　　　　] [ü]ür [y]aqa-lar-ïn kirmiš-in körüp kigü[t] qïlγu ol . /[ ]/

22 [　　　　] [ü]č šïγ üür qantur oγul-ïnta . qantuq-nung s/[　　]

23 [　　　] / buγday bolur . yüz **yeti** otuz šïγ bir+küri .

24 [üür　　　] **t**oquz on üč ši[γ] [t]**ör**[t] küri .

譯文

1—2 □……年……月……日，我們記下高昌以下東、西各城……各處地租糧（小麥）、粟之收入。

2—3 位於……的土地的地租：糧……石、粟……石，……出。

3—4 位於……的 pytyqt'p 的土地的地租：糧 1（或 5）石……，……出。

4—5 位於 pwq'pčy 的土地的地租：糧 2 石 5 □……，……□。

5—6 位於……的土地的地租：糧 10 石，粟 10 石……，……，……□。

6 位於……的土地的地租：糧 18 石，特勤（Tegin）…□。

7 位於……的土地的地租：糧 16 石，粟 13 石，……□。

8 位於……的土地的地租：糧……石，粟 10 石，於都斤□。

8—9 位於……的土地的地租：糧……石，粟……石，烏德蜜施（Utmïš）長老、krpyqy 闍梨出，……2 斗……□。

10 位於……的土地的地租：糧……石，高述魯蜜施（Qavšurmïš）、於都施（Ödüš）等沙汗出。

10—11 位於……的土地的地租：生利糧 1 石 5 斗，也閹（Änük）出。

11—12 位於 k'rpyz 村的土地的地租：……，……出。

12—13 土拉（Tura）村的地租：糧 17 石，粟……石，……□。

13 從 Bayïq 起的寧戎的北牆的地租：……，……□。

14 ……的地租：糧 4 石，粟 5 石……，……□。

15 ……的地租：糧 7 石，粟 2 石，……出。

15—16 ……的地租：糧……石，粟……石，晃忽思（Qonguz）出。

16—17	大湖的水……粟……石，……囲。粟……石，達思（Taz）出；粟 6 石，沙彌出；粟……，……囲。
18	……的地租：粟 2 石，合·斡兀立出。
18—19	位於橫截的土地的地租：……，囗勝通（šengtung）出。
19—20	位於……的土地的地租：粟 1 石，……囲。
20—21	除去其自用〔的土地〕以外，……摩尼寺的地租：糧 9 石 6 斗……，……出。
21	應親見糧、粟之地租入庫并做賬。
21—22	……粟 3 石，罕禿魯（Qantur）之子出。
22	罕禿黑（Qantuq）的……
23	糧爲小麥，〔總計〕107 石 1 斗。
24	粟〔總計〕93 石 4 斗。

回鶻文 "三預流支" 解説

黄文弼文書 H57r（K7713）

  吐魯番雅爾湖舊城大廟後出土。尺寸爲 29.5cm×42cm。其背面爲 H57v 也先·都督致某高僧阿闍梨信札。文書存半楷體回鶻文 30 行，其内容是解説佛所倡導的三個修行步驟（"親近善師""聽聞善法" 和 "如理思維"）的原因。佛教修行進入 "八正道" 之前的 "預流支"（入流分）包括：親近善士、聽聞正法、如理思維和法隨法行。本文獻主題與其中前三個步驟幾乎相同，故題作 "'三預流支' 解説"。對本文獻的語文學研究，參見 Fu 2022（585—590 頁）。

  參：黄文弼 1954，64 頁，圖 81；Umemura 1990，152 頁；梅村坦 1991，268 頁；黄文弼 1994，97 頁，圖 81；梅村坦 2013，268 頁；阿不都熱西提 2014，277 頁；COUL，31 頁；Fu 2022，585—590 頁。

  （前缺）

1	[al]tun? ärdni-ning baštïn adaq
2	[-qa tägi?]baš [+bašqa tägi] qïlu yörä aγduru nomï
3	[ ]/ nom-luγ [+öngrä] käzigig yörä

4　　[　　　　nä üčün n]ä tïltaγïn tükäl bilgä t(ä)ngri

5　　[t(ä)ngrisi burxan　　] nomuγ **nom**layu y(a)rlïqamïšta ädgü

6　　[yolči yerči nomči] **bil**gä baxši-lar-qa tayan**maq**-ïn äng

7　　[ön]**g**rä uru y(a)rlïqadï ärki anï inčä bilmiš kärgäk

8　　ädgü yolči yerči nomči bilgä baxši-larïγ tuš bolmaγ

9　　-ïnčaqatägi ädgü nomlamiš nom ärdni-g ešiḍgäli **bolm**[aq]

10　　ärtingü alp ärür anïn bo muntaγ tïltaγ-larï[γ körüp]

11　　ädgü yolči yerči nomči bilgä baxšilarqa tayanmaq[ïn äng]

12　　öngrä uru y(a)rlïqadï . nä üčün nä tïltaγïn ong[alï köngül]

13　　-Kärmäk ongalï bögünmäk-tä ašnu ädgü nomlamïš nom **är**[dn]**i-g**

14　　ešiḍ~~k²lyk~~ [+gäli bolmaq-ïγ öngrä+] uru y(a)rlïqadï anï inčä bilmiš kärgäk näčäkätägi

15　　ädgü nomlamïš nom [+ärdnig] ešiḍgäli bolmaγ-ïnčaqatägi ančaqat(ä)gi

16　　bo beš yapïγ ät'öz-ning altï **qa**čïγ-ning iki y(i)**g(i)rmi**

17　　ayaḍan orun-larnïng säkiz y(i)g(i)rmi **kert**ü? uγuš-la[rnïng]

18　　iki otuz intryalar-nïng töz-in yïltïz-ïn ong[alï]

19　　köngülKärgäli ongalï bögüngäli **u**maz ////// ///// [　　]

20　　-lArnIng b(ä)lgürmäkin yunglanmaq(ï)n ešiḍgäli **bol**sar //my[　]

21　　ongalï köngülKärgäli ongalï bögün**gäli** [ker]tü? bolur [anïn bo]

22　　muntaγ tïltaγ-larïγ körüp ongalï köngülKärmäk [ongalï]

23　　bögünmäk-tä ašnu ädgü nomlamïš nom ärdni-g **e**[šidgäli]

24　　y(a)rlïqadï nä üčün nä tïltaγïn äng aḍaq-ta **ongalï**?

25　　manisikara ongalï köngülKärmäk ongalï bögünmäkig uru y(a)rlïqadï

26　　anï inčä bilmiš kärgäk näčä ädgü yolčï yerči [nomčï bilgä]

27　　baxši-lar-qa tay(a)nsar näčä ädg[ü] nomlamiš [nom ärdni-g]

28　　tïnglasar y(e)mä inčip äng tüpintä beš yapï[γ　　　　]

29　　[t]**ö**rt türlüg yïparïγ? tykym **p**//**t**//[　　　　　　]

30　　]///////////**d'ky äd**[gü　　　　　　　]

（後缺）

譯文

（前缺）

1—4　　……從<u>黃金（？）</u>寶的頭<u>頂</u><u>直到</u>脚下……做、解説并高舉頭頂〔+ 直到頭頂），其法……解説法門……

4—12　緣何全智天中天佛於説法時一定最先説，應依靠善的嚮導和法師、智慧的上師呢？ 如是應知：在未得遇到善的嚮導和法師、智慧的上師之前，極難得聞善説之法寶。因此，見到如此原因，〔佛〕最先説，應依靠善的嚮導和法師、智慧的上師。

12—24　緣何〔佛〕説，在達成正覺之前，應聽聞善説之法寶？ 如是應知：直到得聞善説之法寶之前，直到彼時之前，不能正覺此五陰身、六入、十二處、十八世、二十二根之性理。若能聽聞善説之法?的出現和行用，可真正達成正覺。因此，見到如此原因，〔佛〕説，在達成正覺之前，應聽聞善説之法寶。

24—30　緣何〔佛〕在最後指引正覺？ 如是應知：依靠多少善的嚮導和法師、智慧的上師，聽聞多少善説之法，伊會在最後正覺?五蘊……四種……

（後缺）

回鶻文也先・都督（Äsän Totoq）致某高僧阿闍梨信札

黃文弼文書 H57v（K7713）

　　吐魯番雅爾湖舊城大廟後出土。尺寸爲 29.5cm×42cm，存半楷體回鶻文 27 行。内容爲一封保存較完整的書信，收信人爲某高僧阿闍梨，寄信人爲也先・都督（Äsän Totoq）。

　　參：黃文弼 1954，64 頁，圖 81；梅村坦 1991，158 頁；黃文弼 1994，97 頁，圖 81；梅村坦 2013，268 頁；COUL，30—32 頁。

1　[　ačar]**i** qutïnga
2　　　　　qulutï äsän totoq [ötügümüz]
3　ïraqtan yinčürü yükünü üküš köngül ötünü [täginür+biz]
4　ačari bäg qutï t(ä)ngridäm tözün **ï**[d]uq ät'özi k[öngli]
5　ädgü+mü yini yenig+mü nätäg y(a)rlïqayur ärki . äsäni**n** ädgün
6　y(a)rlïqamïš-ïɣ äšidü täginip ärtingü ögir[ä] sävinü tä[ginür+biz]
7　amtï ötüg bitigdä nä üküš ötüg ötünü täg[inälim　]
8　**q**ulut y(e)mä barɣu-qa anuq bolu tägint(i)m ärti . //[　　　]

9　sïngqur k(ä)lip el arslan birlä k(ä)li [　　] t' [　]/　/[　　]

10　y(a)rl(ï)γ tägürü täginti . anta basa a**čari** bäg-t[in　　　　]

11　enč bolmïš k(ä)lmäzün tep bitig y(a)rl(ï)γ k(ä)li täg[inti] //[　]

12　bolup (or bulup) munta enč turu täginsär **nätäg** bolu tägingäy · y**(e)mä**(?)

13　el ar**slan** k(ä)li täginsär qulut y(e)mä el arslan barï täginäyin

14　nätäg uγurluγ täginür ärsär el arslan k(ä)li tägintüktä

15　bitig y(a)rl(ï)γ-qa täginälim . qulut-nung tüzmiš köl k**äd**

16　tuγmïš t(a)rxan-ta alγu quanpu uγrïn barča ač[ari bäg]

17　bili y(a)rl(ï)qar ärti . amtï munča quanpu qolu täginsär **a**[nïng]

18　ävintäki-lär ičtinki y(a)rl(ï)γ ala[yï]n biz . uzatï bergäy [biz(?)]

19　tep ter-lär . amtï ačari bäg anta oγul arslan t(a)r[xa]n

20　-qa ay(ï)tu y(a)rlïqazun . käd tuγmïš t(a)rxan-nïng **barčasï**

21　tükäl turup quanpu berm(ä)tin uzatï bergäy biz tep temiši

22　[　]/'k bolu (or bulu) /////r . čïn oq ičtinki mü y(a)rl(ï)γ ol .

23　　　　　　　　]/ sözläyür . barča tükäl turup

24　　　　　　　　] küč täginür . oγul arslan

25　[tarxan　　　　　y(a)r]l(ï)γ bitig ï**du** y(a)rlïqazun .

26　　　　　　　　]-d' adïn berimi y(e)mä yoq

27　　　　　　anïn(?) öt]ünü tägint(i)m(i)z .

譯文

1　致尊敬的……阿闍梨

2　　　　　　奴，也先‧都督（Äsän Totoq）敬呈

3　我們自遠方鞠躬禮敬，敬致誠摯之心意。

4—6　尊敬的阿闍梨大人，神聖的身心安好麼？他的（您的）身體安康麼？他（您）怎麼樣？聽聞他（您）健康安好，我們不勝歡喜。

7　今上此書，我等欲上報許多事項。

8—15　奴（我）已準備好出發。……升豁兒（Sïngqur）與頡‧阿薩蘭（El Arslan）同來……他帶來了命令。然後，又有阿闍梨大人一道令書來到："安逸的人不得來……！"如果……後，在此保持安逸，那麼會變成什麼樣子？若頡‧阿薩蘭來，我也願往彼處。無論何時，只要頡‧阿薩蘭來，我們就領命行事。

15—22　阿闍梨大人已悉知奴（我）從吐茲迷失‧闕‧怯的‧吐黑迷失‧達干

（Tüzmiš Köl Käd Tuɣmïš Tarxan）處收得官布的緣由。如今，如果〔我等？〕去取這批官布，他的？家人們便説："我們要接到裏面的命令。我們？將延遲交出〔官布〕。"今請阿闍梨大人下令問詢在那邊的斡兀立・阿薩蘭・達干（Oɣul Arslan Tarqan）。怯的・吐黑迷失・達干一切都好，〔却〕不交官布，説"我們將延遲交出〔官布〕"……真的要裏面的命令嗎？

23—26　他説……一切都好，并且……達到强度（＝充滿力量？）……斡兀立・阿薩蘭・達干……請您下一道令書！……除……以外，他再無債務。

27　　因此（以上諸事）我等敬問。

回鶻文察合台汗國某酉年十一月初十納麵粉帖

黄文弼文書 H58（K7719）

　　吐魯番雅爾湖舊城大廟後出土。尺寸爲 18.5cm×27cm，存草體回鶻文 20 行。第 18—20 行上鈐有墨印 1 處，據殘存印迹判斷印文爲八思巴字寫回鶻語 "qutluɣ（有福的）"。此係察合台汗國統治時期吐魯番地區所用一種官印，流行時代在 14 世紀中葉至下半葉（松井太 1998，2—11 頁）。文書内容係某酉年十一月初十吐魯番某地統治者帖當地百姓爲察合台汗徵收麵粉事。

　　參：黄文弼 1954，64 頁，圖 82；Umemura 1990，176 頁；梅村坦 1991，158、162 頁；黄文弼 1994，97 頁，圖 82；松井太 1998，Text 2，16—23 頁；梅村坦 2013，268、273—274 頁；Matsui 2023，G3，待刊。

1　　taqïɣu yïl **bir** y(e)g(i)rminč ay
2　　on yangïq-a
3　　xan-qa ïdɣu min-tä alṭin q(a)pïɣ
4　　 -nïng tarïɣ aɣïz-ïn-tïn
5　　 örü quṭluɣ tämür üč
6　　šing kiraɣp-a lam-a orṭoqï bilä
7　　beš šing buyan taš orṭoqï

8　　bilä beš šing buyandu iki

9　　šing čïn tämür šila tört

10　　šing taš töläk orṭoqï

11　　bilä altï šing budasen buq-a

12　　orṭoqï birlä üč yarïm šing

13　　uṭur-a turmïš q(ï)y-a orṭoqï

14　　birlä altï šing quvraɣ qulï

15　　buq-a orṭoqï birlä yeti

16　　šing min birlä b[er]ẓun

17　　ansun šila orṭoqï birlä

18　　on šing min birlä

19　　berẓun bo min-lär-ni taš bilä

20　　alɣu boldï

譯文

1—3　　酉年十一月初十，在供給〔察合台〕汗的御麵中，

3—4　　除南門〔的百姓〕的穀稅之外，

5—16　　令：北〔門的〕骨咄禄·帖木兒（Qutluɣ Tämür）交 3 升，乞剌喀巴·喇嘛（Kiraɣpa Lama）的（諸）斡脱共交 5 升，普顏·達石（Buyan Taš）的（諸）斡脱共交 5 升，普顏奴（Buyandu）交 2 升，真·帖木兒·尸羅交 4 升，達石·脱烈（Taš Töläk）的（諸）斡脱共交 6 升，佛陀森·不花（Budasen Buqa）的（諸）斡脱共交 3 升半，烏都剌·都魯迷失·黑牙（Utura Turmïš Qïya）的（諸）斡脱共交 6 升，忽兀剌·忽里·不花（Quvraq Qulï Buqa）的（諸）斡脱共交 7 升麵。

17—19　　令：安尊·尸羅（Ansun Šila）的（諸）斡脱共交 10 升麵。

19—20　　這些麵既定應由達石全部收齊。

回鶻文佛典

黃文弼文書 H59v（K7723）

吐魯番雅爾湖舊城大廟後出土。尺寸爲 13.6cm×16.1cm，存草體回鶻文 20 行。係回

鶻人剪裁漢文佛經卷紙，利用紙背抄寫的佛典。正面 H59r 漢文佛經係《妙法蓮華經》卷一《方便品》。寫本上、左、右三邊殘。左、右兩邊缺行數不明；每行上邊約缺兩詞，缺失部分大約爲原寫本高度的三分之一至四分之一。下邊應爲原卷紙下邊，有輕微殘損。據正面漢文佛經內容可知，殘片高度應是原漢文卷紙的一半，則回鶻人所裁出的寫本用紙高度應是漢文卷紙的四分之三至三分之二。文獻內容以對話形式表現佛説法的場景，但其究竟爲何種佛典尚未能比定。

　　參：黄文弼 1954，64 頁，圖 83；Umemura 1990，176 頁；梅村坦 1991，158—159 頁；黄文弼 1994，97 頁，圖 83；梅村坦 2013，268—269 頁；阿不都熱西提 2015，277 頁。

（前缺）

1　　[　　　　　　　　　　]l[　]/ty sy[　　　]
2　　[　　　　　　ä]šiding-lär . bo mäning b(ä)k q[atïγ
3　　[　　　　　]mat-lïγ ämgäk-lär**ig** aroqsuz [　　]
4　　[　　　　]y mäning bo yorïqïm ol ämgäk-lär-nin[g (?)]
5　　[　　　　]altï burxan qu[t]ïn bulγay ärdim.
6　　[　　　　]/ eṭig-lig nom-lar-ta b(ä)k qaṭïγ
7　　[　　　　]q taqï ärtïp yintdači yegäd**t**äči
8　　[　　　　]l mäning bir **iš**imig küdüg-ümin s**iz**
9　　[　　　　]/ siz-lär tep ayïtu y(a)rlïqatï . bo
10　　[　　　　] turup nomlayu y(a)rlïγïn ta(?) äšidü tïng-
11　[layu ayayu (?)] aγïrlayu täginälim tep ötünti-lär
12　[tükäl bilgä bi]lig-lig t(ä)ngri t(ä)ngrisi burxan inčä
13　[　　　äši]ding-lär. nomlayu be[räy]in y(e)mä öngr**ä**
14　[ärtmiš üdtä b]o oq čambudav[ip] uluš-ta
15　[　　　　ar]ïγ-lïγ semäk-l[i]g **g** ///wlwq
16　[　　　　k]**öl** kölmän-lärig kw[　　]n
17　[　　　　]''swnt'ny atl(ï)γ ba[l]ïq bolur
18　[　　　　]tyr at[l(ï)γ　　　　　]
19　[　　　　] ärsär [　　　　　　]
20　[　　　　]/[　　　　　　　　]

（後缺）

譯文

1　　　　……

2—9　　"汝等應聽：我之堅固……不倦怠地將痛苦……我的此道……那些痛苦的……方得證六（？）佛果。……在諸有爲法堅固……又經歷之後，將勝出……汝等將我一事業……"佛如是問道。

9—11　　此……起立，如是敬説："我等惟願敬聽其説法！"

11—20　　至智天中天佛如是説道："汝等應聽！我爲〔汝〕説法。在過去世於此閻浮提國中……就在有森林的……將諸湖泊池塘……有名作"swnt'ny之城。若……名作……，……"

回鶻文借銀契等契約草稿或習字

黄文弼文書 H60（K7722）

　　吐魯番雅爾湖舊城大廟後出土。尺寸爲 15cm×21cm，存草體回鶻文 13 行。文書左、右和上邊皆殘，下邊是否完整存疑。其內容應爲兩件或多件契約文書的草稿或習字，殘片所留文字主體屬於其中一件借銀契。

　　參：黄文弼 1954，64 頁，圖 84；Umemura 1990，176 頁；梅村坦 1991，159、162、274 頁；黄文弼 1994，97 頁，圖 84；梅村坦 2013，269、274 頁；付馬 2023，待刊。

（前缺）

1　　　　]/

2　　　tan]uq m(ä)n bo **t**amɣa **m(ä)n** /[　　]//[

3　　biti]dim(?) yïlan yïl bir yangïqa

4　　　]/l　bašpun manga yaɣma

5　[-qa manga y(e)]g(i)rmikä(?) manga bultačï-qa

6　[asïɣqa kümüš kärgä]k bol**up** čaquq-ta on sïtïr

7　[kümüš altïm bir ay]ta bešär baqïr **k**[ü]müš

8　[asïɣï birlä köni b]ertäči-i(?) berginčä yoq bar

9　[bolsar　turmïš tut]utung könin berẓun tanuq

10　[　　　　bo t]amɣa m(ä)ning ol　m(ä)n

11　　　o]γul m(ä)n turmïš tut[ung]

12　　　　]/ tavar-a(?) [

13　　　　　]r bo s[avda

14　　　　　]// sy/[

譯文

（前件契約）

1—3　　　……見人我，此畫押，我……窟訖。

（借銀契）

3—7　　　蛇年〔某月〕初一，我樣磨、我也吉利迷、我布魯塔赤爲缺銀錢故，
在折句迦處取銀錢十兩。

7—8　　　連每月利錢五錢銀如數交還。

8—9　　　若一時身東西不在，當由都魯迷失・都統如數交還。

9—13　　　見人……此係我之畫押……我……我，都魯迷失・都㲹……塔哇拉
……此言……

回鶻文納糧抄（？）

黄文弼文書 H61（K7724）

　　吐魯番雅爾湖舊城大廟後出土。尺寸爲 9cm×15cm，存草體回鶻文 5 行。據殘存文字推測，文書應是某聚落或個人繳納穀物的記錄。

　　參：黄文弼 1954，64 頁，圖 85；Umemura 1990，176 頁；梅村坦 1991，159、162 頁；黄文弼 1994，97 頁，圖 85；梅村坦 2013，269、274 頁。

1　　xan(?)-qa čmywn (?)

2　　-qa on iki

3　　badman

4　　y(e)m-ä säkiz

5　　badman

譯文

1—5　　　給汗、給 čmywn（？）12 把蠻。再加 8 把蠻。

回鶻文匐・末斯・押衙（Bäg Bars Amɣa）致伊難主・達干・匐（Ïnanču Tarxan Bäg）信札

黄文弼文書 H62（K7718）

　　收集於吐魯番地區，但具體出土地點不詳。尺寸爲 32cm×13.8cm，正面存 5 行，背面存 3 行，皆爲硬筆書寫楷體回鶻文。内容爲西州回鶻官人匐・末斯・押衙致駐於交河城的上級官員伊難主・達干・匐的書信。正面爲書信正文，存開頭部分，後殘。背面爲收、寄信人落款。紙張有工整的折痕，正文折於内，落款露於外，説明應是已寄出之信。文書出土地點很可能就在收信人當時所在的交河城。背面落款第一行左側有字體略小的回鶻文一行，書寫順序與落款相反，且字迹與落款有重疊，應是收件方所在地的某人在信紙廢棄後雜寫的祈願語。

　　參：黄文弼 1954，圖 86；Gabain 1964，238 頁；Tezcan & Zieme 1971，453—455 頁；Umemura 1990，152 頁；梅村坦 1991，269 頁；黄文弼 1994，圖 86；鐵兹江、茨默 2013，259—260 頁；梅村坦 2013，269 頁；UMT III，276—277 頁；COUL，20—21 頁；付馬 2023，待刊。

正面：

1　　　yarda ïnanču tarxan bäg qutïnga
2　　　　　　　bäg bars amɣa ötü**gü**m
3　　　　　　　ïraqtïn üküš köngül ay(ï)tu
4　　　ötünü täginür biz ädgü+mü äsän+mü nätäg y(a)rl(ï)qar siz :
5　　　äsänin [ä]**d**[gün] ärdükin ešidip qatïɣ sävinür bi**z**
　　　（後缺）

背面：

0　　　　　　　sön sön uduz

| 1 | yarda ïn(a)nču tarxan |
| 2 | qutïnga bäg bars ötügüm |

譯文

正面：

1	致在交河（Yar）的尊敬的伊難主·達干·匐（Ïnanču Tarxan Bäg），
2	我，匐·末斯·押衙（Bäg Bars Amγa）敬上。
3—4	我們自遠方敬致衷心問候。您安康無恙否？
5	聽聞他（您）安康無恙，我們不盡歡喜。

背面：

0	疥瘡消退吧！
1	致在交河的尊敬的伊難主·達干·匐，
2	我，匐·末斯敬上。

回鶻文西州回鶻中書門下頒摩尼寺管理條例

黄文弼文書 H63（K7709）

　　收集於吐魯番地區，但具體出土地點不詳。卷軸裝，尺寸爲 29.5cm×270cm，存楷體回鶻文 125 行。卷子前缺，現存部分前四分之一處多有破損，後經裱貼修復，但多處裱貼碎片位置錯亂（在轉寫和譯文中用【】括注）。存朱印 11 處，印文皆同，作"大福大迴鶻國中書門下頡于迦思諸宰相之寶印"。文書内容是規定高昌地區管理摩尼寺寺産等日常事務的官員和寺院依附人口的具體責任與義務。因受令對象不是摩尼僧，故不應將文書視爲寺規。受令對象皆是有名字的具體人物，故應將文書視作西州回鶻官方所出臨時性的法令。

　　參：黄文弼 1954，63 頁，圖 87；Zieme 1975，331—338 頁；耿世民 1978，98—118 頁；Lieu 1981，153—173 頁；Umemura 1990，176 頁；Geng 1991，211—223 頁；森安孝夫 1991，35—125 頁；梅村坦 1991，270 頁；黄文弼 1994，96 頁，圖 87；Moriyasu 2004，35—147 頁；耿世民 2006，75—84 頁；榮新江 2013，iv—v 頁；茨默 2013，92—97 頁；耿世民 2013，98—118 頁；劉南强 2013，119—135 頁；森安孝夫 2013，136—138 頁；梅村坦 2013，270 頁；阿不都熱西提 2014，277—279 頁；付馬 2014，304—305 頁；森安孝

夫 2015，26、447、453、558—589 頁；UMT III，325—358 頁；付馬 2023，待刊。

（前缺）

1　【sačγučï-lar kirzün . q'rq/】[　　]/【bolsar y(e)mä ilki[dä]k[i]】

2　【qanikta kirsär yalnguz】////【[man]i-stan-taqï yazlïq】

3　【birlä kirzün kigür//[　　]///【[ilki]däki törüčä】

4　【[i]lki-däki törüčä 'yq】[　]//čy možak】【elïmγa totoq 'yq//】

5　【išlätzün】【taš s(ä)vit】【bars t(a)rxan t(ä)mir yaqšï tutzun】

6　【//[　　]////s'rm[　　]】[　]zwn . üntürgü bolsar ikigü

7　【[　　]n sroš[ivt]】/ tsangaγ ikigü birlä

8　【///】[　]【/yn sačγuča .】l'r [　　]daqï išig

9　【taγay bars elïmγa】[. uz /[　　]】išläzün kedin balïq[taqï]

10　išig küčüg xumar bars t(a)rxan išläzün . baγ

11　[borluq] yer suv qaγ temäzün uz etürzün öngtün

12　【[　]】【[ba]γ borluq】//// bolsar taγay bars

13　【/////č böz . 'y】[　qav]rïγ-qa tägzün . kedin

14　balïqtaqï iš [　　　　bol]s[a]r xumar bars

15　t(a)rxan qïyn-qa qïzγ[ut-qa] tägzün öngtünki nä

16　yïγγu tergü bar ärsär elïmγa totoq yïγïp

17　【yaqšï tutzun】【xumar】yïγγu tergü bar ärsär xumar

18　[　]【nčw-sy】[　　]wn . aγïl(ï)q-qa kirgüsin

19　aγïl(ï)q-qa【/γučï】【/čy 'y】///-qa kirgüsin twnk/[// qa]

20　kigürzün ikigü [　　　] išlätzün ywnkl[　　]

21　birlä tutzun öngtün yïngaq yer suv üküš üčün

22　/wč'q /' qy ï t[a]rïγ quanpu yïγγu yer suvlar etgü xumar bars

23　[　]d[　　ö]ngtün[k]i kedinki b[alïq]【toto[q](?)】【dwmwz .】

24　【yer s[uv](?)】【buz-nung】【/// 'wy】/yn altmïš iki //// üzä

25　böz tägšürüp t'k/【/ y't/[　]】kädgü böz berz[ün]

26　ay sayu iki ančm(a)n t(ä)ngrilärkä säkizär on šïγ

27　buγday . yeti šïγ künčit iki šïγ burčaq . üč

28　[š]ïγ qonuq [　　]/ lev tutzun n(i)wedma

29　【p//p[　]t/[　]/nt' pks/】iki iš ayγučï-lar /[　]

30　【uz uzaγutqa /】[iš ayγ]učï-lar lev tutzun . mu[nča]

31　lev berip t(ä)ngrilär ašï suvsušï tängsiz bolsar iki

32　xroxan-lar öz ašï azuqï birlä barïp . solmï

33　mani-stan [　]【py//】【wyy】**o**lurzun iš ayγučï-lar qïnqa

34　qavrïγ-qa tägzü[n]【[i]š ayγu[čï]】. aγïl(ï)q-qa kirür bo[rluq]

35　yer tüši tört ming yüz beš otuz quanpu bunq[ï]

36　törüčä srošivt qanikta kigürzün manistan-taqï

37　[nä]täg tör[lüg]//【/y/】iš **küč** bolsar iki xroxanlar iš

38　ayγučï-lar **birlä** [　iš]lätzün . kädmä tägirmän-ni[ng]

39　beš yüz quanpuda älig quanpu kädmä-kä berzün

40　taqï qalmïš tört yüz älig quanpu äränkä aspasi

41　aspasanč-qa qïšqï ton ätük bolzun . käpäz bözi

42　【[al]tmïš bö[z]】[ ]【///////】[as]**pa**[s]i aspasanč-qa yayqï ton

43　bolzun . iki ančm(a)n t(ä)ngrilär-ning ašï boγzï t[ängsiz]

44　bolmazun . bir ay bir xroxan bir iš ayγučï birlä

45　turup yïčanïp aš boγuz uz qïlturzun . taqï bir

46　[a]yda birisi【/t y】**b**ir iš ayγučï birlä turup

47　yïčanïp aš boγuz uz qïlturzun . qayu ayqï aš bo[γuz]

48　aγduq bolsar . ol ayqï xroxan iš ayγučï birlä

49　qavrïγ-qa tägzün . iki xroxan-lar iš ayγučï-lar

50　birlä turup **yars**[ï]**n**čïγ ašči-lar(ï)γ ötmäkči-lärig qavïra

51　turzunlar . t(ä)ngrilär **x**[o]anta olursar iki xroxan-**lar**

52　adaqïn turup aš(ï)γ suvsušuγ 'ywrq'ny zm'styk-kätäg[i]

53　tüz tägürüp . anta ken özläri xoanta olurzun

54　mani-stanta nätäg iš küč bolup t(ä)ngri možak-kä

55　ötügkä kir[sär　]**i**lkidäki törüčä xroxan-lar iš

56　ayγučï-s(ï)z kirmäz-ün . iš ayγučï-lar y(e)mä xroxan[-s(ï)z]

57　kirmäz-ün . xroxan-lar iš ayγučï-lar birlä turup

58　ötünzün-lär . qam(a)γ **a**raqï aspasi ärän oγlan-s(ï)z

59　t(ä)ngrilär näčä ''/[　s]'r angaru tapïnzun . anta

60　ken qalmïš qam(a)γ araqï oγlan 'ywrq'ny zm'stykq[a]

61　tapïnγučï b(ä)lgülüg qïlïp xoanta uz tapïnturzun【bu bitigin】

62　ärän t(ä)ngrilär qïrqïn t(ä)ngrilär mani-stan-ta ašansar

63　qanta n(i)wedmakä ba[rsar] ikirär küpčük taš suv k(ä)lürüp

64　buz suvï qïlïp t(ä)ngri-lärkä 'ywrq'ny zm'styk-kä tägi

65　tüzü tägürzün . s'cn'nkw t(ä)ngrilär n(i)wedmakä barsar esmiš

66　minin öngi yïɣturzun . näčädä qalew qïlɣu bolsar

67　munï üzä qïlzun **bu** esmiš min-kä t(ä)ngri možak

68　avtadan yaqmazun . qalew qïlɣu bolsar t(ä)ngri možak y(a)rlïɣ[s(ï)z]

69　xroxanlar iš ayɣučï-lar birlä turup qïlturzun . iki

70　ančm(a)n t(ä)ngrilär-ning iki tavatsi suvsušïnga možak

71　avtadan yaqmazun . t(ä)ngri možak-kä avtadanqa kim

72　täggäli k(ä)lsär öz suvsušïn berzün .　　　.

73　bir yïlqï **lev** buɣday-nïng sökti-si bolur . iki yüz

74　šïɣ .　. bu iki yüz šïɣ söktidä yüz šïɣ sökti

75　qan**gl**[ï] **tar**ɣučï ud-lar yezün . yüz šïɣ sökti t(ä)ngri

76　možak-ning avtadan-nïng käväl-läri yezün . bu yüz šïɣ

77　sökti yïɣmïš tutzun . atlar-qa yezgü qaturzun .

78　üč ordudaqï yer-lärig üč kiši-kä berzün

79　bir kün y(e)g(i)rmirär qaɣun manistan-**qa** k(ä)lürz[ü]n

80　otuz qaɣun uluɣ manistanta berzün . otuz qaɣun

81　kičig manistan-ta berzün bu qaɣunuɣ yïɣmïš yïɣïp

82　k(ä)lürz**ün** . k[ä]**m'lig** qïlsar yïɣmïš qavrïɣ-qa tägzün

83　t(ä)ngri možak-kä bir küri bišeng songun a**vt**adan [-qa] (?)

84　bišeng songun . iki ančm(a)n t(ä)ngrilärkä bir tang

85　songun berzün . öngtün kedin näčä manistan

86　-lardaqï baɣ borluq yer suv iki iš ayɣučï-**lar**

87　uz etürüp . yana qaɣ yerläri näčä bar ärsär

88　az üküš yaqa-qa berip yerig köntürüp bun

89　tüšingä tägürzün . tüš kirür yerlärig uz

90　etürüp tüšin aszun . iki iš ayɣučï-lar

91　eträ[š]mäzün . eträšip iš küč aɣduq qïlsar

92　qïyn-qa qïzɣut-qa tägzün . bu yer suv baɣ

93　borluq savïnga t(ä)ngri možak avtadan xroxan-lar

94　qatïlmazun . iš ayɣučï-lar bilzün iš ayɣučï

95　taɣay bars elïmya totoq-qa yumuščï kičigi qutadmïš

96　y(e)gän iš ayɣučï xumar bars t(a)rxan-qa yumušč**ï**

97　**k**[i]čigi el körmiš . bu išlärig iš ayγučï-lar

98　uz qïlsar ögdi-kä ačïγ-qa tägzün . aγduq

99　qïlsar üč yüz qïyn-qa tägzün birär žünkim

100　üčüki birlä qïzγut berzün-lär . manistan-taqï

101　ärän-lärig y(i)mki čor baš+b(ä)g birlä bašta turup

102　išlätzün . iš ayγučï-lar künlük išin ayïtu turzun

103　bir yïl y(e)g[(i)rm]i qanglï qamïš mani-stan-qa kirzün

104　taqï qalmïš qamïš(ï)γ borluq-lar sayu üläzün .

105　'ywrq'ny zm'styk šaxan q(ï)y-a-lar igläsär körü **t**u[tup]

106　ämlätgüči y[ïγm]ïš bolzun otačï oqïp k(ä)lürüp otïn

107　ämin iš ayγučï-larda b(ä)k tutup alïp uz ämlätzün

108　qayu dintar-lar igläp yïγmïš isinmäsär üč yüz

109　[qïy]n-qa täg[zü](n) sa**v**-qa küčgün barzun .

110　mangčor sangun oγlanï . arslan tonga inisi birlä

111　mäng kiyä oγlan . ïγaččï bolmïš . bu tört elig

112　kiši birär šïγ käpäz ïdïp k(ä)lürzün . yar manistanta

113　iki küri käpäz berzün . altï küri käpäz qočo manis[tan-]

114　-qa k(ä)lürzün . 　　　. mani-stan-taqï otungčï-lar lalan

115　käd+tuγmïš . liša šabi körtlä b(ä)g tur . bu üčägü

116　**b**ir kün birär y(ü)k otung k(ä)lürür . qutluγ tonga qolmïš

117　bu ikigü iki küntä bir yük otung k(ä)lürür . bu otungčï-

118　-lar-nïng otungïn körüp alγučï yaqsïz qutluγ arslan

119　dintar-nïng aši yig bolsar üč yüz qïynqa tägzün

120　manistan sanl(ï)γ otačï-lar yaqšï ačari inisi . oγlï

121　birlä . šingtai toyïn . vapap oγlï taz . qazčï yaqtsin

122　toyïn . kädizči oγul bars . zïγčï-lar munča kiši manistanta

123　išläzün . otačï-lar turγaq turzun balïq arqasïnta

124　toyïn arqasïnta y(a)rγan čupan yaqmazun . känt

125　**i**ši bolsar išläzün adïn iškä yaqmazun .

譯文

（前缺）

1　　　【令播種的人衆進入……。……】……【如果……，則……以前的】

2　　　　　【如果……入庫，則只有……】……【在摩尼寺的春天用的……】

3　　　　　【令與……一同進入……。使入……】……【依照以前的規定】

4　　　　　【依照以前的規定……】【……慕闍】【頡・押衙・都督……】

5　　　　　【令……安排處置。】【塔失・賽必特（Taš Sävit）】【令末斯・達干・帖木兒（Bars Tarxan Tämir）妥善保管。】

6　　　　　【……】令……。如有需要培育之物，則二人

7　　　　　【……義閾】【二人一起把倉庫……】

8　　　　　【……】……【按播種所需】們把……中的工作

9　　　　　【塔海・末斯（Taγay Bars）・頡・押衙・都督】【……妥善地……】令……處置。

9—10　　令胡瑪爾・末斯・達干（Qumar Bars Tarxan）處置西城之事務。

10—11　勿將果園、葡萄園、田地稱爲部田。應安排精心耕作。

11—13　若東城之事【果園、葡萄園】……，則令塔海・末斯【……棉布……】頡・押衙・都督受刑罰。

13—15　若西城之事……，則令胡瑪爾・末斯・達干受刑罰。

15—17　若東面有應收集之物，則令頡・押衙・都督收集後，【令……妥善保管】【胡瑪爾】

17—18　若西面有應收集之物，則令胡瑪爾・末斯・達干收集後，……

18—19　應將其中應入府庫者納入府庫。

19—20　應將其中應入……者納入……

20　　　　令二人安排處理……

20—21　令……與……一起保管。

21—23　因爲東邊的田地多，負責種地和收集……糧穀、官布的胡瑪爾・末斯・達干應……

23　　　　東面的、西面的城【都督（?）】……

24—25　【土地（?）】【冰的】【……】……60、2，以……交換棉布之後，……應交做衣服用的棉布。

26—28　每月應爲兩衆天人（僧、尼）應各收食料小麥 80 石、胡麻 7 石、豆 2 石、粟 3 石……

28—29　邀請……兩位執事，……

30　　　　【爲匠人】兩位執事應收食料……

30—34　如此供應食料後，如果諸天人的食、飲〔分配〕不均的話，兩呼嚧唤應帶著自己的口糧出去，到唆里迷（Solmï）的摩尼寺住下……諸執事

則應受刑罰。

34—36　【執事】〔將要〕入府庫的葡萄園和田地的收成 4125 官布應按照慣例納入義務庫。

36—38　不論摩尼寺中有何種事務，兩名呼嚧喚應與諸執事一同安排……處理。

38—39　應從怯的蔑（Kädmä）的碾磑（收入）的 500 官布中，取 50 官布給怯的蔑。

40—41　剩下的 450 官布應用於爲男僕和男女侍者〔製作〕冬季的衣、鞋。

41—43　棉花的布【60 棉布】……【……】應用於爲男僕和男女侍者〔製作〕夏衣。

43—44　兩衆天人的膳食不得〔分配〕不均。

44—45　每月應由一名呼嚧喚與一名執事一同當值，妥善安排膳食。

45—47　另一月，應由另一名【……】呼嚧喚與〔另〕一名執事一同當值，妥善安排膳食。

47—49　不論哪一月，如膳食不佳，則該月的呼嚧喚與執事一同受罰。

49—51　令兩名呼嚧喚與兩名執事一同當值，監督不潔的伙夫與打饢師。

51—53　當諸天人在聖餐桌前落座時，兩名呼嚧喚應侍立，將食、飲平等地分配給〔諸天人〕直到 ’ywrq’ny zm’styk 爲止，然後才可自己入座。

54—58　無論摩尼寺有何要事，如要入奏天慕闍，……則按照慣例，諸呼嚧喚不得在沒有執事的陪同下入〔奏〕。諸執事亦不得在沒有呼嚧喚的陪同下入〔奏〕。諸呼嚧喚與諸執事應先齊集，然後上奏。

58—59　屬於全員的男僕、男侍者，不論沒有僮僕的天人（僧尼）們有……，應服侍他們。

59—61　之後，應給其餘的屬於全員的僮僕做 “’ywrq’ny zm’styk 侍奉者” 的標記，令其在聖餐桌旁妥善侍奉。【以此書】

62—65　若男、女諸天人在摩尼寺就餐，無論他們受邀前往何處，應爲每人各帶兩瓶石泉水，製作冰水，平等地分配給諸天人直到 ’ywrq’ny zm’styk 止。

65—67　若……的諸天人受邀出去，應另外安排收集精製的麵粉。如須製作 qalew 時，則應用此製作。

67—68　天慕闍與拂多誕不得干涉這些精製的麵粉。

68—69　如須製作 qalew，無需天慕闍的命令，諸呼嚧喚應與諸執事一起在場，安排製作。

69—71　慕闍與拂多誕不得干涉兩衆天人的兩〔種？份？〕桃子（？）飲料。

71—72　若有人來覲見天慕闍與拂多誕，〔接待者〕應提供他本人的飲料。

73—77　1 年份的食料小麥的麩子是 200 石。此 200 石麩子中的 100 石，應喂給拉車的牛；另 100 石，應喂給天慕闍與拂多誕的坐騎。這 100 石麩子，令亦黑迷失保管。應拌進飼料喂馬。

78—82　位於 3 處宮殿（斡耳朵）的地應交給 3 人。每日每人應向摩尼寺交 20 個甜瓜。應分配 30 個甜瓜給大摩尼寺，30 個甜瓜給小摩尼寺。令亦黑迷失收齊這些甜瓜後交送。若有差錯，亦黑迷失應受罰。

83—85　應供給天慕闍 1 斗 1 升葱韮，供給拂多誕 1 升葱韮，供給兩衆天人 1 秤葱韮。

85—94　東、西面諸摩尼寺的果園、葡萄園、田地，無論有多少，兩位執事皆應妥善安排耕種；而不論其中的部田有多少，應多少交出一些租子，安排整理田地，使其達到基本的收成。應安排妥善耕種有收成的土地，增加其收成。兩名執事不得互相推諉。若互相推諉致事務出差池，則應受刑罰。關於這些田地、果園、葡萄園的事情，天慕闍、拂多誕、諸呼嚧唤們不得插手；應由諸執事負責。

94—97　向執事塔海・末斯・頡・押衙・都督的傳令之人是小子庫塔德密施・移健（Qutadmïš Yegän）。向執事胡瑪爾・末斯・達干傳令之人是小子頡・闊密施（El Körmiš）。

97—100　諸執事若能妥善處置這些事務，應受嘉獎。若處置不力，則應受刑 300〔鞭（?）〕，應各納 1 絨錦及其皮衣作罰金。

100—104　閻機・嘬（Yimki Čor）應與八失・匐（Baš Bäg）一同領導摩尼寺中的衆男僕，安排其做事。諸執事應保持過問其每天的工作。一年要向摩尼寺繳納 20 車蘆葦，而剩餘的蘆葦要分配給各葡萄園。

105—109　如果諸 'ywrq'ny zm'styk、小沙汗（Šaxan Qïya）患病，看、護并安排治療之事應由亦黑迷失承擔。應召請醫師，從執事處取來并拿穩草藥，且妥善安排治療。不論哪位電達（僧尼）患病，若亦黑迷失不用心，則應受刑 300〔鞭（?）〕。應受嚴厲（?）審問（?）。

110—114　莽嘬（Mangčor）將軍之童僕與阿薩蘭・同阿（Arslan Tonga）之弟、龐・乞牙（Mäng Kiyä）之童僕、亦哈赤・布魯迷失（Ïɣaččï Bolmïš），此 4 位王族應各送來 1 石棉。應分配給交河摩尼寺 2 斗棉。應送給高昌摩尼寺 6 斗棉。

114—119　摩尼中寺的砍柴人拉蘭・怯的・獨密施（Lalan Käd Tuɣmïš）、立沙・沙彌（Liša Šabi）、闊兒特列・匐・圖兒（Körtlä Bäg Tur），此 3 人每日每人送來 1 擔柴。骨咄祿・同阿（Qutluɣ Tonga）與闊里密施（Qolmïš），此 2 人每 2 日帶來 1 擔柴。藥息思・骨咄祿・阿薩蘭（Yaqsïz Qutluɣ

Arslan）驗、收這些砍柴人的柴，若僧尼們的膳食不熟的話，他應受刑 300〔鞭（？）〕。

120—125　屬於摩尼寺的諸醫師——藥師·阿闍梨及其弟、子、勝臺·道人（Šingtai Toyïn）、法波（Vapap）之子塔思（Taz）、鵝戶藥辛·道人（Yaqtsin Toyïn）、氈戶斡兀立·末斯（Oγul Bars）及諸繩戶，以上諸色人應在摩尼寺做事。諸醫師應輪日當值。從城中和佛寺〔來的〕斷事官、處半等不得靠近滋擾。若村中有事，則應處置；其他〔地方〕的事務則不得插手。

回鶻文《金光明最勝王經》卷二

黄文弼文書 H64

　　收集於吐魯番地區，但具體出土地點不詳。殘片應爲梵夾裝經書的一葉，雙面以硬筆書寫楷體回鶻文，正面存 8 行，背面存 9 行及葉邊小字 1 行標卷數。內容爲回鶻文譯漢文《金光明最勝王經》卷二的結尾部分（CBET 2022. Q4, T16, no. 665, p. 413b28-c5）。

　　參：黃文弼 1954，圖 89；Zieme 1977a，150—151 頁；Raschmann 2000，160 頁注 2；阿不都熱西提 2014，281—282 頁。

正面：

1　nomluγ ötügin äšidü y(a)rlïqad[ï]
2　ötrü somaketu bodis(a)t(a)v-ïγ ögä
3　alqayu y(a)rlïqadï .. ädgü ädgü töz
4　[-ün]lär oγlï-y-a q(a)ltï /
5　[s(ä)nin]g tülüngdäki altun
6　[küvrüg] ünintin eš(i)dilmiš
7　[bo burxan]-lar ögdisin
8　[kšanti] qïlmaq **lïγ**(?)

（後缺）

背面：

ikinti ülüš

1　[ant]a ötrü ol qamaγ t(ä)ngri-lig

2　yal**angu**q-luγ uluγ terin quvraγ

3　bo muntaγ yanglïγ nomluγ käzigig

4　t(ä)ngri t(ä)ngrisi burxan y(a)r[lïγïn]

5　[äši]dü täginip ärtingü tangladï-[lar]

6　mungadtï-lar : uluγ ögrün[č-lüg]

7　sävinč-lig [bolu täginti-lär]

8　t(ä)ngri t(ä)ngri[si burxan]

9　[y]arlïqa[tmïš　　　　　　　　]

譯文及對應漢文原本

正面：

〔世尊〕聽聞這一法的進言。爾後，〔世尊〕稱讚妙幢菩薩："善哉！善哉！善男子！如從你的夢中的金鼓之聲中聽到的這衆佛之讚、懺悔之囧……

漢文原本：

〔爾時世尊〕聞此説已，讚妙幢菩薩言："善哉！善哉！善男子，如汝所夢金鼓出聲，讚歎如來真實功德，并懺悔〔法。〕……

背面：

第二卷

此後，諸天、人大衆藉天中天佛説法而聽到如此這般法門，皆大受震撼，皆歡喜異常。天中天佛説……

漢文原本：

時諸大衆聞是法已，咸皆歡喜，信受奉行。

回鶻文《十業道譬喻鬘》卷四

黃文弼文書 H65

收集於吐魯番地區，但具體出土地點不詳。殘片應爲梵夾裝經書的一葉，保留穿繩串結的孔洞和圓形留白。雙面以硬筆書寫楷體回鶻文，每面各存 13 行。内容爲回鶻文《十業道譬喻鬘》（*Daśakarmapathāvadānamālā*）卷四，與 H66 屬於同一寫本。正面内容對應校勘本（Wilkens 2016）第 03816—03828 行，背面對應第 03850—03862 行。

　　參：黄文弼 1954，圖 90；Wilkens 2004，151—156 頁；阿不都熱西提 2014，282—284 頁；Wilkens 2016，418—421 頁。

正面：

1　[pur]ohidesi kälmišin körüp artuqra[q]

2　ögrünčlüg sävinčlig bolup ötrü w

3　barïp inčä tep tedi: t(ä)ngri upa

4　-[d]i baxšï ya : bo arïγ-da sämäk[tä]

5　yalnguz nä tïltaγïn k(ä)lti ärki : bram[an]

6　[puro]hidesi inčä tep tedi: uluγ q

7　[elig-a] säning　bo adalïγ savlar

8　[-ïngïn] äšidip:　　　al altaγ saq

9　-ïnïp y(a)vlaq　　　adangïn ketär

10　-gälir üčün : ol tïltaγïn bärü w

11　k(ä)ltim : k(a)lmašapade elig inčä [tep]

12　[te]di : sözlägil upadi [baxšï ya　　]

13　[　　]/// /yy/ [　　　　　　]

背面：

1　[bodi]s(a)v(a)t yolïnta [yorïyur] ärkän

2　matyadeš ulušta sutasome atl(ï)γ

3　[e]lig bäg ärdi : öz körkin äzrua

4　[t(ä)]ngri enmiš täg : tözün yumšaq

5　[t]örülüg toquluγ köni kertü savl(ï)γ

6　ärdi : ötrü ol ädgülüg sutasom[e]

7　elig beš tör　　　-lüg inčgä [ün]

8　-lärin küüntäki　　inčgä q[ïrqïn]

9　-larïn tägrikl" p　　　devapušp atl(ï)γ

10　yemi[šli]k[t]ä suvqa　　　čomγalï ünti

11　[anta ötrü] sutasome elig suvq[a]

12　[kirgülük toonïn kä]**dip** xwa čä[č]äk
13　[　　　　　　　　　　　　]

譯文

〔駁足王〕見其國師來，甚 ₂喜，即驅前如是説道："天 ₂師啊，緣何獨自來此 ₂森林？"其婆羅門國師如是説道："大王啊，得悉你的種種危言後，我想到了解決的 ₂方法，化解你的危難。我爲此緣由而來。"駁足王如是説道："請講！老師啊……"

背面：

當菩薩正在其途中行走時，在中天竺國有一名作須陀素彌的國王。其樣貌猶如梵天降世，他善良温和，有禮有節，説話 ₂誠實。然後，那仁慈的須陀素彌王以五種温柔的聲音召集其在宫裏的温柔的宫女，往叫作天花的林子去沐浴。其後，須陀素彌王穿上其用於入水的衣服後，₂花……

回鶻文《十業道譬喻鬘》卷四

黄文弼文書 H66

收集於吐魯番地區，但具體出土地點不詳。殘片應爲梵夾裝經書的一葉，雙面以硬筆書寫楷體回鶻文，各存 13 行。内容爲回鶻文《十業道譬喻鬘》卷四，與 H65 屬於同一寫本。正面内容對應校勘本（Wilkens 2016）第 03832—03849 行，背面則對應第 03865—03881 行。

參：黄文弼 1954，圖 91；黄文弼 1994，圖 91；Wilkens 2004，155—156 頁；阿不都熱西提 2014，278、282 頁；Wilkens 2016，418、420 頁。

正面：

1　[eliglärig bäglärig qapïp] k(ä)lürgil : [ol yüz]
2　[bägläri]g birgärü ölürüp [qanlïγ köl]
3　[tur]γurup yaγïš yaγasar : sezik [siz]
4　[bo adatï]n qutrulγay s(ä)n anta

5　[ötrü k](a)lmašapade elig purohiṭe

6　[bram]anning y(a)rlïgïnča : kök qalïqda

7　**uč**up barïp : kečmädin ara yüzkä

8　bir ägsük toquz örki eliglär bäg

9　[-lärig] qapïp k(ä)lürdi : olar-nï barča

10　[uluɣ taɣ ü]ngürintä kigürüp tonga

11　[-lar küči]n : uluɣ bädük taɣ qayasïn

12　[qapïp kä]lürüp : üngür aɣzïn b(ä)klädi :

13　[　　] k(a)lmašapade elig-**kä** yüzkä

14　[　　]/ bir bäg ägsük ärdi : ol tïltaɣ

15　-ïn-**tï**n 'w// kök qalïq yolïnča

16　[　　　　] : ol üdün bu oq bi**l**[gä]

17　[biliglig umuɣ]um**u**[z] ïnaɣïm(ï)z šakimuni burx[an]

背面：

1　[　　]/rkyn l/// [　　]

2　[sävigli]**g** ünin bir ikinti[-kä]

3　[oqïšï]**p** büdiyü k(ä)lip sutasome :

4　[　　] ///// /// ärdi : suman **xwa**

5　[　] ///ky täg ïnaru bärü itišip [　]

6　-wswp külčirä tan közin kör**ü**[p]

7　boyunïnga yarmanïp ämigläri **ü**zä

8　itdi-lär : bo muntaɣ amranmaqlïɣ //

9　äsürtgü suvsušïn artuqraq äsü[rüp]

10　tüü törlüg čïsïn äri**g**[in　　]

11　**q**ïlïp yul ičintä sutasom[e　]

12　t[ä]**gi**[rmiläyü] büditi-lär : öt[rü]

13　adïn bir qarï braman aqru [aqru]

14　m[ang]ïn yorïyu yul qïdïɣ[ï]nga k(ä)lt[i :]

15　bramanïɣ körüp elig bäg /[　　]

16　[ ]/ inčä tep tedi : [　　]

17　ïraqtïn ///[ ] qovšap ///[　]

譯文

正面：

1—16　　"……將王、侯們擒來！如能將那 100 位王侯一齊殺死，流血成海，以此爲祭，你能從此劫中得救無疑。"其後，駁足王照婆羅門國師之令，向天空飛去，旋即便擒回九十九位王侯。將他們全部送進天山之洞中以後，他藉衆力士之力，擡來一巨大山石，封堵山洞口。……於駁足王而言，尚缺一位王侯才足百人。因此，他……上天空之路。

16—17　　爾時，就是這位智慧的釋迦牟尼佛，我們的希望與救贖，……

背面：

1—4　　……以動聽的聲音呼喚著彼此，手舞足蹈地前來，須陀素彌王……

4—16　　似蘇末那花……一般左右碰撞，……微笑著用睁大的眼睛看著……，環抱著他的脖頸，貼上他的胸膛。深深沉醉於如此充滿誘惑、令人沉醉的飲品中，……做出……種種行爲，須陀素彌王……在泉中旋轉著起舞。其後，又有一位年長的婆羅門以緩慢的步伐走來泉邊。看到婆羅門後，〔須陀素彌〕$_2$王……，如是説道："……自遠方……平整……"

回鶻文音寫漢語《寅朝禮懺文》節本

黃文弼文書 H67v

　　收集於吐魯番地區，但具體出土地點不詳。存草體回鶻文 16 行，另一面 H67r 爲漢文《妙法蓮華經》卷六，係回鶻人剪裁漢文經卷後，利用其紙背寫回鶻文。除末行爲回鶻語尾題外，前 15 行皆爲回鶻文音寫漢字，內容應是漢語《寅朝禮懺文》節本。第 1—5 行爲"至心懺悔"部分的全本，第 6—8 行爲"至心勸請"部分的全本，第 9—10 行爲"寅朝清淨偈"偈頌的全本，第 11 行爲"六念"部分的簡本，第 12—14 行爲"三皈依"部分的全本，第 15 行則應爲"和南"部分的簡本。缺"至心隨喜""至心迴向""至心發願"三部分。寫本回鶻文爲草體，説明其抄寫年代應在蒙元時代，但其反映的漢字音則是晚唐五代的西北方音，説明當時生活在西北地區的回鶻（畏兀兒）人仍以此種讀音讀漢文。

　　參：黃文弼 1954，圖 92 背；黃文弼 1994，圖 92 裏；阿不都熱西提 2014，278、

284—285 頁；阿不都熱西提 2015：22—27 頁。

1　　[　čamxo]i yww [　　　] lou f[ïr　　　]
2　　fuu sin aɣakim sir ywwkw sin [　　　　　　]
3　　[　]čuu sung sam pan tau ki kim ši[n　　　　]
4　　čamxoi yy sam aɣ tau čung žain ši[v　　　　]
5　　šou fuži-paɣ tau ču[n]g čamxoi [　　　　]
6　　či sim kunse ši fou fir žulai ken sai še tau [　　]
7　　se čun fap lun anlaɣ čuu čungš-a šifo irsi f[ïr　　]
8　　aɣa kim tïv menli kun se lekib [　　　　]
9　　yuɣ kiu se ber laɣ tou xoɣ š-a mu[n　　　]
10　　i šig či šin me se suu suu čung tïng čuu čung
11　　faɣ čung tïng te šur yin čuu sezeki :: šou čung x-a [s]a qaɣ ki
12　　irsi kung(k)e za kui fïra tou ügun čungš-a ti qai ta[i　　]
13　　yym :: irsi kung(k)e za kui fap+a tou ügun čungš-a š[im]
14　　//////////// [　　]/ [　　　　　　tu]ng li tai čung irsi uɣai
15　　[　　　　　　　　]/ynčw xadam irsi kenše ///
16　　[　　　　　　　　] ärür tuṭup turur m(ä)n

漢文文本重構及回鶻語漢譯
　　（在回鶻文音寫中，連寫的漢字保持連寫，分開寫的漢字保持分開。缺文重構的漢字連寫。）

1　　至心懺悔養（？）：十方無量 佛，所知無
2　　不 盡。我今悉於前，發露懺（悔）諸惡。三三合九
3　　種，從三煩惱起。今身若前身，有罪盡
4　　懺悔。於三惡道中，若應受業報。願得今身
5　　償，不入惡道受。懺悔已，歸命禮三寶。
6　　至 心 勸請：十方佛如來，現在成道者。我
7　　請轉法輪，安樂諸眾生。十方一切佛，若欲捨壽命。
8　　我今頭面禮，勸請令久住。勸請已，歸命禮三寶。
9　　欲求寂滅樂，當學沙門法。
10　　衣食支身命，精麁隨眾等。諸眾〔等〕。
11　　白眾等聽説《寅朝清净偈》，上、中、下座各記〔六念〕。

12　　　一切 恭敬。 自 歸依 佛，當 願 衆生，體 解 大道， 發無上

13　　　意（？）。一切 恭敬。 自 歸依 法，當 願 衆生，深 入經藏，智慧如海。

14　　　一切恭敬。自歸依僧，當願衆生，統 理 大 衆，一切 無礙。

15　　　……和南 一切 賢聖。

　　（回鶻語）

16　　　是…… 我敬立持〔誦〕。

回鶻文佛典

黄文弼文書 H68v

　　出土信息未詳。存草體回鶻文 14 行，另一面 H68r 爲漢文《大般涅槃經》卷一〇《一切大衆所問品》。應爲回鶻人剪裁漢文佛經卷子，利用其紙背書寫回鶻文。殘片上、左、右三邊殘，通過圖版無法推測其原來尺寸。推測其内容可能是一種佛教文獻，似爲密教信徒修行文本，但不能確定。

　　參：黄文弼 1954，圖 93 背；黄文弼 1994，圖 93 裏；阿不都熱西提 2014，278 頁。

　　（前缺）

1　　　　ä]ḍinlig tigilig yangraγu yaγlïγ yumšaq :

2　　　　]/ äšiddi-lär ädgü qulq(a)q-lar-nïng asïγï

3　　ögirtdürdä]či savindürtäči: : m'l tükäṭi

4　　　　]///// ašlïγ-lar eligi-ning äṭinintä ::

5　　　　]/ yanga-lar eligi-ning sävig'lig

6　　　　]/ baxši yerindäki t(ä)ngr'idäm

7　　　　ta]maru(?) tültrünmiš :

8　　　　　]ym': tilining

9　　　　] l'rynt' yegädmiš ::

10　　　　]p burxan(?) bulït-lar-nïng

11　　ätinli]g čïqïramaq-lïγ

12　　　　　]l'r-nyng

13　　　　　]/ adïnčïγ

14　　　　　]adurtmïš ::

（後缺）

譯文

（前缺）

1—2　　　……〔他們〕聽到 ₂迴蕩的、低沉的、₂輕柔的……

2—3　　　好的耳朵的益處……₂令人愉悦。

3—4　　　……完全地……在（或從）諸有食者的國王的聲音中，

5—6　　　……衆象之王的可愛的……

6—7　　　在……大師之地的神一般的……達瑪茹鼓（？）敲響。

8—9　　　汝等旋轉！……勝過……

10—14　　……佛（？）的雲的……有聲響的……好的……使……前進

（後缺）

回鶻文元朝某年某月某日都魯迷失‧的斤（Turmïš Tegin）賣高昌地契

黄文弼文書 H69（K7711）

　　黄文弼在庫車搜購所得 2 件回鶻文書之一。尺寸爲 41.5cm×61cm。另一件尺寸爲 24.5cm×60.5cm，但未見刊布，亦不知其所在。文書爲畏兀兒人都魯迷失‧的斤（Turmïš Tegin）賣其位於高昌的分地之地契，現存草體回鶻文 35 行。文書首行開頭日期全缺，第 4 行因紙張破碎不能卒讀，其餘内容基本保存完整。文書記賣地所得通貨爲中統寶鈔 80 錠，可知立契時代當爲元朝統治吐魯番地區時，且在中統鈔發行之後。文書結尾列有賣方都魯迷失‧的斤等 10 人的押印。

　　參：黄文弼 1954，63—64 頁，圖 94；馮家昇 1954，240—244 頁；護雅夫 1963，530—544 頁；梅村坦 1977，7—9 頁；Umemura 1990，152 頁；梅村坦 1991，270 頁；SUK II，27—29 頁，圖 23；黄文弼 1994，97 頁，圖 94；馮家昇 2013b，239—248 頁；護雅夫 2013，249—258 頁；梅村坦 2013，270 頁。

1 [k]ä manga turmïš tegin-kä taydu
2 -ta yunglaɣ-lïq čao yastuq kärgäk bolup . qočo-taqï qočïng apam
3 birläki . küdägüm tapmïš-qa ülüš-tä tägmiš qïr-a suvdun yer-lär-im-ni
4 [   ]
5 -ni ülüš bitigi birlä säkiz on yastuq čungṭung bao-čao-qa vapso-tu .
6 -[q]a toɣuru tumlïṭu satdïm . bu [čao]-nï bitig qïlmïš kün üzä
7 m(ä)n vapso-tu tükäl saṅap berdim . m(ä)n turmïš tegin y(e)mä tükäl saṅap
8 [a]l[dï]m . bu kün-tin mïnča tapmïš-nïng aqa-sï ini-si yegän-i taɣay-ï
9 kim kim m-ä čam čarïm qïlmazun-lar . apam birök ärklig bäg
10 iš-i küčin tutup čam čarïm qïlsar-lar .
11 uluɣ sụü-kä bir altun yastuq basïp el bäg-lär-ingä ädär-kä
12 yaraɣu at berip sözlär-i yorïmazun . bu kün-tin mïnča bu borluq
13 -qa yer-kä suv-qa äv-kä barq-qa vapso tu ärklig bolzun
14 taplasar özi tuṭzun · taplamasar adïn kiši-kä ötgürü saṭzun
15 čamlaɣučï kiši qoor-luɣ bolzun . vapso tu qoor-suz bolzun .
16   bu nišan män turmïš tegin-ning+ol
17   bu nišan män sävinč toɣrïl-nïng+ol
18   bu nišan män taypodu-nïng+ol
19   bu nišan män yïpɣ-a(?)-nïng+ol
20   bu nišan män sinsiu-ning+ol
21   bu nišan män töläk-ning+ol
22   bu nišan män tanuq tilik(?) q(a)y-a-nïng+ol
23   bu nišan män tanuq tämir buq-a-nïng+ol
24   bu nišan män tanuq taysang-nïng+ol
25   bu nišan män tanuq yolaš-nïng+ol
26   bu nišan män tanuq ögrünč buq-a-nïng+ol
27 män turbut turmïš tegin äkäm-kä inčkä ayïṭïp bitidim

譯文

1—8　▢……年……月……日，我，都魯迷失·的斤（Turmïš Tegin）爲缺少在大都流通的鈔錠，將位於高昌的、與高成·阿梵（Qočïng Apam）共有的、將分給我的女婿沓密施（Tapmïš）的、休耕的、有水灌溉的我的田地，將……與份地地契（或分家契）一起，以中統寶鈔八十錠，確定無誤地賣與法藏・都〔統〕（Vapso Tu）。此鈫，在立契之日，我法藏・都〔統〕全部點齊後交訖。我都魯迷失・的斤全部點齊後收訖。

8—15　從今日起，沓密施的兄弟、甥舅，不論何人，不得起争端。但如果他們藉有權的官人之力而起争端，則應罰其爲大汗納一金錠，爲國之諸官人納能配其馬鞍的馬，然後仍使其話無效。從今以後，此葡萄園、土地、水、房屋，法藏・都〔統〕有權〔支配〕。如情願則自身保有，如不情願則可轉賣給別人。起争端者受損，法藏・都〔統〕不受損。

16　此押印是我都魯迷失・的斤的。

17　此押印是我小雲石・脱忽憐（Sävinč Toγrïl）的。

18　此押印是我大寶奴（Taypodu）的。

19　此押印是我葉喀（Yïpγa）的。

20　此押印是我辛秀（Sinsiu）的。

21　此押印是我脱烈（Töläk）的。

22　此押印是我見人地列・海牙（Tilik Qaya）的。

23　此押印是我見人帖木兒・不花（Tämir Buqa）的。

24　此押印是我見人大僧（Taysang）的。

25　此押印是我見人岳拉失（Yolaš）的。

26　此押印是我見人玉古倫赤・不花（Ögrünč Buqa）的。

27　我，都魯普忒（Turbut）向都魯迷失・的斤閣下詳細詢問後寫訖。

回鶻文執事也里（Älik）與兄弟分書

黄文弼文書 H70（K7716）

　　收集於吐魯番地區。尺寸爲 24.6cm×59.8cm，存草體回鶻文 32 行。文書上鈐有長方形墨印 3 處，分別在第 5—6 行下部、第 15 行上部和第 25 行上部，印文（或圖案）尚不能識別。文書前後缺，内容應爲蒙古統治時代吐魯番某地執事（Iš aγγučï）畏兀兒人也里（Älik）與其兄弟分割繼承其父遺産之分書。

　　參：黄文弼 1954，圖 95；Zieme 1977b，148 頁；Umemura 1990，176 頁；梅村坦 1990，420—446 頁；SUK II：WP06，142—144 頁；黄文弼 1994，圖 95；梅村坦 2013，270、275—276 頁。

1 [ ]l[ ] ''l[   ]
2 -ṅIng yaqä-sï . män[in]g ök küm[ü]š [yo]l-[ïnt]a
3 basa bitig-siz altï ülüš-tä tägmiš 'är
4 qul küṅg yol-ïnta . [yä]nä tegin-ning ken
5 -tin. inä qay-a-qa yaṅtut bolmïš ṅägü kim
6 yol-ïnta sävinč buqa muṅta yoq ärsär ////
7 biz bilirbiz temiš yol-ïnta . iṅi-lärim [u]ur q[a]y
8 -a küväz ulay birlä . basačuq tutung satmiday ačari
9 yavlaq öz ačari q(a)ra toyïn tutung qoṭana anant
10 tutung tükäl-ä 'äsän buqa šïlastï . atl(ï)ɣ bäg
11 bašlap uyɣur uruɣ qadaš ögşintä sözläšip
12 atamïz-nïng ülüš bitig-iṅdäki-čä nägü-sin
13 kim-in tapšura berip . muntin taš yeri
14 -ning suvï-nïng yaqä-sïṅga yäṅä iki bölük
15 bu bitig-täki t(a)var-[q]a [tut]up on tamɣa büṭün
16 kümüš yastuq-ï . b[i]r yü[r]üng toyïn atl(ï)ɣ [ačar]i
17 [oɣ]l[a]ṅ elig-tä berip . otuz yaš-tïn altïn
18 y(e)g(i)rmi yaš-tïn üstün orṭun är äbči iki
19 q(a)rabaš iki at iki ud birlä muṅča t(a)var-ṅi
20 uur qay-a bašlap iṅi-lärim-kä berip
21 öz koṇgül-üm bolup yarašïp [ ] // y(e)mä vap-ča
22 yangla-ča ṅägü m-ä čam čarïm bar ärsär qodup .
23 bu bitig-ṅi berürm(ä)n . [bu] kün-tä mïṅča [mä]n
24 älik iš+ayɣučï miṅtä tuɣmïš sarman
25 töläk bašlap [o]ɣlan-larïm birlä. atamïz-
26 -nïng bular-qa ülüš qïlïp qodmïš.
27 yer-ingä s[uv-ïn]ga baɣ-ïnga bor-luq
28 -ïnga. ṅägü-s[ingä] kim-ingä . basa enč
29 q(a)y-a-ṅi oɣlum [ ]yp . anïng ädingä
30 t(a)var-ïnga nä-[sing]ä kim-ingä . b[u] bitig
31 -täki bermiš yas[tuq] qul küng ud [ ]yol /
32 -ïṅta. čam čarïm / / / / / / / / / / / / / / / /

譯文

　　（前缺）

1　　……

2—7　關於……的租子、我的銀子；又，關於没有寫〔在遺囑上〕的6名屬於遺産的男奴、女婢；又，關於的斤以後要返還給伊那·海牙（Inä Qaya）的全部財産；又，關於"如果小雲石·不花（Sävinč Buqa）不在此地的話，……由我們負責"的説法，

7—13　與我諸弟烏爾·海牙（Uur Qaya）、庫瓦兹·烏賴（Küväz ulay）一起，在名作八撒朮·都統（Basačuq Tutung）、薩米台·阿闍梨（Satmiday Ačari）、亞甫拉克·烏兹·阿闍梨（Yavlaq̈ Öz Ačari）、哈剌·脱因·都統（Qara Toyïn Tutung）、闊端那·阿難陀·都統（Qoḍaṅa Aṅant Tutung）、突堅剌（Tükälä）、也先·不花（'Äsän Buqa）、尸羅斯第（Šilastï）等官人爲首的畏兀兒（Uyɣur）族親面前商定，按照家父遺囑中所記，交付種種財産、人口。

13—21　除此以外，我得其（家父）地租以及其遺囑中〔所列〕財物之2份，而我則將10枚壓印的純銀錠交於一名叫玉龍·脱因（Yürüng Toyïn）的阿闍梨的僮僕之手，將30歲以下、20歲以上的中等的男女奴婢2人、2匹馬、2頭牛一起，將這些財産交於我以烏爾·海牙爲首的諸弟，此係我的本心，相適意……

21—23　又，按照法規，如果又有任何争議，應擱置〔争議〕，我〔將〕提供此文書。

23—32　從今以後，我，執事也里（Älik），和以薩爾曼·突列（Sarman Töläk）爲首的我的親生諸子一起，對家父這些確定分配作遺産的土地、園子、葡萄園、種種財産、人口；又，將恩赤·海牙（Enč Qaya）收繼（？）爲我的兒子後，對他的財物、他的種種財産、人口；對此文書中交付的銀錠、奴、婢、牛……，不起争議……

　　（後缺）

回鶻文刻本《佛説天地八陽神咒經》

黄文弼文書 H71（K7714）

　　購於吐魯番，具體出土地點不詳。係經折裝刊本回鶻文《佛説天地八陽神咒經》斷片。

此號下有 3 件斷片，共存 7 面完整折頁和 1 面折頁之小半。每一折頁的尺寸約爲 24.5cm×
10.15cm，印 5 行回鶻文。第 1 件斷片存 2 折頁，構成一張畫幅完整的朱印佛畫。第 2 件
斷片開頭殘留 1 折頁的五分之一幅，爲墨印佛畫，後接 1 折頁回鶻文（II. 2），爲佛經題名。
墨印佛畫與朱印佛畫畫樣完全相同，且兩畫右下角皆有漢字“陳寧刊”。黄文弼購入時 2 片
佛畫合在一起，朱印佛畫應爲經本起首，後接墨印佛畫，後接佛經題名，後接經文。第 3
件斷片存 4 折頁經文（III. 1～4），與第 2 件斷片不接續。其中，第 3、4 折頁間縫有漢文
頁碼“十”字。

　　參：黄文弼 1954，64 頁，圖 96；馮家昇 1955，183—192 頁；小川貫弍 1956，35 頁；山
田信夫 1958，94—97 頁；Oda 1986，328—330 頁；小田壽典 1987b，25—38 頁；Umemura
1990，152 頁；黄文弼 1994，97 頁，圖 96；張新鷹 1998，127—131 頁；小田壽典 2010，
176—177 頁，圖 192—193；馮家昇 2013a，221—229 頁；張新鷹 2013，230—235 頁；山
田信夫 2013，236—238 頁；阿不都熱西提 2014，280—281 頁。

II. 2

1　namo bud : namo darm : namo sang ::
2　**t(ä)n**gri t(ä)ngrisi burxan y(a)rl[ï]qamïš t(ä)ngri-li
3　yer-li-tä säkiz törlüg-in yarumïš
4　yaltïrmïš ïduq d(a)rni tana yip atl(ï)γ sudur
5　nom bitig bir tägzinč :　　　::

III. 1～4

1　tetir : yoq quruγ y(e)mä ol oq ärür : ol kim
2　yoq quruγ tetir : ün y(e)mä ol oq ärür :
3　**ün**-tä öngi yoq qur**u**γ bultuqmaz : yoq quruγ
4　-ta öngi y(e)mä ün bultuqmaz : inčä
5　ötgürü usar : ötrü ol oq ün yana
6　soqančïγ ün-lüg atl(ï)γ burxan tetir : yana
7　burun-ï turqaru adruq adruq alqïnčsïz yïd
8　yïpar yïdlayur : ol kim yïd yïpar tetir :
9　yoq quruγ y(e)mä ol oq ärür : ol kim yoq quruγ
10　tetir : yïd yïpar y(e)mä ol oq ärür : yïd
11　yïpar-ta öngi yoq quruγ bultuqmaz : yoq quruγ

12　　-ta öngi y(e)mä yïd yïpar bultuqmaz : inčä

13　　ötgürü usar : ötrü ol oq yïd yïpar

14　　yana yïpar yükmäk atl(ï)γ burxan tetir :

15　　y(e)mä til-in turqaru adruq adruq alqïnčsïz

16　　tatïγ-lïγ tatïγ tatar : ol kim tatïγ tep tetir :

17　　yoq quruγ y(e)mä ol oq ärür : ol kim yoq quruγ

18　　tetir : tatïγ y(e)mä ol oq ärür : tatïγ-ta

19　　[ö]ngi y[o]q q[u]ruγ bultuqmaz : yoq quruγ-ta öngi

20　　y(e)mä tatïγ bultuqmaz : inčä ötgürü usar :

譯文及對應漢文原本：

II. 2

南無佛、南無法、南無僧。天中天佛所説、在天上地下以八種形式閃耀的神聖的陀羅尼、被稱爲"繩墨"的經書一卷。

漢文原本：

《佛説天地八陽神咒經》一卷。

III. 1 ～ 4

被稱爲〔聲音者〕，也就是虛無。那被稱爲虛無者，也就是聲音。離開聲音，虛無不能被找到；離開虛無，聲音也不能被找到。如果能想通此節，然後那聲音據説就是名爲妙音聲的佛。又，他的鼻子總是聞到各種無盡的₂香氣。那被稱爲₂香氣者，也就是虛無。那被稱爲虛無者，也就是₂香氣。離開₂香氣，虛無不能被找到；離開虛無，₂香氣也不能被找到。如果能想通此節，然後那₂香氣據説就是名爲香積的佛。又，用他的舌頭總是嘗到各種無盡的味道。那被稱爲味道者，也就是虛無。那被稱爲虛無者，也就是味道。離開味道，虛無不能被找到；離開虛無，味道也不能被找到。如果能想通此節……

漢文原本：

聲即是空，空即是聲，即是妙音聲如來。鼻常嗅種種無盡香，香即是空，空即是香，即是香積如來。舌常覺種種無盡味，味即是空，空即是味，即是……

回鶻文刻本《聖妙吉祥眞實名經》

黄文弼文書 H72（K7712）

　　購於吐魯番。尺寸爲 29cm×54cm，係刻本經折裝回鶻文佛典斷片。斷片存 4 折頁，每頁印 6 行經文，共存 24 行。上下烏絲欄，左側可見漢文頁碼"二五"殘迹。第 3 頁第 4 行有 2 字左側對注梵文（在對應回鶻文詞後加 { } 注出）。殘片内容爲回鶻文譯本《聖妙吉祥眞實名經》。此經在宋元間先後出現三種漢文譯本，分別是北宋時明因妙善普濟所譯《文殊所説最勝名義經》（T.1188）、元時沙囉巴所譯《佛説文殊菩薩最勝眞實名義經》（T.1189）和元時釋智所譯《聖妙吉祥眞實名經》（T.1190）。此經在藏傳佛教中極爲流行，有藏文、蒙古文譯本。回鶻文本譯自元代，但其所本却無明確記載。在俄藏和德藏回鶻文文書中曾發現數件回鶻文音寫漢語《聖妙吉祥眞實名經》的殘片，説明一些回鶻佛教徒曾直接使用這種漢譯本。將回鶻文本與三種漢文平行文本比較可知，回鶻文本與北宋譯本有明顯差别，而與《聖妙吉祥眞實名經》最爲接近。

　　參：黄文弼 1954，64 頁，圖 97；Kara & Zieme 1977，110—112 頁；Umemura 1990，152 頁；梅村坦 1991，160—161 頁；黄文弼 1994，98 頁，圖 97；梅村坦 2013，271—272 頁。

1　　ärür: nizvani-lïγ biligsiz biliglig süü čarig-ig

2　　tarqarmïš ärür :: š(i)mnu-nung yaγï-sï š(i)mnuγ utmïš

3　　alpaγut ärür : tört törlüg š(i)mnu-tïnqï qorqïnčïγ

4　　tarqardačï ärür : alqu š(i)mnu-nung süü-sin čarig-in

5　　utdačï ärür : köni tüzüni tuymïs yertinčü-nüng

6　　uduzγaq-ï ärür :: tapïnγuluq öggülük külägülük yüküngü

7　　-lük : ürüg uẓatï turqaru aγïr ayaγ tapïγ uduγ

8　　qïlγuluq y(e)mä : ayaγuluq ötüngülük-lärtä yeg-i

9　　ayaγuluq ayančang-lanγuluq : yüküngülük ängidgülük

10　 yeg üstünki baxšï ärür ::

11　 üč uγuš yertinčüg bir mang-ïn bardačï mangladačï

12　 ärür : kök qalïγ täg učsuz tüp-süz öngi öngi

13　 basdačï täpdäči ärür : üč törlüg bilgä biliglig

14　 arïnmaq-lïγ arïγ ärür : altï törlüg bügülänmäk-lig ärip

15　 altï törlüg eyin ömäk-kä tükäl-lig [är]ür : :

16　 bodistv {bo dhi sat tva} tuyunmïš tïnl(ï)γ maxastv {ma hā sat tva} uluγ tïnl(ï)γ ärür :

17　yertinčüg ärtmiš käčmiš uluγ riḍi-lïγ ärür : bilgä

18　bilig paramit-ning učï tüpi ärür : bil**g**ä bilig

19　-ning čïn kertü tözin bulmïš ärür :　　 :

20　öz ät'özüg bil[t]äči adïn-ïγ biltäči alqu buyan

21　ärip : alqu-qa asïγ-lïγ yeg üstünki pudgali tïnl(ï)γ

22　ärür : alqu törlüg yöläšdürgülük-lär-tin ärtmiš :

23　bilgä bilig-li bilgülüg nom-lar-nïng yeg üstünki

24　ärklig-i ärür :: nomluγ buši idi-lär-intä yeg-i

譯文

……他滅除煩惱、愚昧之軍。他是魔羅之敵、戰勝魔羅之勇士。他能滅除四種因魔羅而生之恐懼。他能戰勝全部魔軍。無上正等正覺是世間的引導。在受人禮讚者中，在永遠地受供養者中，且在受拜求者中，他是最上者，是受頂禮膜拜的最上尊師。他能以一步邁過三世界。他像天空一般無邊無底鎮壓一切種種。他是有三種智慧和清净的清净。他有六種神通，他六隨念（六種連續的心念）俱全。他是菩薩、覺有情，是摩訶薩、大有情。他有超越世界的大神通。他是智慧彼岸的邊界。他已獲智慧真實之相。他是知己、知彼的一切功德，是對衆生有利益的、最上等之人。他超越一切種種比較。他是智慧和應知諸法的最上王者。〔他是〕佛法布施之主中最上者……

漢文平行文本：

1.《文殊所説最勝名義經》T.1188: 20.0818b06-18

滅除煩惱賊。最勝威神力，衆魔皆怖畏。降伏魔怨已，興廣大供養。稽首最上師，諸佛護世者。頂禮伸讚歎，親近而奉事。十方虛空界，供養亦如是。文殊大吉祥，菩薩摩訶薩。具六通三明，六念皆圓滿。現大神通力，智慧到彼岸。遠離於輪迴，永得不退轉。勇猛大精進，了知一切法。大補特伽羅，得超最上地。以智慧法雨，普潤諸衆生。……

2.《佛説文殊菩薩最勝真實名義經》T.1189: 20.0823c16-26

破煩惱賊軍。降伏大惡魔，盡除四魔難。亦降諸魔部，正覺救世間。應供應讚禮，恒時當親近。恭敬堪承事，稽首最上師。一步越三界，遍伏虛空界。三明净無垢，六道六念等。菩薩摩訶薩，神通超出間。智慧到彼岸，智證如如性。自他覺圓滿，大補特伽羅。喻所不能及，智所不能知。最上施法主，……

3.《聖妙吉祥真實名經》T.1190：20.0830a15—25

　　欲離不解煩惱敵。能降勇猛魔怨者，兼除四種怖畏魔。亦能退諸魔軍旅，究竟正覺救世間。是堪供讚禮敬處，亦是恒常承侍境。應供詠處最殊勝，真堪禮敬勝上師。一步能遊三世界，如空無邊實鎮押。清净三明是清净，具六神通隨六種。菩提勇識大勇識，大神足者超世間。達彼智慧之實性，亦獲智慧之體性。一切自明令他明，殊勝丈夫於一切。超離一切諸譬喻，能智所智殊勝主。尊者即是法施主，……

回鶻文刻本《佛説北斗七星延命經》

黄文弻文書 H73（K7721）

　　吐魯番地區獲得，但具體出土地點不詳。尺寸爲 16.3cm×12cm。刻本，存回鶻文 5 行。邊欄内有漢文頁碼“十”字。内容爲回鶻文譯本《佛説北斗七星延命經》的結尾部分，不見於現存其他回鶻文殘片。其中，1—2 行爲陀羅尼經文，平行文本見於蒙古文、藏文譯本，不見於現存漢文本；3—5 行是關於五行之命對應五色的内容，平行文本見於蒙古文、藏文譯本和山西曲沃廣福院出北宋雍熙三年（986）漢文刻本、日本高山寺藏漢文寫本，但不見於《大正藏》所收版本（T.1307）。

　　參：黄文弻 1954，64 頁，圖 98；Umemura 1990，152 頁；梅村坦 1991，272 頁；黄文弻 1994，98 頁，圖 98；松川節 2004，90 頁；Matsukawa 2004，205 頁；Zieme 2005，G273—278，128、144—145 頁；梅村坦 2013，272 頁。

1　　ṅamo ratṅa čirčati m(a)ẍa diča
2　　čir abira aki svaxa :
3　　altun qutluɣ kiši yürüng pra :
4　　ïɣač qutluɣ kiši kök pra :
5　　suv qutluɣ kiši qara pra :

譯文

1—2　　　　{陀羅尼咒}
3　　　　　金命人白幡子。

4　　　　木命人青幡子。
5　　　　水命人黑幡子。

回鶻文密教佛典殘片

黃文弼文書 H122（K7655-1）

　　黃文弼 1928 年收集於吐魯番，不見於《吐魯番考古記》，此係首次發表。尺寸爲 13cm×4.2cm，雙面書寫，各存草體回鶻文 3 行，但兩面書寫順序相反。殘存文字與密教有關。

正面：

（前缺）

1　　]udči yorïyïn
2　　　]yryk bilmäki
3　　　　]/　　kwr[ ]/

（後缺）

背面：

（前缺）

1　////y **bolsar** küsüš-in [
2　tavraq sidi büṭürü [
3　tanγ[a]rïγ-ta tura[yïn(?)

（後缺）

譯文

正面：

　　（前缺）……，我欲前行。……其所知……（後缺）

背面：

　　（前缺）若是……，以其願望……快速實現神通……〔我願（？）〕起於誓願中……（後缺）

回鶻文佛典殘片

黄文弼文書 H125（K7655-6）

　　黄文弼 1928 年收集於吐魯番，不見於《吐魯番考古記》，此係首次發表。尺寸爲 7.3cm×9.5cm，雙面書寫，各存半草體回鶻文 10 行。文句殘缺太多，不能卒讀，内容係回鶻文佛典，但無法比定。

正面：

　　（前缺）

1　///-lïq /[

2　nomuγ/// b[

3　baxšĭ yy/[

4　bolu t' / tw[

5　ni üč b[　　] t'n l[

6　nIng adïn b'// /[

7　[ ]/yč bolur. t'krw kwy[

8　bolur baš-ïn qol-ïn [

9　[ ]čy tuq bolur len /[

10　[ ]///rig q// // // // /[

　　（後缺）

背面：

　　（前缺）

1　　　　　] bilmäz //

2　　　　]tut-qa

3　　　　]p'q// yeti

4　　　　]/ köz-lär üč

5　　　]ky ////// barïr

6　t]ört yïngaq bolup

7　　]t [　　]-nIng biz t[ ]

8　]ken küč // y(a)ruqïn

9　　　]/yč bolur . pyryn körüp
10　　　]/// ///////-kä siz

回鶻文書殘片

黄文弼文書 H126（K7655-7）

　　黄文弼 1928 年收集於吐魯番，不見於《吐魯番考古記》，此係首次發表。尺寸爲 6cm×5.9cm，雙面書寫，正面存 5 行，背面存 3 行。文句中包含一些地名和人名因素，如 "高昌"（qočo，正面第 3 行）、"曲先"（küsän，背面第 1 行）、"將軍"（sangun，正面第 4 行）等，推測内容應爲官文書或書信。

正面：

　　（前缺）
1　　/ [　　] /[
2　　čy ot [
3　　qočodïn /[
4　　sangun-qa [
5　　qut p[
　　（後缺）

背面：

　　（前缺）
1　　küsän t[in(?)
2　　küži tar /[
3　　oṭruγ(?) č[
　　（後缺）

回鶻文西州回鶻中書門下頒摩尼寺管理條例殘片

黄文弼文書 H127（K7655-8）

　　黄文弼 1928 年收集於吐魯番，不見於《吐魯番考古記》，此係首次發表。尺寸爲
10cm×5.3cm，正面書寫，存 2 行。據形態和内容推測，應爲 H63《西州回鶻中書門下頒摩
尼寺管理條例》寫卷脱落小殘片之一。

　　參：付馬 2023，待刊。

1　　[　　]wn kičig dint[ar?　　]
2　　[　t?]urmazun qïš ay[　　]

譯文
　　……小電〔達〕……令……勿站立。冬月……

回鶻文佛典殘片

黄文弼文書 H128（K7690）

　　1928—1930 年間於吐魯番出土。係一件漢文、回鶻文雙面書寫寫本殘片，以玻璃板雙
面對夾保存。該殘片不見於《吐魯番考古記》，此係首次發表。尺寸爲 12.8cm×4.8cm。殘
片正面存漢文、回鶻文各 1 行。漢文可讀三字"休悔先"，應屬於一件契約文書。背面存回
鶻文 4 行，内容應爲佛教性質，可能與正面 1 行回鶻文屬同一文本，係回鶻人利用廢棄的
漢文文書正面和紙背空白處書寫。

正面：
　　（前缺）
1　　　]üč yüz bärgä venun [
　　（後缺）

背面：

　　（前缺）

1　　　　]///[

2　　　] yükünmiš /// p'rw/[

3　　　] ///lig bolsar ärdnig (?)

4　　　] yangïn yükünti ärki yükü[n

　　（後缺）

譯文

正面：

　　（前缺）……三百杖以竹子……（後缺）

背面：

　　（前缺）……禮敬的……若是……將寶……應是以……之樣禮敬了。禮敬……
（後缺）

龜茲語文書

龜茲語馬價文書（木簡）

黃文弼文書 H80

　　出拜城克子爾明屋佛洞。高 42.6cm，上寬 4.2cm，下寬 3.6cm，厚 0.5cm。一面爲彩畫佛像，頭光上方有二橫列婆羅謎文；另一面墨書一橫列婆羅謎文，均爲龜茲語。黃文弼摹本見《塔里木盆地考古記》遺物説明第一部分之圖 36（圖版貳捌），同書 73 頁述爲"原爲一木版上彩畫佛像，現僅存一部分。頭光、背光右邊部分尚可看出。頭光作囫圇形。背光顏色分紅、綠、紅、白、黑五層。（中略）疑原畫爲一立佛像，現殘缺不全耳"云云。

　　此簡一面開頭之 *śtarce* 爲龜茲語序數詞"第四"，常表示"四月"；*k[ū]śanmasa* 爲新出辭彙，暫擬其詞義爲"貴霜月"，參見黃文弼文書 H106 説明，今後有待尋覓更多此詞例證。

　　何面宜視爲文字資料之 a 面，一時不易決定。已知包括德藏龜茲語人身買賣契約 THT4001 在内的若干印度俗語、龜茲語木簡，後來被反故利用成繪製木版佛畫的材料。通常是在未曾書寫文字的一面施加繪畫，THT4001 則是兩面都被繪畫覆蓋，後來顏料層爲博物館人員或學者移除（移除前照相見 Ching and Ogihara 2012，121 頁，圖 4）。從而此簡之馬價一面甚可能早於佛畫，兹擬作 a 面；而此件馬價文書原始尺寸亦可能更大，只是劈出帳末及其餘白部分以供作畫，未必純爲單筆交易價目之登録，待考。

　　參：黃文弼 1958a，72—73 頁，圖 36（圖版貳捌）；Schmidt 2001，23 頁注 19；Peyrot 2008，146 頁；Malzahn 2010，742 頁；Ching and Ogihara 2012，108、123 頁；荻原裕敏 2014，268—269 頁；慶昭蓉 2017a，62—63 頁；Schmidt 2021，111—114 頁；慶昭蓉 2021，19—27 頁。

a面：

1　*śtarc[e] k[ū]śanmasa　noṣ yakwi alyi pläṅkāre śak-ṣe kᵤśaneṃtsa 3 10000 2 1000 3 100*

b面：

1　*ce pa(ñäkte) ///　(yātka pai-)*

2　*katsi ///*

譯文

a面：

　　貴霜曆四月（?）。　　先前的（那批）公馬被賣了：十一匹，32300 龜茲錢。

b 面：

　　[某人]（命人）畫此佛。

龜兹語某寺經濟文書

黃文弼文書 H81

　　黃文弼 1928 年購於庫車。共 4 片，現已裱合爲一，第 1 片寬 42.5cm，第 2 片寬 42.8cm，第 3 片寬 42.8cm，第 4 片寬 32.5cm，通長 29cm。第 1、2、3 片實各相當於一張尺幅紙，分屬十一月、十月、十二月糧食支用記録，其中第 2 片第 1' 行字體細小，書寫方向上下顛倒，且 3 片連署寺僧人名一致，鑒於唐代官文書連署而成案的慣例，不妨將 3 片視爲 1 組唐某年龜兹某寺冬季糧、酒支用案，只是黃文弼入手時并非粘連爲案卷之狀態。

　　文書中百姓人名繁多，暫譯速利稽（*Suklyike*）、小奴（*Wantiśke*）者似含粟特成分（見慶昭蓉 2012a），這些人名亦見於伯希和探險隊在都勒都爾・阿護爾佛寺遺址（位於庫木吐喇莊北，今夏克吐爾遺址）發掘到的 8 世紀龜兹語佛寺帳簿，故此 4 件文書亦應屬於唐代。《塔里木盆地考古記》記載爲“婆羅謎文寫本殘紙，出巴楚托和沙賴古墳中”，然而書中刊布照片從内容、筆迹判斷，應即《蒙新考察日記》所記黃文弼於 1928 年 9 月 6 日在庫車庫木吐喇地區搜購者，并非巴楚出土品，因此兩處考察所獲資料在《塔里木盆地考古記》稍有混淆（慶昭蓉 2012b，325—338 頁）。劉子凡在中國社會科學院近代史所檔案館藏黃文弼致胡適書信中，發現了 2 件據史德語文書照片，可以確定爲黃文弼在巴楚托和沙賴發掘所得文書（見劉子凡 2016c，184—185 頁）。這項重要發現從實證上支持了上述判斷。

　　參：黃文弼 1958a，97 頁，圖 6（圖版柒叁至柒肆）；Waldschmidt 1959，238—239 頁；慶昭蓉 2012b，325—338 頁；慶昭蓉 2013，290—312 頁；慶昭蓉 2017a，99—103、165、344—345 頁。

（一）H81-2　唐某年十月龜兹某寺净人用糧、酒案

1'　　　　　　　　　　*kapyāres śwatsiṣṣe ā[t]rai kṣunaṣṣe Ñānaca[nd]retse*

1　　*meñe śkante*

2　　*po meñ̃ᵃ kapyā(res śwa)[s]iṣṣe lykaśke śātre tāka śeśusa cakaṃnma śak-ñu tauwä ṣuk*

3　*ysāre laś cakaṃnma tarya tauwä ṣkas　mot laś tauwä ṣkas*　　**Suklike**

　　　　　　　　　　　　　　　　　　　　　　　　　　　　　　Mokotse meñe

4　*Yotkolau Ñā(na)[caṃndre]tse śwasiṣṣe　ysāre laś tauwä ṣkas*　　**lyekśiye**

　　　　　　　　　　　　　　　　　　　　　　　　　　　　　　cak

5　*Saṅkastere Aryakāmetse ṣotri **ā***

6　*Stere Ñānatewetse ṣotri **ṉ̃ā***

7　*Stere Kalyānarakṣitetse ṣotri **kly̱ā***

8　*Stere Ñānasenetse ṣotri **ne***

譯文

1'　　　　　　　　　　　净人糧食之 *ā[t]rai*(?)，致年度（當值）的智月。

1　十月。

2　一整個月，"净人"食用細糧已食十九石七斗。

3　小麥支出三石六斗。　酒支出六斗。　　　　　首領速利稽之月（用）

4　"總管僧"（Yotkolau）智月食用小麥支出：六斗。　**lyekśiye** 一石。

5　"僧上座"聖樂（Aryakāme）之署：***ā***

6　"上座"智神（Ñānatewe）之署：***ṉ̃ā***

7　"上座"善護（Kalyānarakṣite）之署：***kly̱ā***

8　"上座"智軍（Ñānasene）之署：***ne***

（二）H81-1 唐某年十一月龜茲某寺净人用糧案

1　*meñe warsañe*

2　*po meñ̈ kapyāres śwasiṣṣe lykaśke śātre tāka cakaṃnma śak-ṣkas tauwä ṣuk*

3　*ysāre laś cakaṃnma wi tauwä śwer　　wäsokäś āka laś cak piś tom*

4　*Yotkolau Ñāna[ca](ṃnd)retse śwasiṣṣe ysāre laś tauwä ṣkas*

5　　　　　　　　　　　*Suklyike Mokotse meñe-lyekśiye cak*

6　*Saṅkastere Aryakāmetse ṣotri **ā***

7　*Stere Ñānatewetse ṣṣotri **ṉ̃ā***

8　*Stere Kalyānarakṣitetse ṣotri **kly̱ā***

9　*Stere Ñānasenetse ṣotri **ne***

譯文

1　十一月。

2　一整個月，"净人"食用之細糧爲十六石七斗。

3　小麥支出二石四斗。 *wäsok** 用 *āka* 支出一石五斗。

4　"總管僧"智月食用小麥支出六斗。

5　　　　　　　　　首領速利稽之月（用）*lyekśiye* 一石 。

6　"僧上座"聖樂之署：*ā*

7　"上座"智神之署：*ñ_ā*

8　"上座"善護之署：*kly_ā*

9　"上座"智軍之署：*ne*

（三）H81-3 唐某年十二月龜兹某寺净人用糧案

1　*meñe rawañe*

2　*rawañe meñ̃ kapyāres śwasiṣṣe āka-lyekśiye laś cakaṃnma śak-ṣuk*

3　　　　　　　　　*Suklyike Mokotse meñe-lyekśye ca[k]*

4　*ysāre laś*[1] **ṣkas tom**　　*tau se Kompiletse kapci* ｜｜｜［押］

5　　　　　　　　*Waṃntiśke lyāka se kapci*

6　*Saṅkastere Aryakāmetse ṣotri*

7　*Stere Ñānatewetse ṣotri*

8　*Stere Kalyānarakṣitetse ṣotri*

9　*Stere Ñānasenetse ṣotri*

譯文

1　十二月。

2　十二月"净人"食用 *āka-lyekśiye* 支出十七石。

3　　　　　　　　首領速利稽的月用 *lyekśiye* 一石

4　小麥支出六斗　　一斗。此（爲）辜毗黎之畫指。 ｜｜｜｜［押］

5　　　　　　　　小奴見。此（爲其）畫指。

6　"僧上座"聖樂之署：

7　"上座"智神之署：

8　"上座"善護之署：

---

〔1〕 此後有塗改痕迹。

9　"上座"智軍之署：

（四）H81-4　唐某年龜茲某寺錢潤入歷

1　*utpat cāñi esalyī ketāṣṣi*[1] **ṣuk yiltse**

2　*wace trai meñatse ne Pernaiśe cak ñu tom mlyokotau pleksa (okta)kar yältse piś kämnte ikämtsa*

3　*Kāsitse Pernaiśe*[2] + *mlyokotau pleksa ṣuktakar (cāneṃ)tsa yältse*[3]
　　　　　　　　　cāk piś taum　　　　　　　　　　　　　　　*pṣāka*

4　*Pore tarya cakaṃma śwar tom tsäṅkana pleksa wiyār kaṃnte pśākar cāneṃtsa ok yältse*

5　*Pernaiśe cak ṣuk tom tsaṅkana pleksa wiyār kämnte pśā(kar) ———— śwārse wi kämnte pśā*

6　*ptamaṣṣe werwiyesa Kweṃtokomeṃ pautkeṣe cāneṃ kälwāwa (wiltse)*

7　*Olyīśkāṣṣe Śiṅkeñe werwiyesa cāñi*[4] *tarsse ṣuk känte*

8　*Olyīśkaṃtsa ṣupākiñe werwiyetse pautkeṣṣi cāñi　　 piś kämnte*

9　*Meśiñes Si[t]etse werwiyesa pautkeṣi cāñi wiltse*

10　*śwāra cakaṃma lyekśaisa kakāmaṣ cāñi śwārse*

11　*(ta)rya ca[ka]ṃma l[y]ek(ś)ai p[l]eṅ[kuwa] (cāñ)i (–)– ·ä l(·)e*

譯文

1　潤入（?）錢。境内地産（所生）之錢：七千（文）。

2　二月三日，丕奈栖賣出一石九斗 *mlyokotau*，（每斗）[八]十（文），（計）一千五百二十（文）。

3　*Kāsi** 的丕奈栖賣出一石五斗 *mlyokotau*，（每斗）七十（文），計（錢）一千（零）五十（文）。

4　蒲黎賣出三石四斗青稞，（每斗）二百五十（文），（計）八千（文）。

5　丕奈栖賣出一石七斗青稞，（每斗）二百五（十文）……四千二百五（十文）。

6　在"塔園"（?）上，我從昆荼孤處獲得佃租之錢：（二千文）。

7　在"小船"地區（?）（*Olyīśka*）的勝稽的園田上，錢三千七百（文）。

8　在"小船"地區（?），藥方園（?）佃租之錢：　五百（文）。

9　在 **Meśi* 一族（?）的 *Si[t]e** 的園田上，佃租之錢：二千（文）。

---

[1][2][3][4]　此後有塗改痕迹。

10　四石 *lyekśiye* 所折換（?）之錢：四千（文）。

11　［我賣了三石 *lyekśiye*，（得）錢（三千文?）。］

龜茲語名簿（木簡）

黃文弼文書 H89

　　拜城克孜爾明屋 E 洞出土。尺寸爲 24.7cm×6.4cm×0.5cm。木簡中心穿一小孔，一端爲空白，文字漫漶不清。原斷爲數塊，現膠合爲一。此簡及以下 H90—H92 諸簡在《塔里木盆地考古記》均記爲"克孜爾明屋 E 洞出土"，應即《蒙新考察日記》所記 1928 年 12 月 12 日出土於"南排高洞"之一組木簡。結合日記文字敘述與《塔里木盆地考古記》附圖拾陸《克孜爾明屋佛洞分布圖》所示 E 洞位置來看，這組木簡的出土洞窟爲今克孜爾石窟谷西區高處洞窟第 54 窟或第 56 窟的可能性很高。該地段相當於德人格倫威德爾（A. Grünwedel）在探險隊報告《新疆古佛寺》手繪插圖所示之圖書館（Bibliothek）位置（詳見 Ching 2016；慶昭蓉 2017b）。

　　由於其外觀，H89—H92 諸簡往往被學者推測爲通行許可證一類，然而這批木簡實爲涉及佃租之類的經濟文書。以此簡而言，其内容格式似爲條列人名與名下某種以婆羅謎數字表示的特定數額，帶有會計性質。簡上出現人名多爲男性佛教徒名字，疑是寺院文書。其中龜茲語人名 *Mokṣamitre* 化自梵語 *Mokṣamitra*-"解脱友"，茲譯作木叉蜜多。

　　參：黃文弼 1958a，98 頁，圖 28（圖版玖壹）；慶昭蓉 2011，187 頁；荻原裕敏 2014，270 頁；慶昭蓉 2017a，62 頁。

A 欄（現存之左欄）:

1　［約漫漶 7 個字符］

2　［約漫漶 8 個字符］

3　［約漫漶 5 個字符］

4　*Tarmaw(i)re* − −

5　*Kṣema* − − − −

6　− − *mitr[e]* 50 *Kṣema* − − 90

7　− − *[m]itr[e]* −

B 欄（現存之右欄）:

1　［約漫漶 5 個字符］

2　［約漫漶 2 個字符］

3　*Kṣe[m](a)*［約漫漶 3 個字符］

4　*Dharma[v](i)r(e)* −

5　*Mokṣa[m]i(tr)e* −

6　［約漫漶 3 個字符］*m[e]* 10

7　［約漫漶 7 個字符］

譯文

A 欄		B 欄

A 欄

　　［前略］

3　　［約漫漶 5 個字符］

4　　法勇（Tarmawire）■

5　　樂□（Kṣema-?）■

6　　□友（?-mitre）50 樂□ 90

7　　□友 ■

B 欄

3　　樂□［約漫漶 3 個字符］

4　　法勇（Dharmavire）■

5　　木叉蜜多（Mokṣamitre）■

6　　［約漫漶 3 個字符］□ 10

7　　［約漫漶 7 個字符］

龜茲語用錢簿（木簡）

黃文弼文書 H90

　　拜城克子爾明屋 E 洞出土。尺寸爲 8.1cm×6.4cm×0.5cm。木簡兩面書寫，文字漫漶不清。

　　參：黃文弼 1958a，99 頁，圖 29（圖版玖壹）；荻原裕敏 2014，270 頁。

a 面：

1　　［約漫漶 5 個字符］k_uś[ā]neṃts(a) – ///

2　　– ·k· k_u·· ta s· – n· p[s]o yā ///

3　　［約漫漶 5 個字符］tsaikāre k_uśāni ///

4　　［約漫漶 2 個字符］käryāmai　1000 8 100 30 ///

5　　［約漫漶 3 個字符］k_uś(ā)neṃ［約漫漶 5 個字符］///

6　　［約漫漶 5 個字符］re s·［約漫漶 5 個字符］///

7　　　– ·e – s[a] – ·i la t· ///

8　　trai［約漫漶 4 個字符］rāṃ – ///

9　　o［約漫漶 3 個字符］śä ku – ///

10　　［約漫漶 3 個字符］$k_{[u]}$ś(ā)neṃ ///

b 面：

　　文字不清，無法解讀。

譯文

1　……以龜茲錢……///

2　［不可譯］

3　……他們造了……。龜茲錢 ///

4　……我買了……：1830 ///

5　……龜茲錢……///

6　［不可譯］

7　……支出（？）///

8　三（？）……///

9　［不可譯］

10　……龜茲錢 ///

龜茲語欠租簿（木簡）

黄文弼文書 H91

　　拜城克子爾明屋 E 洞出土。尺寸爲 18.5cm×11cm×0.5cm。木簡兩面書寫，文字漫漶不清。原斷爲四，現整合爲一。

　　此簡殘存內容未明指數額單位，惟積欠事項似以佃租爲主，故暫題爲欠租簿。其中 a 面，A、B 兩欄之間縱寫文字 "kruṣṣe i – ki – peri p[au]tkeṣ[ṣ]eṃ" 提到 "債務、欠債"（peri）以及形容詞陽性複數間接格 pautkeṣṣeṃ "佃租"，所指人、事、物不明，惟倘若新出形容詞 kruṣṣe 可以視爲 *kluṣṣe 筆誤，那麼可以把它看成由龜茲語 klu "稻" 派生的形容詞。

　　參：黄文弼 1958a，99 頁，圖 30（圖版玖貳）；荻原裕敏 2014，271 頁。

a 面：

A 欄		B 欄	
1	– – – – peri 4 100 – 7	1	［約漫漶 10 個字符］
2	– ra – palśā[k]sa peri 50 (–)	2	[ā] – – – p[e]ri – –
3	– – – – pautkeṣeṃ 4 100 10 5	3	Mitra[pha]le peri – –
4	– – [g](u)pte pe[r]i 2 [100]	4	– – – – pe[r]i – –
5	– – [s]· peri – – – – – (–)	5	Peśnāre peri [100] –

6	(–) – – *ntsa* – – [*ṅ*]*ka* – – (–)	6	– – – – –
7	［約漫漶 8 個字符］	7	*S*[*u*](*n*)*e*(*t*)[*r*](*e*)
8	［約漫漶 10 個字符］	8	*Kṣ*[*e*](*ma*)*gupte wi* – (– –)
9	– – – – – (*pe*)*ri* [100] 20 5	9	– – – ·*i* – – – (·)*k*· –

（A、B 兩欄之間縱寫文字：*kruṣṣe i* – *ki* – *peri p*[*au*]*tkeṣ*[*ṣ*]*eṃ*）

b 面：

1—2	［漫漶，無法解讀］
3	［約殘缺或漫漶 13 個字符］*gupt*(*e*) – – – – –
4—9	［漫漶，無法解讀］
10	［漫漶］*t*· – ［以下漫漶］
11	［約殘缺或漫漶 13 個字符］[8] – – – – 　50 　–
12	– – – – – ·*i* ·*o* – 5 – – – – –

譯文

a 面：

A 欄		B 欄	
1	……欠……	1	［不可譯］
2	……欠 50（?）。	2	……欠……
3	……佃租的：415。	3	慈果（Mitraphale）欠……
4	□護欠：200（?）。	4	……欠……
5	……欠……	5	丕西那雷欠 100（?）。
6	［不可譯］	6	［不可譯］
7	［不可譯］	7	善眼（Sunetre）
8	［不可譯］	8	樂護（Kṣemagupte）二……
9	……欠 125（?）。	9	［不可譯］

（A、B 兩欄之間縱寫文字：……的……債務……佃租的）

b 面：

　　漫漶過甚，無法翻譯。現存第 2 橫列文字疑似出現一個以梵語 gupta-"護"作爲名字後半成分的龜茲語佛教徒人名。

龜兹語木簡

黄文弼文書 H92

拜城克子爾明屋 E 洞出土。尺寸爲 18.3cm×8cm×0.5cm。木簡兩面書寫，文字漫漶不清。原斷爲四，現整合爲一。

參：黄文弼 1958a，99 頁，圖 31（圖版玖叁）；荻原裕敏 2014，271—272 頁。

a 面：

1　［約漫漶 5 個字符］［約受損 3 個字符］– m – – – tsi［約漫漶 9 個字符］

2　［約殘缺、漫漶 12 個字符］5［以後殘缺、漫漶］

3　［約漫漶 6 個字符］Sunetre – w· – – 30 5［以後漫漶］///

4　Mokṣami – 10 [Ś](i)la［以後漫漶］///

5　［約漫漶 9 個字符］śke [e]ñc[i]l［以後殘缺、漫漶］///
　　［下殘］

b 面：

1　［漫漶，無法解讀］

2　/// – kuś[ā]neṃtsa 6 100

3　/// 5 100 20

4　/// (kuśā)[ni] lat(eṃ) 70 5

5　/// montsa 30 5

6　［漫漶，無法解讀］

7　/// – 20

譯文

a 面：

1　［不可譯］

2　［不可譯］

3　……善眼……35……///

4　木叉蜜（多）：10。戒□……///

5　……小□被課徵……///
　　［下殘］

b 面：

1　　［不可譯］

2　　/// 以龜茲錢……：600。

3　　/// 520。

4　　/// 龜茲錢支出：75。

5　　/// 以……：35。

6　　［不可譯］

7　　/// ……：20。

龜茲語殘卷

黄文弼文書 H103

　　庫車蘇巴什古城内 B 殿出土。尺寸爲 21cm×3.5cm（圖版六六・圖 1）、7cm×3cm（圖版六六・圖 2 右）。兩件均呈長條形殘紙。

　　《新疆考古發掘報告》圖版模糊，文字呈現龜茲等地習用之婆羅謎文字西域北道變體之較潦草形態。紙緣破損形狀顯示出土時成卷子狀，兩端受水害等自然因素浸蝕。《新疆考古發掘報告》76—78 頁之表一"古城遺址試掘情況簡表"未提到 B 殿出土紙卷，79 頁的試掘簡況叙述則提到 B 殿室内文化堆積之第二層（即表一之②層）出土一件"有吐火羅語的殘紙"。倘若 79 頁文字準確，不妨推測黄文弼曾讓專家成功鑒定出語種。較長的卷子第 1 横列依稀爲龜茲語文句，或許可以轉寫爲龜茲語 *maitar cainaṃts saṅkiś* "……他們前往屬於他們的僧伽……"，有可能涉及書信或公文内容，惟録文相當不確定，其爲文書或佛教文獻亦有待核實。

　　參：黄文弼 1983，90 頁，圖版六六・圖 1、圖 2 右；慶昭蓉 2021，32 頁。

龜茲語賣物文書（木簡）

黄文弼文書 H106

　　庫車蘇巴什古城西寺區 T4 出土。尺寸爲 12.5cm×4cm×0.3cm。長條狀，兩頭較齊。

此簡出自西寺區 T4 抑或 T6，尚待原件或原始登記資料印證，參見 H110 説明。

參：黃文弼 1983，90 頁，圖版六七・圖 1；荻原裕敏 2014，273—274 頁；慶昭蓉 2021，27—31 頁。

1　　*cai* [6] *guśanmasa ply·*[*ṅ*]*ky*[*e*]*ṣṣ*[*i*]

譯文

這些是貴霜月 6（?）月 [出售所得]。

龜茲語財物標籤（木簡）

黃文弼文書 H107

庫車蘇巴什古城内 T29 出土。尺寸爲 11.2cm×4cm×0.7cm。長條狀，一頭齊平，一頭作圭形。出土地點參見 H110 説明。仔細觀察黃文弼 1958b 刊載照片，可以辨認出墨書文字疊加於另一層漫漶不清而色淺的文字，其右端似爲婆羅謎文數字 "2 10000 2 ///"，即 "二萬二（後殘）"。

參：黃文弼 1958b，38 頁，圖一・5；黃文弼 1983，90 頁，圖版六七・圖 2；荻原裕敏 2014，273—274 頁；慶昭蓉 2021，27—31 頁。

1　　/// *upāssak*[*e*]*ñene*

譯文

[前缺] 在屬於優婆塞的（地方、事務、範疇？）

龜茲語財物標籤（木簡）

黃文弼文書 H109

庫車蘇巴什古城西寺區 T4 出土。尺寸爲 8.2cm×2cm×0.2cm。長條狀，兩端略作弧形，一端稍殘有孔，孔徑 0.6cm。此簡出自西寺區 T4 抑或 T6，尚待原件或原始登記資料印證，參見 H110 説明。

　　參：黄文弼 1958b，38 頁，圖一・4；黄文弼 1983，90 頁，圖版六七・圖 4；荻原裕敏 2014，273—274 頁；慶昭蓉 2021，27—31 頁。

1　*cai kᵤśāni lantaň·ne śanta-*
2　*ṣ[s]i ṣaṣal·*　　　*[100000]*

譯文

　　這些龜茲錢（是）關於在王家的（某種機構）上的羊群的：計十萬。

龜茲語財物標籤（木簡）

黄文弼文書 H110

　　庫車蘇巴什古城内 T29 出土。尺寸爲 8.1cm×2.2cm×0.2cm。長條狀，首作圭形，穿一孔，孔徑 0.6cm；尾端略呈弧形。一面墨書婆羅謎文字。此件出土編號在《新疆考古發掘報告》90 頁標作"1670"；同書圖版六七作"1970"而與其圖 2（H107）雷同。考慮到同圖版之圖 1（H106）、圖 4（H109）那兩件出土地點彼此相同者均作"2071"，此兩件同爲"1970"亦有可能。

　　又，據同書 80 頁表二"西寺區試掘情況簡表"，蘇巴什西寺區 T6 探溝之②層尚出土一件"墨書民族古文字木板"，然而遺物圖版、説明均未觸及，待考；另一方面，90 頁遺物説明標爲"西寺區 T4"探溝出土的兩件，即 H106、H109，其探溝在 80 頁表二描述爲"未正式開探溝"，而表中列出的此探溝出土遺物僅有"泥塑像殘件、絲絹殘塊、磨石、陶丸"，未言文字資料，可見《新疆考古發掘報告》圖、表、文對應似乎微有參差疏漏。所謂"西寺區 T4 出土"的 H106、H109 的實際出土地，有待文物原件與原始登記資料核實；倘僅據表二，則西寺區實際出土過婆羅謎文殘紙、木籤的探溝爲 T2 與 T6，層位均在②層，而這兩道探溝分別在甲組房址内 T1 的西南與西北角室内，彼此有地緣關係，其與 T2②層出土之五銖錢及墨書"一十人于闐兵"殘紙（H105）、龜茲語殘卷（H103）在考古學脉絡上的空間關係，十分值得考究。

　　參：黄文弼 1958b，38 頁，圖一・3；黄文弼 1983，90 頁，圖版六七・圖 5；荻原裕敏 2014，273—274 頁；慶昭蓉 2021，27—31 頁。

1   *c[e]y catusāṅk · – ///*

譯文

這些（是）四方僧（物？）

據史德語文書

據史德語郁頭王三年烏郎承諾書

黃文弼文書 H111

　　圖木舒克托庫孜薩來遺址出土。黃文弼在 1931 年 7 月 19 日致胡適信中提到曾於"疏勒東之托和沙賴"（即托庫孜薩來遺址）發現有"佉沙文"文書，并隨信附有文書照片兩張。書信及照片原件現藏中國社會科學院近代史研究所檔案館。此文書未收入《塔里木盆地考古記》，疑黃文弼在整理報告時與 H79 龜茲語文書混淆。

　　參：耿雲志 1994，10—14 頁；劉子凡 2014，182—185 頁；劉子凡 2016c，184—185 頁；段晴 2021，3—15 頁。

1　///yaunduyā dṛḍte χšane buzaḍine māste dauwa[rsañyo]///

2　/// [r]ā niḍi[ṣ]ta me[na]-khali re ax$_9$oṣti ate maṛa ax$_9$u a[ma]///

3　/// .i + ?[si] ? ? x$_8$o g$_g$āru-kāra dva-jāka pyede ji menuwe ? ///

4　+ + phu ? ḍ[a] ś[i]ndā pariste v$_1$ara ṣe gautsu-kāra gau-tsāḍekā kye khāzo g$_g$ra[ro] ?

5　+ + ñce ri sa · ka ṣe gautsu-naro tsa v$_1$ara gau z$_y$ā chindi menuwe mreru khāzu azu ro[re]

6　[ka ṣe] gautsi pyede biśe me[nu]we biv$_1$emu · bise me ṣe andi handarunu ma pa [g$_g$āra-]

7　kaḍä[w]o ard[i] · mena-paḍe sana padastiḍ[e] menu-buṣi we lāẓiḍte · ulā[ṅgi]

8　ṣe taro hva[n]iḍi maḍe g$_1$i renda su[ma]ta mye hvā brāre kitiwye asahuñi

9　ardi [ka] ? ? .ya [pra]lānā maṛa biṣtoñca kruṣtu bijāne biṣtru hviḍte azu wa

10　hmaḍi pā ? [ne] ? padasta ma ne ātruṭhe śa mre roramu gūẓdiyā riḍe bema mre

11　? ? .i .ā [arde] śo χšeru [ṣe] bandye kaṇe χšiṣta ṣu nu bā palaca ma chiḍu maru taro

12　? ? ? sye ulā[ṅgi]· sumati ṣe bandina[ṃ] bijāne nu aphug$_g$enda mare ṣe na m[aṛa]

13　hva[x$_5$a]ndi ki bujaḍa ṛaza[na]da -- -- -- -- -- kapci ulā|nā sā|li 23|

14　bije .i + [bije] ? puri

譯文

1　（君主據史德王）郁頭的第三個統治（年），布撒德月，第十二天。

2　……定居。彌那藩王召喚："茲有此處……

3　……勞作的人增多兩倍，他們是米奴人……

4　……充斥土地。他們當中，放牧人爲了牧群的富饒而攫取糧食（食物）

5　……假如牧人們當中有牲畜損失，米奴人或將死去，我提供食物。

6　假如牧群增長，所有米奴人將更好。我還有房舍，没有其他用途。"

7　彌那的首領友好承諾。米奴的家主也歡喜。烏郎

8　這樣説："母親仍然失蹤。妙意是我妹。弟弟們年幼，没有能力。"

9　爲……保護權，他在此令相集會，以爲見證。"諸位證人！我已説證詞，

10　承諾自己……我决不背叛。我們將交納一些銅錢給據史德國王的財富，
錢……

11　我一人（哪怕）挨受基於國（法）的 60 杖罰，决不反悔。"此番如此

12　……烏郎。有爲了妙意的證人走上前來，他們是這裡的九個

13　人，他們已知曉，已認可。畫指，烏郎，年 23。

14　證人……證人……之子。

據史德語供養師傅文書

黄文弼文書 H112

　　圖木舒克托庫孜薩來遺址出土。黄文弼在 1931 年 7 月 19 日致胡適信中提到曾於"疏勒東之托和沙賴"（即托庫孜薩來遺址）發現有"佉沙文"文書，并隨信附有文書照片兩張。書信及照片原件現藏中國社會科學院近代史研究所檔案館。此文書未收入《塔里木盆地考古記》，疑黄文弼在整理報告時與 H79 龜兹語文書混淆。

　　參：耿雲志 1994，10—14 頁；劉子凡 2014，182—185 頁；劉子凡 2016c，184—185 頁；段晴 2021，15—16 頁。

1　///[kh]o ? [a]wursu naẓdi dru ? ///

2　///[.i] [s]ye di ṣa ṣte · bi[ḍ]i(n)e ///

3　///.ye ṣe sdā 100 ṣte ka [sa]ḍure · ateyyi [ba]

4　///ṣ[e] g_aāru hvarde ki biv_1e ji biśiyyi patsi(ndi)

5　///?ṣtā cug_1ā patsindi bśi roramu oṣtā ṣe ·

6　/// ? g_aa ba ? ḍurdi cug_1ā patsindi roramu

7   /// [g$_g$a ne] hwyenu purkānu pesa myā ne ñiwā-

8   /// kayyi ? rā$\underline{d}$ā kame big$_g$e$\underline{d}$ā

9   ///v$_1$anwa ? chyi hvarda g$_1$i

10   ///?ža … g$_1$a … rordu [SI]

譯文

1   ……表達願望……

2   ……第二……

3   ……sdā 100。這些人……

4   ……他獲得勞作，而安好。他們全部烹煮……

5   ……他們烹羊。這一切，我們全部交納

6   ……他們烹羊。我們交納

7   ……自家眾小兒的師傅，我的保護人……

8   ……

9   ……

10 ……請交納！〔簽字〕

梵語文書

梵語《妙法蓮華經 · 普賢菩薩勸發品》(*Saddharmapuṇḍarīkasūtra*)

黃文弼文書 H82(K7210-1)

焉耆錫科沁明屋廢寺出土。尺寸爲 23.5cm×6.8cm，存 5—6 行。兩面接讀。

參：黃文弼 1958a，97 頁，圖 8(圖版柒陸);Waldschmidt 1959，239—240 頁;Wille 2005，73—74 頁;瓦爾德施密特 2013，286—287 頁。

正面：

1　/// + ... + + + + + + + + + ///

2　/// + + + + + + + + .. [s]. .. + .. [d]a(r)śa .. + .[m]. [bh]āvaṃ + + + + .. + + + ///

3　/// + + + (bodhisatvagaṇa)parivṛto bodhisatvagaṇa-puraskṛto ekav[i]ṃśati[m]. + ///

4　/// + + + + + .. m āgamiṣyām[i] āgatvā ca tasya dharmabhāṇakasya sāntike taṃ dharma .. .. + ///

5　/// ṣ[y]. .. .. .. tt(e)jayiṣyāmi saṃpraharṣayiṣyāmi dhāraṇiṃ cāsya dāsyāmi yathā s. .. .. + ///

6　/// + .i[ṣ]yati na cāsya manuṣyāmanuṣyā vā avatārap[r]e .. + + + raṃ na lapsya .. + ... + ///

背面：

1　/// + + rakṣā(ṃ) ca .. .. [r](i)ṣyāmi svas[t]ya[y]ana(ṃ) kariṣy[ā]m[i] da[ṇ]ḍ(a) + + + + + r[i]ṣy[ā]m[i] [v]. + + ///

2　/// .. ṇakānām ārakṣānugup[t]yā dhāraṇipadāni bhāṣiṣy(ā)m(i) [t]. .. māni bhagav. [n]. ra ///

3　/// + ... tadyathā · adaṇḍe · daṇḍāpativate · daṇḍāvarte · daṇḍāvartani · daṇ[ḍ]akuśa(le) ///

4　/// + + + + + .. .i · buddhapaś(ya)ne · sarva[dh]āraṇi-āvarttane · sarvvabhāṣyāva[r]ta[ne] · ///

5　/// + + + + + + + + + + + + r[i]kṣi[t]e · [a]saṃge · [sa]ṃ .. pagate · tri-adh(va)[s]aṃgatuly[a] p(r)ā .. + ///

6　/// + te .. + + (v)i(kr)ī(ḍ)i + + + + + + + ///

譯文

　　"……滿三七日已……與無量菩薩而自圍繞，（以一切衆生所憙）見身，（現其人前，而爲）説法，示教利喜。亦復與其陀羅尼咒，（得是陀羅尼故，）無有非人能破壞者，（亦不爲女人之所惑亂，）我身亦自常護是人。惟願世尊！聽我説此陀羅尼。"即於佛前而説咒曰：

　　多姪他 阿檀地 檀陀婆地 檀陀婆帝 檀陀鳩舍隸 …… 佛馱波羶禰 薩婆陀羅尼阿婆多尼 薩婆婆沙阿婆多尼…… 刹帝 阿僧祇 僧伽波伽地 帝隸阿惰僧伽兜略……毗吉利地……

梵語佛典

黄文弼文書 H83（K7210-2）

　　焉耆錫科沁明屋廢寺出土。尺寸爲 8.2cm×7cm，兩面書寫，各存 6 行。

　　參：黄文弼 1958a，97 頁，圖 9（圖版柒陸）；Waldschmidt 1959，239—240 頁；瓦爾德施密特 2013，287 頁。

正面：

1　///＋niḥ yathā na ci
2　///＋＋va[n]aṃ māyopa
3　///＋＋＋śyasiḥ ā
4　///＋＋＋.itaṃ sama
5　///＋＋＋.. dharmaṃ sa
6　///＋＋＋＋.. ＋..

背面：

1　///＋＋＋.. ＋
2　///＋(bo)[dh]isatvā
3　///＋.. ttarā ca
4　///＋[t]vāḥ kuladuhi
5　///＋.. pariṇāmayi
6　///tvānāṃ : me vayā

梵語佛典

黃文弼文書 H84（K7210-3）

　　焉耆錫科沁明屋廢寺出土。尺寸爲 7.4cm×6cm，兩面書寫，各存 6 行。

　　參：黃文弼 1958a，97 頁，圖 10（圖版柒柒）；Waldschmidt 1959，240 頁；瓦爾德施密特 2013，287 頁。

正面：

1　/// + + + .k. .. + + + + ///
2　/// + + kāyo .. .. ///
3　/// api .. tasya māyāyāṃ .. ///
4　/// + + + t-[k]asmād dhetor ava ///
5　/// + + + + .. d iti : bha ///
6　/// + + + + + .. + + + ///

背面：

1　/// + + + + + ... + + ///
2　/// + + + + .. [ma]lokaṃ v. ///
3　/// + + + [sarvva] .. [s]. ha · nau ///
4　/// .. pra .. va pa .. nāṃ prapā ///
5　/// + nuśy. .. kaṃ vā .āṃ .. + ///
6　/// + + .. malo[ka]ṃ + + + ///

梵語佛典

黃文弼文書 H85（K7210-4）

　　焉耆錫科沁明屋廢寺出土。尺寸爲 4cm×6.2cm。

　　參：黃文弼 1958a，97 頁，圖 11（圖版柒柒）；Waldschmidt 1959，240 頁；瓦爾德施密特 2013，287 頁。

正面：

1　/// + + + + + + + ///
2　/// + .o ṇā ma .. + + ///
3　/// .. .. hāsa .. + + ///
4　/// + .. ᐧ yojana .. ///
5　/// + .. deṣu prati .. ///
6　/// + + + + .. + + ///

背面：

1　/// .. + .t. + + ///
2　/// śātanty āya .. ///
3　/// .ḥ tathā ca .. ///
4　/// dhyā. k. pāra .. ///
5　/// + .. sat[v]a .. ///
6　/// + + + + .. + + ///

梵語《雜阿含經》

黄文弼文書 H86（K7212）

　　焉耆錫科沁明屋廢寺出土。尺寸爲 21.7cm×5cm。出土時捲爲一卷。此經對應漢譯《雜阿含經》第 1107 號經。

　　參：黄文弼 1958a，97 頁，圖 12（圖版柒柒）；Waldschmidt 1959，240—242 頁；岩松淺夫 1997，35—45 頁；瓦爾德施密特 2013，287—288 頁。

1　ṣṭhāpya yena s=ten=āṃja[l](iṃ)
2　praṇamya ātmanas = t[r](i)-
3　ṣkṛtvā nāmagotram = anuśrā-
4　vayati | śakro = ham = asmi
5　māri[ṣa de]vānām = indraḥ
6　śakro = ham = asmi mā[r](iṣa)

7   davānām = indraḥ yathā ya-
8   thā śakro devendraḥ tasya [ya]-
9   kṣasy = āntike atyarthaṃ ni[caṃ]
10   nicataraṃ pravartate [ta]thā
11   . ... [yakṣa] ... [r].
12   . ... (nīca)taraś = ca a

譯文

（帝釋偏袒右肩，右膝著地後）穩住，恭敬地向夜叉合掌，説自己的名字與氏族三次：“朋友啊！ 我是帝釋，諸天之主！ 朋友啊！ 我是帝釋，諸天之主！”天主帝釋越在夜叉面前表現得小（＝卑微），那夜叉也隨之（變得小而）又（小，隨後消失了）。

梵語佛典

黄文弼文書 H96

若羌且爾乞都克古城出土。尺寸爲 8.7cm×1.3cm，兩面書寫。正面左側邊緣用于闐字母 “40” 標記葉碼。

參：黄文弼 1983，51—52 頁，圖版三六；Salomon & Cox 1988，145—147 頁。

正面：
第 40 葉

1   ++++ rta(?)vatīti kecit tāvad āhuḥ dvividhaṃ kuśalaṃ sāsravaṃ cānāsravaṃ ca tatra ya[t*]
2   sāsravaṃ tad upādāyatīti athavā dvividhaṃ kuśalaṃm [*sic*] upadhiphalaṃ visaṃyoga-
3   phalaṃ ca tatropadhiphalam upā[dā*]nakam iti atrocyate neha vipākahetuḥ parī-

背面：

1   kṣyate upapattihetur iha parīkṣyate sa cākuśalaḥ atrāha yady upapattihetur

akuśa-

2 lasyāna [*sic*; *read* -laḥ syān na] kaścid rūpārūpyadhātur upapadyeta iti tad dhi tatra kuśalam astīti

3 .o.e ++.āstīti uktaṃ hi bhagavatā viviktaḥ kāmeṣv iti atrocyate na vayaṃ

譯文

正面：

40 葉

1 ……有人説："善（法）有二種，即有漏善和無漏善。此中，

2 有漏善有取性。"或復有人説："善（果）有二種，即依果和解脱果。

3 此中，依果有所依。"於此，故説："此中，應思量：不善非異熟因，

背面：

1 而是受生因。"於此，有人會説："若不善是受生因，

2 則色、無色界不當生。因爲，此中是善……

3 ……是……因爲世尊曾説：應離慾。"於此，故説："我們不……"

梵語佛典

黄文弻文書 H97

若羌且爾乞都克古城出土。尺寸爲 10cm×2.5cm，兩面書寫。

參：黄文弻 1983，51—52 頁，圖版三七；Salomon & Cox 1988，141—145 頁。

正面：

1 +.ac(i)nt(yā?)dbhutaguṇe tvayi kalyāṇacetasi |
   vikkriyāṃ nāspadaṃ lebhe yathā dh(i?)+ +.mmat(a) |

2 +++.eṣṭate kaścit tvayy asādhu tam eva tu |
   kṛpāyasedhikataraṃ mātevātmajam āturam |

3 +++ khānapekṣīdaṃ svaduḥkhaikāturaṃ jagat |
   tvaṃ svaduḥkhāny anādṛtya paraduḥkhāturaḥ sadā |

4   + + +.ya duḥkhāni svaprāṇātivyayair api |

yā te prītir abhūt sādho sā teṣām api na t[*ā]vat |

5   + + + + + (l)okoyaṃ na tathā pīḍyate yathā |

kṛpāpeśalasaṃtānaḥ pīḍyase tvaṃ parārtibhiḥ |

背面：

1   + + + + + (bh)ūc chatrau putre vānugrahāntaram |

kṛpāviṣṭamater akṣṇoḥ savyadakṣiṇayor iva |

2   + + + + r vahen mūrdhnā muner pādarajāṃsy api |

karuṇānikaṣodgāri yasya te sarvvaceṣṭitaṃ |

3   + + .ḥ khedyamānopi cchidyamānopi cāsakṛt |

nāyāsīd vikkriyāṃ dhīra grahākkrānta ivoḍurāt [*sic; read* -rāṭ] |

4   + + + vyasanāvarte karuṇā satvavatsalā |

na tatyāja kṣaṇam api tvāṃ dharmān iva dharm(m)atā |

5   + + nityānubaddhaṃ ca tvāṃ doṣā akṣamādayaḥ |

notsehire samāveṣṭuṃ ta + + + + + + + |

譯文

正面：

1   在你身上，有聖潔的心靈和不可思議的奇妙美德，煩擾無處可尋，譬如……

2   （即使）有人做了不利於你的事，你愈加憐憫他們，就像母親對她生病的孩子。

3   這世間不會顧及（他人的）悲傷，并被自己所苦；你則不顧你自己的悲傷，而爲他人所苦。

4   你在（驅散他人）悲苦中感到快樂，即使以你的生命爲代價；即便他們不會感到如此這般（快樂）。

5   這世間不會如你這般（爲自己的苦惱）傷痛，你的慈悲之心會爲他人之苦惱而痛苦。

背面：

1   （因你）心中充滿慈悲，對敵人和兒子無有分別，正如對你的左眼和右眼。

2   ……即便是仙人脚下的塵埃，也願以頭承載，因你一言一行都是慈悲的試金石。

3　即使一遍遍被折磨斬碎之時，（你的身體？）不會經受煩擾。堅定者，就像
　　月亮被月食遮蔽之時。

4　在（輪迴）不幸的流轉中，對眾生的慈悲憐憫，片刻未離你，正如法性不
　　離正法。

5　無能等過失不會緊隨於你，你總是精勤……

五

粟特語文書

粟特語木牘

黃文弼文書 H94

　　焉耆明屋溝北 A 地大殿土臺旁出土。尺寸爲 19.2cm×9.5cm×1cm，用柏木削成板狀，面不光平，兩面墨書，一面 5 行，一面 1 行。可據照片判斷爲粟特語文書，但内容無法釋讀。

　　參：黃文弼 1983，43 頁，圖版二七‧圖 1。

粟特語木牘

黃文弼文書 H95

　　焉耆明屋溝北 A 地大殿土臺旁出土。尺寸爲 15.4cm×6cm×0.9cm，兩面墨書，一面 4 行，一面 5 行。可據照片判斷爲粟特語文書，但内容無法釋讀。

　　參：黃文弼 1983，43 頁，圖版二七‧圖 2。

六

摩尼文文書

摩尼文帕提亞語教會史

黄文弼文書 H88（K7213）

　　焉耆錫科沁明屋廢寺出土。尺寸爲 14.5cm×5cm，兩面書寫。

　　包裝紙是黄文弼手書論著目録（《吐魯番古代之文化與宗教》未刊稿）。

　　參：黄文弼 1958a，98 頁，圖 14（圖版 柒 柒）；Asmussen 1965，274 頁；Asmussen 1975，344 頁；Sundermann 1977，237—242 頁；Sundermann 1981，111—112 頁；宗德曼 2013，313—318 頁；德金 2014，260—266 頁。

正面：

1　[1-3　ngw](š)’g’n[　　　]
　（Two lines empty）

2　[m]s’n (’b)[jyrw’ng bwd　　]

3　[2-3](w)n’ n’(m)[　　　]

4　[0-1](q)yrbkr (....)[　]

5　(kw) wg’hy(f)t’w (t)[w(?)　　]

6　d’d kw pt̲’y(m)[　　]

7　(’)xyz(’)ẖ (’)[　　　　]

8　(xrwš)t b(w’ẖ)[　　　]

9　[q](yr)bkr w’xt kw (.)[　　　]

10　[’]br mšyh’ẖ (.)[　　　]

11　dyn kw pyd’g bwd w(g)[’hyft {?}]

12　d’d pt [w]xyb[y]ẖ [　　]

13　’wt̲ (’hr 2-4 ẖ)[　　　]

14　pšt(g)[’wd d’rw](bdg b)[wd {?}]

15　[.](...)[　　　]

背面：

1　[　　　　　　　](3-4)

2　[　　　　　　]’c’(ẖ)

3　[　　　　　](. n)y snynd

4　[　　　　　　](.)c’ẖ kw ’(w)

5　[　　　　　'](xwry)nd 'w r(.)[1-2]
6　[　　　　　　]('y)myc p(')[.](c)[0-1]
7　[　　　　　　](c)w'gwn ('m)'(ẖ)
8　[　　　　z]'n'm (kw) qy(rbk)[r]
9　[　　　　s]r'wgyft prwrzyšn
10　[　　　　] bwd ° ° 'w(ṯ)
11　[　　　　　]('.)y. cy hwy(y)[n]
12　[　　　　'b](š)wdg'n jn w(x)[d ny]
13　[d'rynd u pyd ny '](x)wrynd 'b'w hwy(n)
14　[　　　　　wyg'](h)yft d'd 'br
15　[　　　　bwx](tg)[y](f)t (c)y pṯ
16　[　　　'm'](h) pydr ('bg)ws(t)
17　[　　　　](.)ṯ kw w(.)[3-5] (d)yyn
18　[　　　'mw](j)dw'(r) [4-6](...)

譯文
正面：

1　[聽]者 [　　　　　　]

　　（空兩行）

2　[那裏]還[有另]一門[徒　　　　]
3　[　]以 wn' 命名，[　　　　]
4　[他問（？）那位]善人 [　　　　]
5　[誰]給[你]見證 [　　　　]
6　在這些 [　　　　]之中
7　你會飛升 [　　　　]
8　（你會被召喚[？]）[　　　　]
9　這位善人説過 [　　　]
10　[關]於基督 [　　　　]
11　那個被啓示的宗教他給予見 [證]
12　關於（他的）[受難（？）　　　]
13　和 [　　　　　他被]
14　束縛，[釘]在十字架上 [　　　]
15　[　　　　　]

背面：

1   [　　　　　　　　　]
2   [　　　　　　　　　　]
3   他們沒有升入 [　　　　　　　]
4   [　　　　　　　　　　]
5   [ ] 他們 [吃]（?）[　　　　　　]
6   [ ]（這個）也 [　　　　　　]
7   [　　　　　　　] 像（我們）
8   [　　　知] 道，這位善 [人]
9   [　　　在他的 * 青] 年時代，[在] 照料
10   [　　這個浸禮教會（?）的] 是。而
11   [　　　　　　　]，因爲這些
12   [　　　浸] 禮教徒 [自己沒有]
13   女人（?），也 [不] 食 [肉類（?）]。然後這些
14   [　　　　　] 給出 [見] 證
15   拯救 [的　　　　　]，那個通過
16   [　　　我] 們的聖父被啓示
17   [　　　　　　] 宗教
18   [　　　憐] 憫的 [（?）　　　]

摩尼文粟特語懺悔文

黄文弼文書 H123（K7655-4）

黄文弼於 1928 年收集於吐魯番，不見於《吐魯番考古記》，此係首次發表。尺寸爲 5.3cm×5.2cm，正、背面各存摩尼文 5 行。文書所用的語言爲粟特語，從詞彙和多用第一人稱過去時態的語境來看，內容應是選民懺悔文。德國柏林吐魯番藏品中有數十件同類的摩尼文粟特語懺悔文殘片。其中部分殘片在字體、行高、內容上與此殘片有一定的相似性。此殘片正面可與柏林藏品中的 M5865 正面綴合。

參：胡曉丹 2023，待刊。

正面：

　　（前缺）

1　xwy(c)[ ]

2　nyy 'kr̤twδ'rn. (p)[s]

3　cnṭmb'rmync

4　ṭxm'n(c)'γwr γwṭ(m)

5　mrcyny[ ]yyδynyy

6　(x)wr(ny'f)ṭ'(k) 'nβnd

　　（後缺）

背面：

　　（前缺）

1　[ ](m)n'

2　[p](c)xwstδ'rṭ (')zw

3　xwsnd nyy 'krṭym

4　tym pr m(')n 'nz(w)γ

5　pcγtwδ'rm ° °　cw

6　pcxwstδ'r'm n'

　　（後缺）

譯文

正面：

　　（前缺）過去我不應做……［然後，］從肉體的家族……親屬、死亡的……流血的連結（後缺）

背面：

　　（前缺）它／他／她阻止了……過去我不高興。而且，在"念"上，我接受了痛苦。因爲我沒有阻止（後缺）

摩尼文殘片

黄文弼文書 H124（K7655-5）

　　黄文弼於 1928 年收集於吐魯番，不見於《吐魯番考古記》，此係首次發表。尺寸爲 4cm×3.3cm，正、背面各存摩尼文 4 行。文書殘損非常嚴重，只能讀出幾個字母，具體内容難以判斷。

　　參：胡曉丹 2023，待刊。

七

藏文文書

藏文致曩兒波（nang rje po）書信

黄文弼文書 H100v + H101v

　　庫車明田阿達古城内 2 號調查點出土。斷爲 2 片，可上下拼合，尺寸分別爲 18cm×30cm、17cm×13cm。正面爲漢文《正法念處經》卷五〇。存 32 行，右側殘損，難以釋讀。開頭收信人 "nang rje [po]" 仍可辨出，又見於第 12 行，曩兒波（nang rje po）是對節兒等基層吐蕃官員的尊稱。第 8 行似提及人名 "論贊熱"（blon [tsan zhe]r），第 11 行提到 "自 Dmag sen 以下，疾病……"，第 25 行提到 "父子……之恩惠與功德"，第 27 行提到 "一疋棉花"（[ba]g le yug gchig）、"鈐印"（sug rgyas btab ba），第 32 行提及 "消息與酒未送"（bka' mchid gyang chang myi g[tang?]）。

　　參：黄文弼 1983，65 頁，圖版四五·圖 3、圖版四六·圖 1。

1　　$ /:/ nang rje [po] [

2　　nyis s[t]o[ng?] [

3　　[…] [

4　　rag [---] [

5　　[bral?] [

6　　[…] li [-] [

7　　[-]m kha g[-] [

8　　[kha?] [--] gyi blon [rtsan zhe]r [

9　　[…] gyis/ [

10　　[…]tsal […][

11　　dmag sen man chad/ bro 'tsal [

12　　nang rje po […]i b[…] [dri][

13　　rad pa [

14　　l[-]r [

15　　gyang [

16　　sde [

17　　kyis/ [

18　　dang ngos […] d[

19　　gya[…]i[…] man chad […][

20　　ma bkod […] mchi' [ba?]r [g?]n [-]o [

21　na/ […] m[-]o [la] [

22　[…]o ba [r]e[d]// […][

23　]// [--][…] [tsh]un [

24　][--][…][-]s [--] deng sang […n] pa ma [--][

25　[…]'i yab sras […] gyi bka' brin dang sku yon/ […][

26　nam gtang […]s […] mchis//

27　[$ //] bdag […] [ma n]us na'i mtshan mar [-]// [ba]g le yu[g] gchig chig/ sug [rgya]s [b]tab'[

28　[-]'i lo [-]igs la skur zhing mchis pa// […] stsos 'chang du bzhe[d] [p]ar chi[

29　[-]i [rts?]e mad [-]us yi [--] pa ts]ol shig […] ['tsa]l pams gyang mjal [n…]/

30　[-]o […][--] zhig du mchis pas [ ] 'di'I tshe [zha-]

31　[-o' te] na […] do chig tshun chad gog shon nas '[

32　[…]pa'i bka' mchid gyang chang myi g[tang?][

八

蒙古文文書

蒙古文文書

黃文弼文書 H17v（K7645）+ H18v（K7653）

　　吐魯番哈拉和卓舊城出土。共 2 片，可左右綴合，H17 尺寸爲 31.1cm×11.3cm，存 3 行；H18 尺寸爲 25.3cm×11.3cm，存 6 行。正面爲漢文印本《三法度論》卷一《德品》。H17v 有漢字"蕃王府"朱印，3.4cm×1.2cm。

　　參：黃文弼 1954，30 頁，圖 17、18；Franke 1971，17—26 頁；Kara 1971，165—171 頁；黃文弼 1994，53 頁，圖 17、18；阿不都熱西提 2014，277 頁。

H17v:

1　tekil taγ tur abčiraqun taulai jil arban nigen

2　sara yin

3　arban sinede

譯文

　　把祭品帶到山上來。兔兒年十一 / 月的 / 初十日

H18v:

1　sir[e]mün tai ui(ü?) alu üsi

2　Y ui alu üsi üsi ön ü oron

3　ning songji öljeitemür bas-a ebüge en-e

4　kereskülüged es-en ü temeged abuqun odju

5　r-a/e qoja dača buyantemür luγ-a bolun bor ud

6　a/e jamis niged darui dur

譯文

1　……失列門太尉（？）、阿魯御史

2　……太（？）尉、阿魯御史，御史院的位子

3　……完者帖木兒和父親，這個

4　……安上柵欄，把也先的駱駝帶走了

5　……從火者那裏，與伯顏帖木兒一起，葡萄酒等

6　……水果一起立即

蒙古文完者不花致寬徹亦都護文書

黄文弼文書 H129（K7720）、H130（K7655-3）

　　黄文弼於 1928 年收集於吐魯番，不見於《吐魯番考古記》，此係首次發表。根據文書的紙張高度、顏色、文字的字體、書寫方式和文書内容，此兩殘片爲同一件文書。H129 文書爲開頭部分，尺寸爲 19.6cm×6.9cm，存文字 4 行；根據文字的行距，在現存第 3 行和第 4 行之間應寫有 2 行文字，所以我們把現存的第 4 行判斷爲原文書的第 6 行。第 1、2 行内容完整，第 3、6 行殘，第 4、5 行缺失。H130 文書爲結尾部分，尺寸爲 15.2cm×5.9cm，現存 8 行。文書第 3 至 6 行的上端鈐蓋圓形墨印一方，這枚印章也見於 1352 年察合台汗禿黑魯帖木兒（Tuɣluɣtemür）的蒙古文官文書，該印章説明這件文書屬於蒙古察合台汗國。文書背後鈐三枚印章，其中的兩種印文殘缺，最上方的印章圖案完整，上有察合台汗國的徽記。左下方寫有一個蒙古文單詞，下部筆畫殘缺。整件文書是馬年八月二十九日察合台汗國的高級官員完者不花（Öljebuq-a）寫給吐魯番地區的寬徹亦都護（Könčeg iduqud）的，意圖是爲了實行某項政令，强調違背政令會受到處罰。

　　參：党寶海、貢一文 2023。

（一）

1　Öljebuq-a üge manu
2　Könčeg iduqud ta en-e nisan kürüged
3　Qoǰa du [
4　　[
5　　[
6　oɣaraɣd [

譯文

1　完者不花我們的言語：
2　給寬徹亦都護，這件印章［文書］到時，
3　對於火者，（下缺）
4　（第 4、5 行缺）
6　被捨棄（下缺）

（二）

正面：

1　beyedečege [

2　ülegülün [

3　Mongγol busurmaγ [

4　aǰuγu kemen sigüǰü qara [

5　bidan a ǰailan iretügei osal [

6　osaldabasu ülügü aiqun aldaqun [

7　morin ǰil namur un dumdadu sar-a in arban dörben qaučin [

8　büküi dür [

背面：

1　Idegüči?（下殘）

譯文

正面：

1　從自己那裏（下殘）

2　有剩餘（下殘）

3　蒙古人行爲不端的（下殘）

4　是。説道，審查、看守（下殘）

5　離開前來我們這裏！疏忽大意（下殘）

6　如果疏忽大意，難道不怕懲罰嗎？（下殘）

7　馬年秋季中間月份的後十四日（下殘）

8　在（下殘）

背面：

1　亦咥赤（？）

九

阿拉伯文文書

阿拉伯文文書

黄文弼文書 H104

　　庫車蘇巴什古城西寺區 T2 出土。尺寸爲 3.5cm×2.5cm，墨書 3 橫列文字。

　　《新疆考古發掘報告》圖版所攝影像極模糊，僅能判斷其墨書非漢字；上緣破損形狀齊整，表示此紙片似乎經過剪破、裁斷；也可能質地較脆，近似西域出土的胡、梵經紙。疑此件即同書 80 頁表二 "西寺區試掘情況簡表" 彙整 T2 ②層出土遺物中的那件 "吐火羅語殘紙"。2021 年 2 月 26 日，經慶昭蓉請教辛維廉（N. Sims-Williams）教授，後者與傑佛瑞·汗（Geoffrey Khan）教授確認其上文字應爲阿拉伯文，字體年代甚早。

　　參：黄文弼 1983，90 頁，圖版六六·圖 2 左；慶昭蓉 2021，28 頁注 45。

十

未比定語言的文書

胡語文書

黄文弼文書 H87

　　焉耆錫科沁明屋廢寺出土。尺寸爲 3.7cm×6.8cm。貝葉，兩面書寫。《塔里木盆地考古記》圖版柒柒所示"正"面存 4 橫列文字，"背"面存 5 橫列文字，照片甚模糊，其文字類型介於婆羅謎文字的印度笈多體（Indian Gupta types）與更早期的貴霜波羅謎文字（Kuṣāṇa Brāhmī）之間，語言待定，外觀似爲佛經殘葉。例如德藏梵語貝葉殘片 SHT 1，Plate 1（克孜爾石窟出土）。

　　參：黄文弼 1958a，97 頁，圖 13（圖版柒柒）。

胡語殘簡牘

黄文弼文書 H93（K7235）

　　和闐河畔麻扎塔哈（今麻札塔格）石洞中出土。尺寸爲 13.8cm×1.2cm×0.3cm。木簡兩面書寫，中間殘斷，僅存一半。洞中同時出土唐乾元錢及粉紅色陶片，皆唐代文物，此木簡推測亦與之同時。此件在《塔里木盆地考古記》圖版玖叁圖 32 以摹寫形式刊出。初步可以判斷兩面文字均屬婆羅謎文字西域南道變體之草書形態。圖版所示"正面"左端乃是常見於于闐語文書起首之吉祥符號，惟該列文字僅存上半部分。另一面僅存 1 橫列婆羅謎文字之下半部。就整體外觀而言，其性質爲于闐語官私文書殘簡或殘牘的可能性很高。

　　參：黄文弼 1958a，99 頁，圖 32（圖版玖叁）。

有字（？）木簡

黄文弼文書 H108

　　庫車蘇巴什古城西寺區 T2 出土。殘存尺寸爲 4.5cm×1cm×0.4cm。此件列入《新疆考古發掘報告》90 頁圖版六七"民族古文字木板"，惟難以有效辨認文字，墨綫似繪出坐佛或

坐禪僧侶之左半身。此件在圖版六七裏刻意調整成豎向，疑此件 T2 出土之 "殘木條"（據
該書 90 頁）實當同書 80 頁表二 "西寺區試掘情況簡表" 彙整 T2 出土遺物中的 "墨繪佛像木
塊"，有待核實。

　　參：黃文弼 1983，90 頁，圖版六七·圖 3；慶昭蓉 2021，28 頁。

參考文獻暨縮略語

阿不都熱西提・亞庫甫 2014.《黃文弼西域文書中的回鶻文文獻綜述》，榮新江、朱玉麒 2014，276—287 頁。

阿不都熱西提・亞庫甫 2015.《ウイグル文字で音寫された漢語文獻"寅朝清净偈"の一斷片について》，《國語國文》第 84 卷第 5 號，22—27 頁。

陳國燦 1990a.《武周時期的勘田檢籍活動——對吐魯番所出兩組經濟文書的探討》，《敦煌吐魯番文書初探二編》，武漢：武漢大學出版社，370—418 頁。

陳國燦 1990b.《吐魯番舊出武周勘檢田籍簿考釋》，《敦煌吐魯番文書初探二編》，武漢：武漢大學出版社，419—439 頁。

陳國燦 2002.《敦煌學史事新證》，蘭州：甘肅教育出版社。

陳國燦 2003.《唐代行兵中的十馱馬制度——對吐魯番所出十馱馬文書的探討》，《魏晉南北朝隋唐史資料》20，武漢：武漢大學出版社，187—198 頁。

陳國燦 2013.《吐魯番舊出武周勘檢田籍簿考釋》，榮新江 2013，26—38 頁。

陳習剛 2012.《吐魯番文書中的"醬"、"漿"與葡萄的加工、越冬防寒問題》，《古今農業》2012-2，54—70 頁。

陳永勝 2000.《敦煌吐魯番法制文書研究》，蘭州：甘肅人民出版社。

程喜霖 1990.《漢唐烽堠制度研究》，西安：三秦出版社。

程喜霖 2013.《吐魯番文書所見唐代烽堠制度》，程喜霖、陳習剛《吐魯番唐代軍事文書研究》，烏魯木齊：新疆人民出版社，313—404 頁。

程喜霖、陳習剛 2013.《吐魯番唐代軍事文書研究・文書篇》，烏魯木齊：新疆人民出版社。

池田溫 1961.《中國古代墓葬の一考察——随葬衣物券について》，《國際東方學者會議紀要》1961-6，51—60 頁。

池田溫 1975.《中國古代の租佃契（中）》，《東洋文化研究所紀要》65，1—112 頁。

池田溫 1979.《中國古代籍帳研究》，東京：東京大學出版會。

池田溫 1990.《中國古代寫本識語集録》，東京：東京大學東洋文化研究所。

池田溫 1998.《開元十三年西州都督府牒秦州殘牒簡介》，《敦煌吐魯番研究》3，105—128 頁。

池田溫 2013.《開元十三年西州都督府牒秦州殘牒簡介》，榮新江 2013，39—59 頁。

茨默 2013.《有關回鶻王國摩尼寺院經濟的一件回鶻語文書》（付馬譯），榮新江 2013，

92—97 頁。

　　党寶海 1999.《吐魯番出土金藏考——兼論一組吐魯番出土佛經殘片的年代》,《敦煌吐魯番研究》4, 103—125 頁。

　　党寶海 2014.《黄文弼先生所獲元代漢文文書淺識》, 榮新江、朱玉麒 2014, 312—323 頁。

　　党寶海、貢一文 2023.《黄文弼先生所獲 14 世紀察合台汗國蒙古文文書譯釋》,《吐魯番學研究》2023-1, 待刊。

　　德金 2014.《黄文弼發現的一件帕提亞語殘片》, 榮新江、朱玉麒 2014, 260—266 頁。

　　鄧小南 2009.《出土材料與唐宋女性研究》, 李貞德主編《中國史新論·性別史分册》, 臺北: 臺灣"中研院"。

　　荻原裕敏 2014.《〈塔里木盆地考古記〉〈新疆考古發掘報告〉所刊吐火羅語資料》, 榮新江、朱玉麒 2014, 267—275 頁。

　　荻原雲來 1986.《漢譯對照梵和大辭典》, 東京: 山喜房佛書林。

　　段晴 2021.《黄文弼發現的兩件據史德語文書》, 朱玉麒主編《西域文史》15, 北京: 科學出版社, 1—18 頁。

　　范舒 2014.《吐魯番本玄應〈一切經音義〉研究》,《敦煌研究》2014-6, 106—115 頁。

　　馮家昇 1954.《元代畏兀兒文契約二種》,《歷史研究》1954-1, 119—131 頁。

　　馮家昇 1955.《刻本回鶻文〈佛説天地八陽神咒經〉研究——兼論回鶻人對於〈大藏經〉的貢獻》,《考古學報》1955-9, 183—192 頁。

　　馮家昇 2013a.《刻本回鶻文〈佛説天地八陽神咒經〉研究——兼論回鶻人對於〈大藏經〉的貢獻》, 榮新江 2013, 221—229 頁。

　　馮家昇 2013b.《元代畏兀兒文契約二種》, 榮新江 2013, 239—248 頁。

　　傅剛 2000.《文選版本研究》, 北京: 北京大學出版社。

　　傅剛 2004.《從〈文選序〉幾種寫、鈔本推論其原貌》,《廣西師範大學學報》2004-1, 50—54 頁。

　　付馬 2014.《黄文弼所獲文書中的回鶻時代高昌地區城郭名目——兼論回鶻高昌"二十二城"名實》, 榮新江、朱玉麒 2014, 303—311 頁。

　　付馬 2023.《中國國家博物館藏黄文弼所獲回鶻文書研究札記》,《中國國家博物館館刊》8, 待刊。

　　岡田芳朗 1972.《日本の曆》, 東京: 木耳社。

　　耿世民 1978.《回鶻文摩尼教寺院文書初釋》,《考古學報》1978-4, 497—516 頁。

　　耿世民 2006.《回鶻文社會經濟文書研究》, 北京: 中央民族大學出版社。

　　耿世民 2013.《回鶻文摩尼教寺院文書初釋》, 榮新江 2013, 98—118 頁。

耿雲志 1994.《胡適遺稿及秘藏書信》第 37 册，合肥：黃山書社。

顧頡剛、顧廷龍 1996.《尚書文字合編》，上海：上海古籍出版社。

關尾史郎 1985.《"緣禾"と"延和"のあいだ——〈吐魯番出土文書〉劄記（五）》，《紀尾井史學》5，1—11 頁。

關尾史郎 1987.《"白雀"臆説——〈吐魯番出土文書〉劄記補遺》，《上智史學》32，66—84 頁。

關尾史郎 1989.《吐魯番文書にみえる四、五世紀の元號再論（上）——侯燦〈晉至北朝前期高昌奉行年號證補〉を讀む》，《吐魯番出土文物研究會會報》23，1—2 頁。

關尾史郎 2013.《"白雀"臆説——〈吐魯番出土文書〉札記補遺》（裴成國譯），榮新江 2013，14—25 頁。

郭平梁 1990.《高昌回鶻社會經濟管窺》，《新疆社會科學》1990-2，82—95 頁。

郭鋒 1991.《吐魯番文書〈唐衆阿婆作齋社約〉與唐代西州的民間結社活動》，《西域研究》1991-3，74—78 頁。

哈密屯 2013.《公元 988、989 及 1003 年的回鶻文摩尼教曆書》（吳春成譯），榮新江 2013，182—206 頁。

郝春文 1989.《敦煌遺書中的"春秋座局席"考》，《北京師範學院學報》1989-4，31—36 頁。

郝春文 2006.《再論敦煌私社的"春秋坐局席"活動》，《敦煌學輯刊》2006-1，1—5 頁。

侯燦 1988.《晉至北朝前期高昌奉行年號證補》，《南都學壇》1988-4，43—54 頁。

侯燦 1990.《高昌樓蘭研究論集》，烏魯木齊：新疆人民出版社。

侯燦 1993.《再論 4—6 世紀高昌奉行的年號》，《新疆師範大學學報》1993-1，31—39 頁。

胡曉丹 2023.《國家博物館藏黃文弼所獲摩尼文粟特語殘片釋讀》，《吐魯番學研究》2023-1，待刊。

護雅夫 1963.《元代ウイグル文土地賣買文書一通》，《岩井博士古稀記念論文集》，東京：東洋文庫，712—727 頁，此據護雅夫 1997，530—544 頁。

護雅夫 1997.《古代トルコ民族史研究》III，東京：山川出版社。

護雅夫 2013.《元代畏兀兒文土地買賣文書一通》（蘇航譯），榮新江 2013，249—256 頁。

黃惠賢 1990.《唐代前期仗身制的考察》，《敦煌吐魯番文書初探二編》，武漢：武漢大學出版社，242—278 頁。

黃景春 2006.《談所謂"白雀元年衣物疏"》，《考古與文物》2006-4，107—110 頁。

黃烈 1989.《談漢唐西域四個古文化區漢文的流行》，《紀念陳寅恪教授國際學術討論會論文集》，廣州：中山大學出版社，414—431 頁。

黃樓 2015.《吐魯番出土文書所見唐代宦官諸使》，《魏晉南北朝隋唐史資料》32，203—

219 頁。

黃文弼 1954.《吐魯番考古記》，北京：中國科學院。

黃文弼 1958a.《塔里木盆地考古記》，北京：科學出版社。

黃文弼 1958b. 考古研究所新疆考古隊《新疆考古三個月》，《考古通訊》1958-5，37—39 頁（後改題《1957—1958 年新疆考古調查簡記》，收入黃烈編《黃文弼歷史考古論集》，北京：文物出版社，1989 年，8—16 頁）。

黃文弼 1983.《新疆考古發掘報告（1957—1958）》，北京：文物出版社。

黃文弼 1994.《黃文弼著作集》2《トルファン考古記》（土居淑子譯），東京：恒文社。

吉田豊 1988.《ソグド語雜録（II）》，《オリエント》31-2，165—176 頁。

吉田豊 2013.《粟特語雜録（II）·西州回鶻國摩尼教徒的曆日》（荻原裕敏譯），榮新江 2013，177—181 頁。

暨遠志 2003.《北涼石塔所反映的佛教史問題》，顏廷亮、王亨通主編《炳靈寺石窟學術研討會論文集》，蘭州：甘肅人民出版社。

姜伯勤 1989.《敦煌新疆文書所記的唐代"行客"》，國家文物局古文獻研究室編《出土文獻研究續集》，北京：文物出版社，277—290 頁。

金少華 2008.《敦煌吐魯番本〈文選〉研究》，浙江大學碩士學位論文。

金少華 2017.《敦煌吐魯番本文選輯校》，杭州：浙江大學出版社。

孔祥星 1979.《唐代里正——敦煌吐魯番出土文書研究》，《中國歷史博物館館刊》1979-1，48—61 頁。

孔祥星 1982.《唐代前期的土地租佃關係——吐魯番文書研究》，《中國歷史博物館館刊》1982-4，49—68 頁。

孔令梅、杜斗成 2010.《十六國北朝時期敦煌令狐氏與佛教關係探究》，《敦煌研究》2010-5，99—104 頁。

堀敏一 1975.《均田制の研究》，東京：岩波書店。

堀敏一 1984.《均田制的研究》（韓國磐等譯），福州：福建人民出版社。

雷聞 2011.《吐魯番出土〈唐開元十六年西州都督府請紙案卷〉與唐代的公文用紙》，樊錦詩、榮新江、林世田主編《敦煌文獻、考古、藝術綜合研究：紀念向達先生誕辰 110 周年國際學術研討會論文集》，北京：中華書局，423—444 頁。

雷聞 2013.《吐魯番出土〈唐開元十六年西州都督府請紙案卷〉與唐代的公文用紙》，榮新江 2013，60—85 頁。

李春潤 1983.《唐開元以前的納資納課初探》，《中國史研究》1983-3，101—111 頁。

李方 1996.《唐西州長官編年考證——西州官吏考證（一）》，《敦煌吐魯番研究》1，北京：北京大學出版社，271—296 頁。

李方 1997.《唐西州户曹參軍編年考證——唐西州官吏考證（六）》，《敦煌學輯刊》1997-2，45—58 頁。

李方 2002.《唐西州行政體制考論》，哈爾濱：黑龍江教育出版社。

李方 2010.《唐西州官吏編年考證》，北京：中國人民大學出版社。

李錦繡 1995.《唐代財政史稿》上，北京：北京大學出版社。

劉安志 2000.《唐代西州的突厥人》，《魏晉南北朝隋唐史資料》17，112—122 頁。

劉安志 2002.《跋吐魯番鄯善縣所出〈唐開元五年（717）後西州獻之牒稿爲被懸點入軍事〉》，《魏晉南北朝隋唐史資料》19，210—225 頁。

劉安志 2011.《敦煌吐魯番文書與唐代西域史研究》，北京：商務印書館。

劉進寶 1989.《隋末唐初户口鋭減原因試探》，《中國經濟史研究》1989-3，128—137 頁。

劉俊文 1989.《敦煌吐魯番唐代法制文書考釋》，北京：中華書局。

劉南强 2013.《摩尼教寺院的戒律和制度》（林悟殊譯），榮新江 2013，119—135 頁。

劉衛東、劉子凡 2020.《袁復禮新疆出土文書未刊稿研究》，朱玉麒主編《西域文史》14，北京：科學出版社，1—18 頁。

劉子凡 2014.《黄文弼與胡適——20 世紀上半葉中國西北考察與研究之側影》，榮新江、朱玉麒 2014，177—193 頁。

劉子凡 2016a.《瀚海天山——唐代伊、西、庭三州軍政體制研究》，上海：中西書局。

劉子凡 2016b.《杏雨書屋藏唐蒲昌府文書研究》，榮新江主編《唐研究》22，北京：北京大學出版社，203—219 頁。

劉子凡 2016c.《黄文弼〈塔里木盆地考古記〉中的“托和沙賴”文書》，《理論與史學》2，北京：中國社會科學出版社，93—100 頁。

劉子凡 2021.《黄文弼所獲〈唐神龍元年曆日序〉研究》，《文津學志》15，190—196 頁。

柳洪亮 1984.《吐魯番出土文書中緣禾紀年及有關史實》，《敦煌學輯刊》1984-1，51—54 頁。

盧向前 1986.《牒式及其處理程式的探討——唐公式文研究》，北京大學中國中古史研究中心編《敦煌吐魯番文獻研究論集》3，北京：北京大學出版社。

盧向前 2001.《唐西州土地關係述論》，上海：上海古籍出版社。

盧向前 2012.《唐代政治經濟史綜論：甘露之變研究及其他》，北京：商務印書館。

吕長生 1994.《中國歷史博物館藏法書大觀》12《戰國秦漢唐宋元墨迹》，東京：柳原書店、上海：上海教育出版社。

馬雍 1973.《吐魯番的“白雀元年衣物券”》，《文物》1973-10，61—65、72 頁。

馬雍 2013.《吐魯番的“白雀元年衣物券”》，榮新江 2013，1—7 頁。

毛秋瑾 2010.《〈唐開元十六年（728）西州都督府請紙案卷〉研究》，孫曉雲、薛龍春編

《請循其本：古代書法創作研究國際學術討論會論文集》，南京：南京大學出版社，201—212 頁。

　　毛秋瑾 2014.《敦煌吐魯番文獻與名家書法》，濟南：山東畫報出版社。

　　梅村坦 1977.《違約罰納官文言のあるウィグル文書——とくにその作成地域と年代の決定について》，《東洋學報》58-3、4，1—40 頁。

　　梅村坦 1990.《ウイグル文家産分割文書の一例——中国歴史博物館所藏・K7716》，唐代史研究會編《東アジア古文書の史的研究》，東京：刀水書房，420—446 頁。

　　梅村坦 1991.《中國歷史博物館藏〈吐魯番考古記〉所收回鶻文古文獻過眼録》（張承志譯），《中國歷史博物館館刊》15/16，157—163 頁。

　　梅村坦 2013.《中國歷史博物館藏〈吐魯番考古記〉所收回鶻文古文獻過眼録》（張承志譯），榮新江 2013，266—276 頁。

　　孟憲實 1993.《吐魯番古墓出土随葬衣物疏的性質與發展》，《新疆地方志》1993-1，40—44 頁。

　　孟憲實 2016a.《論唐代府兵制下的馱馬制度》，《敦煌吐魯番研究》16，上海：上海古籍出版社，155—180 頁。

　　孟憲實 2016b.《唐朝與中亞的絹馬貿易》，榮新江主編《唐研究》22，北京：北京大學出版社，283—298 頁。

　　内藤乾吉 1960.《西域發見唐代官文書の研究》，《西域文化研究》3《敦煌吐魯番社會經濟資料》下，京都：法藏館，9—111 頁。

　　寧可、郝春文 1997.《敦煌社邑文書輯校》，南京：江蘇古籍出版社。

　　彭傑 2014.《黃文弼先生所獲〈比丘尼僧願抄經發願文〉芻議》，榮新江、朱玉麒 2014，297—302 頁。

　　秦丙坤 2004.《吐魯番寫本〈文選〉殘卷及其價值》，《圖書與情報》2004-6，55—57 頁。

　　慶昭蓉 2011.《重議柘厥地望——以早期探險隊記録與庫車出土文書爲中心》，朱玉麒主編《西域文史》6，北京：科學出版社，167—189 頁。

　　慶昭蓉 2012a.《庫車出土文書所見粟特佛教徒》，《西域研究》2012-2，54—75 頁。

　　慶昭蓉 2012b.《略論黃文弼所發現之四件龜茲語世俗文書》，黃建明等編《首屆中國少數民族古籍文獻國際學術研討會論文集》，北京：民族出版社，303—324 頁。

　　慶昭蓉 2012c.《唐代"税抄"在龜茲的發行——以新發現的吐火羅B語詞彙ṣau爲中心》，《北京大學學報》2012-4，137—144 頁。

　　慶昭蓉 2013.《略論黃文弼所發現之四件龜茲語世俗文書》，榮新江 2013，290—312 頁。

　　慶昭蓉 2017a.《吐火羅語世俗文獻與古代龜茲歷史》，北京：北京大學出版社。

　　慶昭蓉 2017b.《"MQR" 再考——關於克孜爾石窟經籍的出土地點》，朱玉麒主編《西域文史》11，北京：科學出版社，107—121 頁。

慶昭蓉 2021.《龜茲與貴霜——從一件黃文弼文書談起》，朱玉麒主編《西域文史》15，北京：科學出版社，19—36 頁。

饒宗頤 2000.《敦煌吐魯番本文選》，北京：中華書局。

榮新江 1992.《于闐在唐朝安西四鎮中的地位》，《西域研究》1992-3，56—64 頁。

榮新江 2001.《書評：〈中國歷史博物館藏法書大觀〉第十一卷〈晉唐寫經・晉唐文書〉、第十二卷〈戰國秦漢唐宋元墨跡〉》，《敦煌吐魯番研究》5，北京：北京大學出版社，332—337 頁。

榮新江 2013.《黃文弼所獲西域文獻論集》，北京：科學出版社。

榮新江 2022.《從黃文弼所獲兩件文書看龜茲于闐間的交通路綫》，羅丰主編《絲綢之路考古》6，北京：科學出版社，110—120 頁。

榮新江 2023.《唐宋于闐史探研》，蘭州：甘肅教育出版社。

榮新江、史睿 2021.《吐魯番出土文獻散録》，北京：中華書局。

榮新江、朱玉麒 2014.《西域考古・史地・語言研究新視野——黃文弼與中瑞西北科學考查團國際學術研討會論文集》，北京：科學出版社。

三保忠夫 1992.《トルファン墓葬出土文書における量詞の考察》，《島根大學教育學部紀要》26，87—102 頁。

森安孝夫 1991.《ウイグル＝マニ教史の研究》，《大阪大學文學部紀要》31-32，豐中：大阪大學文學部。

森安孝夫 2013.《黃文弼發現的〈摩尼教寺院經營令規文書〉》（白玉冬譯），榮新江 2013，136—176 頁。

森安孝夫 2015.《東西ウイグルと中央ユーラシア》，名古屋：名古屋大學出版會。

山田信夫 1958.《〈ウイグル文天地八陽神咒經斷片〉附録》，《東洋學報》40-4，94—97 頁。

山田信夫 1993.《ウイグル文契約文書集成》(I—III)，小田壽典、ペーター・ツィーメ、梅村坦、森安孝夫編，豐中：大阪大學出版會。

山田信夫 2013.《西北科學考查團所獲回鶻文〈天地八陽神咒經〉斷片》（田衛衛譯），榮新江 2013，236—238 頁。

石墨林 2012.《唐安西都護府史事編年》，烏魯木齊：新疆人民出版社。

史樹青 1960.《新疆文物調查隨筆》，《文物》1960-6，22—31 頁。

室永芳三 1974.《吐魯蕃發見朱邪部落文書について——沙陀部族考 その一（補遺）》，《有明工業高等專門學校紀要》10，96—102 頁。

松川節 2004.《モンゴル語譯〈佛説北斗七星延命經〉に殘存するウイグル的要素》，森安孝夫編《中央アジア出土文物論叢》，京都：朋友書店，85—92頁。

松井太1998.《ウイグル文クトルグ印文書》，《内陸アジア言語の研究》13，1–62頁。

松井太2011.《古ウイグル語文獻にみえる"寧戎"とベゼクリク》，《内陸アジア史研究》26，141—175頁。

蘇北海1988.《西域歷史地理》，烏魯木齊：新疆大學出版社。

孫繼民1990.《跋〈唐垂拱四年（688）隊佐張玄泰牒爲通當隊隊陪事〉》，《敦煌吐魯番文書初探二編》，武漢：武漢大學出版社，463—479頁。

唐長孺1961.《關於武則天統治末年的浮逃户》，《歷史研究》1961-6，90—95頁。

鐵茲江、茨默2013.《回鶻文書信殘葉》（付馬譯），榮新江2013，136—176頁。

瓦爾德施密特2013.《中國考古學家在新疆的調查》（慶昭蓉譯），榮新江2013，277—289頁。

汪娟1998.《敦煌禮懺文研究》，臺北：法鼓文化出版社。

王素1992.《吐魯番文書與兩晉南北朝隋唐史研究》，《文史知識》1992-8，16—24頁。

王素1996.《沮渠氏北涼寫〈佛説首楞嚴三昧經〉——吐魯番出土佛教寫經漫談之三》，臺北《南海菩薩》161，46—48頁。

王素1998a.《高昌史稿·統治編》，北京：文物出版社。

王素1998b.《高昌至西州時期的彌勒信仰》，《中國佛學》1-1，311—318頁。

王素2011.《漢唐歷史與出土文獻》，北京：紫禁城出版社。

王小文、付馬2023，《蒙古統治時期吐魯番盆地的驛路交通——以吐魯番出土回鶻文書爲中心的考察》，劉迎勝主編《中西元史》2，北京：商務印書館，2023年，待刊。

王永興1986.《關於唐代均田制中給田問題的探討——讀大谷欠田、退田、給田文書札記》，《中國史研究》1986-1，13—28頁。

王永興1987.《隋唐五代經濟史料彙編校注》1，北京：中華書局。

王永興1992.《讀吐魯番出土唐代軍事文書札記》，雲南大學歷史系編《史學論文集：紀念李埏教授從事學術活動五十周年》，昆明：雲南大學出版社，53—271頁。

王永興2010.《唐代經營西北研究》，蘭州：蘭州大學出版社。

王永興2014a.《敦煌吐魯番出土唐代軍事文書考釋》，蘭州：蘭州大學出版社。

王永興2014b.《唐代土地制度研究——以敦煌吐魯番田制文書爲中心》，蘭州：蘭州大學出版社。

魏軍剛2016.《淝水戰後河西地域集團政治動向考察——兼述吐魯番文書"白雀"年號歸屬問題》，吐魯番學研究院、吐魯番博物館編《吐魯番學研究：吐魯番與絲綢之路經濟帶高峰論壇暨第五屆吐魯番學國際學術研討會論文集》，上海：上海古籍出版社，152—158頁。

《文書》貳＝唐長孺主編《吐魯番出土文書》貳，北京：文物出版社，1994年。

《文書》叁＝唐長孺主編《吐魯番出土文書》叁，北京：文物出版社，1996 年。

《文書》肆＝唐長孺主編《吐魯番出土文書》肆，北京：文物出版社，1996 年。

吳震 1983.《吐魯番文書中的若干年號及相關問題》，《文物》1983-1，26—34 頁。

西脇常記 2016.《中國古典時代の文書の世界——トルファン文書の整理と研究》，東京：知泉書館。

小川貫弌 1956.《吐魯蕃出土の印刷佛典》，《インド學佛教學研究》4-1，28–37 頁。

小田壽典 1987a.《ウィグルの稱號トゥトゥングとその周邊》，《東洋史研究》46-1，57—86 頁。

小田壽典 1987b.《龍谷大學圖書館藏ウイグル文八陽經の版本斷片》，《豐橋短期大學研究紀要》4，25—38 頁。

小田壽典 2010.《佛說天地八陽神呪經一卷——トルコ語譯の研究（圖版・資料編）》，東京：法藏館。

小笠原宣秀、西村元佑 1960.《唐代役制關係文書考》，《西域文化研究》3《敦煌吐魯番社會經濟資料》下，京都：法藏館，131—167 頁。

小笠原宣秀、西村元佑 1985.《唐代徭役制度考》，《敦煌學譯文集——敦煌吐魯番出土社會經濟文書研究》（那向芹等譯），蘭州：甘肅人民出版社，871—977 頁。

小田義久 1961.《吐魯番出土葬送用文書の一考察——特に"五道大神"について》，《龍谷史壇》47，39—56 頁。

小田義久 1976.《吐魯番出土の隨葬衣物疏について》，《龍谷大學論集》408，78—104 頁。

小田義久 1988.《吐魯番出土葬送儀禮關係文書の一考察——隨葬衣物疏から功德疏へ》，《東洋史苑》30、31 合并號，41—82 頁。

謝初霆 1985.《〈吐魯番白雀元年衣物疏〉補釋》，《歷史論叢》5，373—379 頁。

謝初霆 2013.《〈吐魯番白雀元年衣物券〉補釋》，榮新江 2013，8—13 頁。

徐伯夫 1985.《唐代西域史上的幾個問題》，《西域史論叢》2，烏魯木齊：新疆人民出版社，73—88 頁。

許建平 2012.《吐魯番出土文獻中的〈尚書〉寫本》，高臺縣委等編《高臺魏晉墓與河西歷史文化研究》，蘭州：甘肅教育出版社，208—217 頁。

許建平 2014.《讀卷校經：出土文獻與傳世典籍的二重互證》，杭州：浙江大學出版社。

許建平 2016.《吐魯番出土尚書寫本輯考》，《敦煌吐魯番研究》16，上海：上海古籍出版社，249—276 頁。

許建平 2018.《吐魯番出土〈詩經〉寫本的學術價值》，《南京師範大學文學院學報》2018-2，159—164 頁。

岩松淺夫 1997.《黄文弼〈塔里木盆地考古記〉所揭の一梵文斷簡について》,《創価大學人文論集》9,35—45 頁。

楊際平 2012.《麴氏高昌與唐代西州、沙州租佃制研究》,陳支平主編《相聚休休亭：傅衣凌教授誕辰 100 周年紀念文集》,廈門：廈門大學出版社,245—331 頁。

楊文和 1999.《中國歷史博物館藏法書大觀》11《晉唐寫經・晉唐文書》,東京：柳原書店、上海：上海教育出版社。

《藝林》1931＝《西北科學考查團理事會贈〈高昌麴氏時代比丘僧願寫經發願文殘本〉》,《藝林月刊》23,3 頁。

虞萬里 1993.《吐魯番雅爾湖舊址出土〈毛詩〉殘紙考釋》,《孔子研究》1993-1,118—122、111 頁。

虞萬里 2013.《吐魯番雅爾湖舊址出土〈毛詩〉殘紙考釋》,榮新江 2013,86—91 頁。

湛如 2001.《論净衆禪門與法照净土思想的關聯——以大乘净土讚爲中心》,郝春文主編《敦煌文獻論集：紀念敦煌藏經洞發現一百周年國際學術研討會論文集》,瀋陽：遼寧人民出版社,508—525 頁。

張鼎 2022.《〈白雀元年衣物疏〉筆法分析及其書寫背景的再認識》,朱玉麒主編《西域文史》16,北京：科學出版社,157—170 頁。

張可輝 2011.《從敦煌吐魯番文書看中人與地權交易契約關係》,《西域研究》2011-2,63—72 頁。

張小艷 2012.《"坐社"與"作社"》,《敦煌研究》2012-4,67—76 頁。

張新鷹 1998.《陳寧其人及回鶻文〈八陽經〉版刻地——讀馮家昇先生一篇舊作贅言》,《世界宗教研究》1998-1,127—131 頁。

張新鷹 2013.《陳寧其人及回鶻文〈八陽經〉版刻地——讀馮家昇先生一篇舊作贅言》,榮新江 2013,230—235 頁。

鄭顯文 2018.《從敦煌吐魯番判文看唐代司法審判的效率和品質》,《西南大學學報》2018-6,157—170 頁。

中村菊之進 1990.《トルファン出土の大藏經》,《密教文化》172,39—69 頁。

中田勇次郎 1970.《中國書論集》,東京：二玄社。

中田裕子 2010.《唐代西州における群牧と馬の賣買》,《敦煌寫本研究年報》4,163—179 頁。

中田裕子 2012.《吐魯番文書中的"群牧"和"市馬使"》,高臺縣委等編《高臺魏晉墓與河西歷史文化研究》,蘭州：甘肅教育出版社,389—395 頁。

中村裕一 1996.《唐代公文書研究》,東京：汲古書院。

朱江紅 2008.《從敦煌文書中看唐五代時期的物權觀念》,《內蒙古農業大學學報》2008-

4，311—315 頁。

朱玉麒 2009.《吐魯番文書中的漢文文學資料叙録》,《吐魯番學研究》2009-2，89—98 頁。

宗德曼 2013.《焉耆出土中古伊朗語摩尼教文獻殘片》(胡曉丹譯)，榮新江 2013，313—318 頁。

Asmussen, Jes Perter 1965. *Xuāstvānīft. Studies in Manichaeism, Acta theological Danica* v. 7, Copenhagen: Prostant apud Munksgaard.

—— 1975. "Der Manichäismus", *Handbuch der Religionsgeschichte* III, Göttingen: Vandenhoeck & Ruprecht, pp. 337-358.

Ching Chao-jung 2016. "Rethinking 'MQR': On a Location Where Texts Were Found in the Kizil Grottoes", *Journal of the International Association of Buddhist Studies*, vol. 38 (2015), pp. 271-293.

—— 2018. "On the Word *ṣau* Found in the Kuchean Secular Documents", *Great Journeys across the Pamir Mountains*, Leiden: Brill, pp. 1-19.

Ching, Chao-jung and Ogihara, Hirotoshi 2012. "A Tocharian B Sale Contract on a Wooden Tablet", *Journal of Inner Asian Art and Archaeology*, vol. 5 (2010), pp. 101-128.

Clark, Larry 1975. *Introduction to the Uyghur Civil Documents of East Turkestan (13th-14th cc.)*, Bloomington, Indiana University: PhD dissertation.

—— 2017. *Uygur Manichaean Texts: Volume* III: *Ecclesiastical Texts. Texts, Translations, Commentary. Corpus Fontium Manichaeorum: Series Turcica* III. Turnhout: Brepols.

COUL = Moriyasu 2019

Erdal, Marcel 2004. *A Grammar of Old Turkic*. Leiden: Brill.

Franke, Herbert 1971. "Ein mongolisches Brieffragment aus Turfan", *Zentralasiatische Studien*, no. 5, pp. 17-26.

Fu, Ma 2022. "Unedited Old Uighur Buddhist Literature Preserved in the National Museum of China: the *Mahāpratisarā dhāraṇī* and 'On the Three Qualities'", *Acta Orientalia Hungaricae*, vol. 75 (4), pp. 563-592.

Gabain, Annemarie von 1964. "Die alttürkische Literatur". *Philologiae Turcicae Fundamenta* II, pp. 212-243.

Geng, Shimin 1991. "Notes on an Ancient Uighur Official Decree Issued to a Manichaean Monastery", *Central Asiatic Journal*, 35/3-4, pp. 209-230.

Gharib, Badresaman 1995, *Sogdian Dictionary*, Tehran: Farhangan Publications.

GOT = Erdal 2004

Hamilton, James Russel 1986. *Manuscrits ouïgours du IXe-Xe siècle de Touen-houang.*

Textes établis, traduits et commentés. I - II. Paris: Peeters france.

—— 1992. "Calendries manichées ouïgours de 988, 989 et 1003", J.-L. Bacqué-Grammont et. R. Dor, *Mélanges offerts à Louis Bazin par ses disciples, collègues et amis*, Paris, pp. 7-23.

Hidas, Gergely 2012. *Mahāpratisarā-Mahāvidyārājñī, The Great Amulet, Great Queen of Spells: Introduction, Critical Editions and Annotated Translation*. New Delhi: International Academy of Indian Culture and Aditya Prakashan.

Kara, Georg 1971. "Un fragment Mongol de Tourfan", *Acta Orientalia Hungaricae*, vol. 24, no. 2 (1971), pp. 165-171.

—— 1981, "Weiteres über die uigurische *Nāmasaṃgīti*", *Altorientalische Forschungen* 8, pp. 227-236.

Kara, Georg & Zieme, Peter 1977, *Die uigurischen Übersetzungen des Guruyogas "Tiefer Weg" von Sa-skya Paṇḍita und der Mañjuśrīnāmasaṃgīti* (*Berliner Turfantexte* VIII), Berlin.

Kasai, Yukiyo 2008. *Die uigurischen buddhistischen Kolophone* (*Berliner Turfantexte* XXVI), Brepols.

Kudara, Kōgi & Zieme, Peter 1990. "Uigurische Āgama-Fragmente (2)", *Altorientalische Forschungen* 17, pp. 130-145.

Lieu, Samuel, N. C. 1981. "Precept and Practice in Manichaean Monasticism", *Journal of Theological Studies*, ns.32, 1981, pp. 153-173.

Malzahn, Melanie 2010. *The Tocharian Verbal System*. Leiden: Brill, 2010.

Matsui, Dai 2023. *Old Uigur Administrative Orders* (*Berliner Turfantexte* XLVIII), Turnhout: Brepols.

Matsukawa, Takashi 2004. "Some Uighur Elements Surviving in the Mongolian Buddhist *Sūtra of the Great Bear*", *Turfan Revisited. The First Century of Research into the Art and Cultures of the Silk Road*, ed. by D. Durkin-Meistererrnst et al., Berlin: Dietrich Reimer Verlag, pp. 203-207.

Moriyasu, Takao 2004. *Die Geschichte des uigurischen Manichäismus an der Seidenstraße. Forschungen zu manichäischen Quellen und ihren geschichtlichen Hintergrund,* Wiesbaden: Harrassowitz Verlag.

—— 2019. *Corpus of the Old Uighur Letters from the Eastern Silk Road*（*Berliner Turfantexte* XLVI）, Brepols.

Oda, Juten 1986. "Uigur Fragments of the Block-printed Text, *Säkiz Tölügin Yarumiš Yaltrïmïš nom bitig*", *Türk Dili ne Edebiyati Dergisi* XXIV-XXV, pp. 325-346.

—— 2015. *A Study of the Buddhist Sūtra Called* Säkiz Yükmäk Yaruq *or* Säkiz Törlügin

Yarumïš Yaltrïmïš *in Old Turkic* (*Berliner Turfantexte* XXXIII), Turnhout: Brepols.

Peyrot, Michaël 2008. *Variation and Change in Tocharian B*, Amsterdam: Rodopi.

Pinault, Georges-Jean 1987. "Épigraphie koutchéenne, I. Laissez-passer de caravanes, II. Graffites et inscriptions", in: H. Chao, S. Gaulier, M. Maillard and G.-J. Pinault, *Sites divers de la région de Koutcha* (Mission Paul Pelliot VIII) Paris: Collège de France, pp. 59-196, planches 40-96.

Raschmann, Simone-Christiane 2000. *Alttürkische Handschriften. Teil 5. Berliner Fragmente des Goldglanzsūtras. Teil 1: Vorworte und erstes bis drittes Buch* (VOHD. Bd. XIII, 13.). Stuttgart.

Schmidt, Klaus 2001. "Entzifferung verschollener Schriften und Sprachen Dargestellt am Beispiel der Kučā-Kharoṣṭhī Typ B und des Kučā-Prākrits", *Göttinger Beiträge zur Asienforschung* 1, pp. 7-27.

—— 2021. *Paralipomena Tocharica. Vorträge, Aufsätze, Miszellen aus dem Nachlaß*. Hamburg: Verlag Dr. Kovač.

Salomon, Richard & Collett Cox 1988. "Two New Fragments of Buddhist Sanskrit Manuscripts from Central Asia", *The Journal of the International Association of Buddhist Studies*, 11-1, pp. 141-154.

SUK = 山田信夫 1993.

Sundermann, Werner 1977. "Parthisch 'BŠWDG'N 'Die Täufer'", *Acta Antiqua Hungaricae* 25 (*Festschrift Harmatta*), pp. 237-242.

—— 1981. *Mitteliranische manichäische Texte kirchengeschichtlichen Inhalts.* (*Berliner Turfantexte* XI), Berlin.

Tezcan, Semih & Peter Zieme 1971. "Uigurische Brieffragmente", *Studia Turcica*, Budapest, pp. 451-460.

TTD III =Yamamoto, T. & O. Ikeda. *Tun-huang and Turfan Documents Concerning Social and Economic History*, III. Contracts (A)(B), Tokyo, 1987.

Umemura, Hiroshi 1990. "Uyghur Manuscripts Preserved in the People's Republic of China". *Documents et archives provenant de l'Asie Centrale*, Kyoto, pp. 175-186.

UMT III = Clark 2017

Waldschmidt, Ernst 1959. "Chinesische archäologische Forschungen in Sin-Kiang", *Orientalistische Literaturzeitung*, vol. 54, pp. 229-242.

Wilkens, Jens 2004. "Studien zur alttürkischen *Daśakarma-pathāvadānamālā* (2): Die Legende vom Menschenfresser Kalmāṣapāda". *Acta Orientalia Hungaricae*, vol. 57 (2), pp. 141-180.

—— 2016. *Buddhistische Erzählungen aus dem alten Zentralasien*, 1-3 (*Berliner Turfantexte* XXXVII), Brepols.

Wille, Klaus 2005. "Some Recently Identified Sanskrit Fragments from the Stein and Hoernle Collection in the British Library, London (1)", *Annual Report of the International Research Institute for Advanced Buddhology at Soka University for the Academic Year 2004*, Vol. VIII, pp. 73-74.

Zieme, Peter 1975. "Ein uigurischer Text über die Wirtschaft manichäischer Klöster im uigurischen Reich". L. Ligeti (ed.): *Researches in Altaic Languages. Papers Read at the 14th Meeting of the PIAC Held in Szeged, August 22-28, 1971*. Budapest, pp. 331-339.

—— 1977a. "Zu den Legenden im uigurischen Goldglanzsūtra". *Journal of Turkish Studies. Türklük Bilgisi Araştırmaları* 1, pp. 149-156.

—— 1977b. "Drei neue uigurische Sklavendokumente", *Altorientalische Forschungen* 5, pp. 145-170.

—— 2005. *Magische Texte des uigurischen Buddhismus* (*Berliner Turfantexte* XXII), Turnhout: Brepols.

索引一：黃文弼文書編號索引

編號	定　名	頁碼（文/圖）
H18r	《三法度論》卷一《德品》	029 / 269
H18v	蒙古文文書	187 / 447
H19r	《鹹水喻經》	030 / 270
H19v	回鶻文蒙古統治時期站赤文書	087 / 351
H20	白雀元年（384）衣物疏	039 / 279
H21	白雀元年（384）衣物疏	039 / 279
H22r	唐調露二年（680）西州牒爲徵收折衝闕職仗身錢事（一）	040 / 280
H22v	武周某年西州勘官田簿（一）	045 / 287
H23	武周載初元年（689）三月廿四日衛士按馱領練抄	043 / 284
H24	唐開元十三年（725）西州未納徵物牒	050 / 293
H25	唐開元十三年（725）西州未納徵物牒	050 / 295
H26	唐開元十三年（725）西州未納徵物牒	050 / 297
H27	唐開元十三年（725）前後西州都督府典張元璋牒（一）	052 / 299
H28	唐開元十三年（725）前後西州都督府典張元璋牒（二）	052 / 301
H29	唐開元十三年（725）前後西州婦人梁氏辭	053 / 302
H30	唐某年西州高昌縣寧大鄉役夫簿	062 / 319
H31	唐開元十六年（728）西州都督府請紙案卷	054 / 303
H32	唐天寶十二載（753）二、三月交河郡天山縣牒爲申車坊新生犢事	059 / 311
H33	唐開元年間伊州伊吾軍屯田文書（一）	057 / 308
H34	唐開元年間伊州伊吾軍屯田文書（二）	057 / 309
H35	唐開元二十九年（741）典侯奉口牒爲追史某上番事	057 / 307
H36	武周某年西州勘官田簿（二）	045 / 287
H37	武周某年西州勘官田簿（三）	045 / 288
H38r	武周某年西州勘官田簿（六）	045 / 290
H38v	唐調露二年（680）西州牒爲徵收折衝闕職仗身錢事（四）	040 / 282
H39r	武周某年西州勘官田簿（四）	045 / 289
H39v	唐調露二年（680）西州牒爲徵收折衝闕職仗身錢事（二）	040 / 281
H40r	唐調露二年（680）西州牒爲徵收折衝闕職仗身錢事（三）	040 / 281

編號	定　名	頁碼（文/圖）
H40v	武周某年西州勘官田簿（五）	045 / 290
H41	武周某年西州勘官田簿（八）	045 / 291
H42	武周某年殘帳	049 / 292
H43	唐西州天山府帖爲佃地人納地子事	062 / 320
H44	唐開元年間趙悟那違契私賣田苗案卷	058 / 310
H45	武周載初元年（689）前後西州某衛事目	043 / 285
H46	唐西州典馬思牒爲才子負麥徵還事	042 / 283
H47	唐西州胡玄□辭（一）	063 / 321
H48	唐西州胡玄□辭（二）	063 / 322
H49r	唐調露二年（680）西州牒爲徵收折衝闕職仗身錢事（五）	040 / 282
H49v	武周某年西州勘官田簿（七）	045 / 291
H50	元楊真寶奴殘狀	070 / 333
H51	元稅使司使喚哈三文書	071 / 335
H52	丁丑年石俀衛芬倍社社條	068 / 330
H53	元至元三年（1266）文書殘片	068 / 331
H54	回鶻文音寫梵語《大隨求陀羅尼經》咒語	088 / 352
H55	回鶻文脱因等致也先·帖木兒等信札	093 / 359
H56	回鶻文西州回鶻早期摩尼教教團或私人田產地租入歷	095 / 360
H57r	回鶻文“三預流支”解説	097 / 362
H57v	回鶻文也先·都督致某高僧阿闍梨信札	099 / 364
H58	回鶻文察合台汗國某酉年十一月初十納麵粉帖	101 / 366
H59r	《妙法蓮華經》卷一《方便品》	030 / 270
H59v	回鶻文佛典	102 / 367
H60	回鶻文借銀契等契約草稿或習字	104 / 368
H61	回鶻文納糧抄（？）	105 / 369
H62	回鶻文匐·末斯·押衙致伊難主·達干·匐信札	106 / 370
H63	回鶻文西州回鶻中書門下頒摩尼寺管理條例	107 / 372
H64	回鶻文《金光明最勝王經》卷二	115 / 378
H65	回鶻文《十業道譬喻鬘》卷四	116 / 380

編號	定　　名	頁碼（文／圖）
H66	回鶻文《十業道譬喻鬘》卷四	118／382
H67r	《妙法蓮華經》卷六《藥王菩薩本事品》	031／271
H67v	回鶻文音寫漢語《寅朝禮懺文》節本	120／384
H68r	《大般涅槃經》卷一〇《一切大衆所問品》	032／272
H68v	回鶻文佛典	122／385
H69	回鶻文元朝某年某月某日都魯迷失・的斤賣高昌地契	123／386
H70	回鶻文執事也里與兄弟分書	125／388
H71	回鶻文刻本《佛説天地八陽神咒經》	127／390
H72	回鶻文刻本《聖妙吉祥真實名經》	130／392
H73	回鶻文刻本《佛説北斗七星延命經》	132／394
H74	唐大曆十五年（780）四月李明達借麥粟契	066／326
H75	唐大曆十四年（779）二月白蘇畢梨領屯米等帳	065／325
H76	丙午年（766？）將軍姚閏奴支付烽子錢抄	067／329
H77	唐磧西行軍押官楊思礼等辯辭	066／327
H78	元某年課程錢文書	069／332
H79	高昌乙亥年六月傳供帳	075／339
H80	龜兹語馬價文書（木簡）	141／403
H81	龜兹語某寺經濟文書	142／404
H82	梵語《妙法蓮華經・普賢菩薩勸發品》	163／423
H83	梵語佛典	164／424
H84	梵語佛典	165／425
H85	梵語佛典	165／426
H86	梵語《雜阿含經》	166／427
H87	胡語文書	197／457
H88	摩尼文帕提亞語教會史	177／437
H89	龜兹語名簿（木簡）	146／408
H90	龜兹語用錢簿（木簡）	147／409
H91	龜兹語欠租簿（木簡）	148／410
H92	龜兹語木簡	150／412

續表

編號	定　名	頁碼（文／圖）
H118	文書殘片	077 / 341
H119	文書殘片	078 / 342
H120	文書殘片	078 / 343
H121	文書殘片	079 / 343
H122	回鶻文密教佛典殘片	133 / 395
H123	摩尼文粟特語懺悔文	179 / 438
H124	摩尼文殘片	180 / 439
H125	回鶻文佛典殘片	134 / 396
H126	回鶻文書殘片	135 / 398
H127	回鶻文西州回鶻中書門下頒摩尼寺管理條例殘片	136 / 399
H128r	文書殘片	079、136 / 400
H128	回鶻文佛典殘片	136 / 400
H129	蒙古文完者不花致寬徹亦都護文書（一）	188 / 448
H130	蒙古文完者不花致寬徹亦都護文書（二）	188 / 449

索引二：中國國家博物館今藏<u>黃文弼</u>文書編號索引

館藏編號	定　名	編號	頁碼（文／圖）
K7210-1	梵語《妙法蓮華經・普賢菩薩勸發品》	H82	163 / 423
K7210-2	梵語佛典	H83	164 / 424
K7210-3	梵語佛典	H84	165 / 425
K7210-4	梵語佛典	H85	165 / 426
K7212	梵語《雜阿含經》	H86	166 / 427
K7213	摩尼文帕提亞語教會史	H88	177 / 437
K7217	元某年課程錢文書	H78	069 / 332
K7232	唐大曆十五年（780）四月<u>李明達</u>借麥粟契	H74	066 / 326
K7233	唐大曆十四年（779）二月<u>白蘇畢梨</u>領屯米等帳	H75	065 / 325
K7234	丙午年（766？）將軍<u>姚閏奴</u>支付烽子錢抄	H76	067 / 329
K7512	唐<u>磧西</u>行軍押官<u>楊思礼</u>等辯辭	H77	066 / 327
K7645	《三法度論》卷一《德品》	H17r	029 / 269
K7645	蒙古文文書	H17v	187 / 447
K7646	唐開元十六年（728）<u>西州</u>都督府請紙案卷	H31	054 / 303
K7647	唐開元十三年（725）前後<u>西州婦人梁氏</u>辭	H29	053 / 302
K7648	《大般若波羅蜜多經》卷四九一《善現品》	H14	026 / 267
K7649	《文選序》	H7	017 / 257
K7650	唐某年<u>西州高昌縣寧大鄉</u>役夫簿	H30	062 / 319
K7651	元稅使司使喚<u>哈三</u>文書	H51	071 / 335
K7652	唐<u>西州胡玄□</u>辭（一）	H47	063 / 321
K7652	唐<u>西州胡玄□</u>辭（二）	H48	063 / 322
K7653	《三法度論》卷一《德品》	H18r	029 / 269
K7653	蒙古文文書	H18v	187 / 447
K7654	唐開元二十九年（741）典<u>侯奉</u>□牒爲追史某上番事	H35	057 / 307

續表

館藏編號	定　　名	編號	頁碼（文/圖）
K7655-1	回鶻文密教佛典殘片	H122	133 / 395
K7655-3	蒙古文完者不花致寬徹亦都護文書（二）	H130	188 / 449
K7655-4	摩尼文粟特語懺悔文	H123	179 / 438
K7655-5	摩尼文殘片	H124	180 / 439
K7655-6	回鶻文佛典殘片	H125	134 / 396
K7655-7	回鶻文書殘片	H126	135 / 398
K7655-8	回鶻文西州回鶻中書門下頒摩尼寺管理條例殘片	H127	136 / 399
K7657	《大般若波羅蜜多經》卷一九七《難信解品》	H16	028 / 268
K7658	麴氏高昌延昌十七年（577）比丘尼僧願寫《涅槃經》題記	H11	024 / 264
K7659	《大般若波羅蜜多經》卷一九七《難信解品》	H15	028 / 268
K7661	唐開元年間伊州伊吾軍屯田文書（二）	H34	057 / 309
K7662	元楊真寶奴殘狀	H50	070 / 333
K7663	唐某年別奏等欠糧文稿	H113	075 / 339
K7664	武周某年西州勘官田簿（四）	H39r	045 / 289
K7664	唐調露二年（680）西州牒爲徵收折衝闕職仗身錢事（二）	H39v	040 / 281
K7665	給糧文書	H116	076 / 340
K7666	武周某年西州勘官田簿（六）	H38r	045 / 290
K7666	唐調露二年（680）西州牒爲徵收折衝闕職仗身錢事（四）	H38v	040 / 282
K7667	唐西州天山府帖爲佃地人納地子事	H43	062 / 320
K7668	武周某年西州勘官田簿（二）	H36	045 / 287
K7669	武周某年西州勘官田簿（三）	H37	045 / 288
K7670	元至元三年（1266）文書殘片	H53	068 / 331
K7671	唐調露二年（680）西州牒爲徵收折衝闕職仗身錢事（一）	H22r	040 / 280
K7671	武周某年西州勘官田簿（一）	H22v	045 / 287
K7672	唐開元十三年（725）前後西州都督府典張元璋牒（一）	H27	052 / 299

續表

館藏編號	定　名	編號	頁碼（文 / 圖）
K7673	唐開元年間伊州伊吾軍屯田文書（一）	H33	057 / 308
K7674	唐開元十三年（725）前後西州都督府典張元璋牒（二）	H28	052 / 301
K7675	唐西州典馬思牒爲才子負麥徵還事	H46	042 / 283
K7676	《孝經・三才章》鄭注	H3	005 / 239
K7677	唐開元十三年（725）西州未納徵物牒	H25	050 / 295
K7679	唐開元十三年（725）西州未納徵物牒	H26	050 / 297
K7680	唐開元十三年（725）西州未納徵物牒	H24	050 / 293
K7681	《鹹水喻經》	H19r	030 / 270
K7681	回鶻文蒙古統治時期站赤文書	H19v	087 / 351
K7682	唐天寶十二載（753）二、三月交河郡天山縣牒爲申車坊新生犢事	H32	059 / 311
K7683	唐開元年間趙悟那違契私賣田苗案卷	H44	058 /310
K7684	産乳相子書（正）	H8rb	013 / 250
K7684	産乳相子書（背）	H8v	013 / 252
K7686	武周某年西州勘官田簿（八）	H41	045 / 291
K7687	文書殘片	H119	078 / 342
K7689	玄應《一切經音義》卷十六《善見律》	H5	009 / 243
K7690	文書殘片	H128r	079、136 / 400
K7690	回鶻文佛典殘片	H128	136 / 400
K7691	《毛詩・邶風・旄丘～泉水》	H1	003 / 233
K7692	爲開元皇帝祈福文	H12	025 / 265
K7694	唐調露二年（680）西州牒爲徵收折衝闕職仗身錢事（三）	H40r	040 / 281
K7694	武周某年西州勘官田簿（五）	H40v	045 / 290
K7695	《尚書・虞書・大禹謨》	H2	003 / 235
K7696	武周長安三年（703）一月廿八日狀上括浮逃使牒	H4ra	044 / 286
K7696	《孝經・開宗明義章～天子章》	H4rb	005 / 237
K7696	《孝經・開宗明義章》	H4vb	004 / 236

館藏編號	定　名	編號	頁碼（文／圖）
K7696	唐神龍元年（705）曆日序	H4va	013／249
K7697	唐調露二年（680）西州牒爲徵收折衝闕職仗身錢事（五）	H49r	040／282
K7697	武周某年西州勘官田簿（七）	H49v	045／291
K7698	高昌乙亥年六月傳供帳	H79	075／339
K7699	武周某年租田文書	H114	076／340
K7700	玄應《一切經音義》摘抄	H6	009／244
K7701	武周某年西州勘官田簿（九）	H115r	045／291
K7701	唐調露二年（680）西州牒爲徵收折衝闕職仗身錢事（六）	H115v	040／282
K7702	殘辯辭	H117	077／341
K7703	文書殘片	H120	078／343
K7704	文書殘片	H118	077／341
K7705	文書殘片	H121	079／343
K7706	武周載初元年（689）三月廿四日衛士按馱領練抄	H23	043／284
K7709	回鶻文西州回鶻中書門下頒摩尼寺管理條例	H63	107／372
K7711	回鶻文元朝某年某月某日都魯迷失·的斤賣高昌地契	H69	123／386
K7712	回鶻文刻本《聖妙吉祥真實名經》	H72	130／392
K7713	回鶻文"三預流支"解説	H57r	097／362
K7713	回鶻文也先·都督致某高僧阿闍梨信札	H57v	099／364
K7714	回鶻文刻本《佛説天地八陽神咒經》	H71	127／390
K7715	回鶻文脱因等致也先·帖木兒等信札	H55	093／359
K7716	回鶻文執事也里與兄弟分書	H70	125／388
K7717	回鶻文西州回鶻早期摩尼教教團或私人田産地租入歷	H56	095／360
K7718	回鶻文匐·末斯·押衙致伊難主·達干·匐信札	H62	106／370
K7719	回鶻文察合台汗國某酉年十一月初十納麵粉帖	H58	101／366
K7720	蒙古文完者不花致寬徹亦都護文書（一）	H129	188／448

續表

館藏編號	定　　名	編號	頁碼（文/圖）
K7721	回鶻文刻本《佛説北斗七星延命經》	H73	132 / 394
K7722	回鶻文借銀契等契約草稿或習字	H60	104 / 368
K7723	《妙法蓮華經》卷一《方便品》	H59r	030 / 270
K7723	回鶻文佛典	H59v	102 / 367
K7724	回鶻文納糧抄（？）	H61	105 / 369
K7725	回鶻文音寫梵語《大隨求陀羅尼經》咒語	H54	088 / 352
Y0855	白雀元年（384）衣物疏	H20	039 / 279
Y0855	白雀元年（384）衣物疏	H21	039 / 279

索引三：黄文弼文書圖片新舊編號索引

1.《吐魯番考古記》

原圖編號	定　名	編號	頁碼（文/圖）
圖 15（圖版一三）	《大般若波羅蜜多經》卷一九七《難信解品》	H15	028 / 268
圖 16（圖版一三）	《大般若波羅蜜多經》卷一九七《難信解品》	H16	028 / 268
圖 17 正（圖版一四）	《三法度論》卷一《德品》	H17r	029 / 269
圖 17 背（圖版一四）	蒙古文文書	H17v	187 / 447
圖 18 正（圖版一五）	《三法度論》卷一《德品》	H18r	029 / 269
圖 18 背（圖版一五）	蒙古文文書	H18v	187 / 447
圖 19 正（圖版一六）	《鹹水喻經》	H19r	030 / 270
圖 19 背（圖版一六）	回鶻文蒙古統治時期站赤文書	H19v	087 / 351
圖 21（圖版一八）	白雀元年（384）衣物疏	H21	039 / 279
圖 22（圖版一八）	白雀元年（384）衣物疏	H20	039 / 279
圖 23 正（圖版一九）	唐調露二年（680）西州牒爲徵收折衝闕職仗身錢事（一）	H22r	040 / 280
圖 23 背（圖版一九）	武周某年西州勘官田簿（一）	H22v	045 / 287
圖 24（圖版二〇）	武周載初元年（689）三月廿四日衛士按駄領練抄	H23	043 / 284
圖 25（圖版二一）	唐開元十三年（725）西州未納徵物牒	H25	050 / 295
圖 26（圖版二二）	唐開元十三年（725）西州未納徵物牒	H24	050 / 293
圖 27（圖版二三）	唐開元十三年（725）西州未納徵物牒	H26	050 / 297
圖 28（圖版二三）	唐開元十三年（725）前後西州都督府典張元璋牒（一）	H27	052 / 299
圖 29（圖版二四）	唐開元十三年（725）前後西州都督府典張元璋牒（二）	H28	052 / 301
圖 30（圖版二五）	唐開元十三年（725）前後西州婦人梁氏辭	H29	053 / 302
圖 31（圖版二六）	唐某年西州高昌縣寧大鄉役夫簿	H30	062 / 319
圖 32（圖版二七、二八、二九、三〇）	唐開元十六年（728）西州都督府請紙案卷	H31	054 / 303

續表

原圖編號	定　名	編號	頁碼（文 / 圖）
圖 33（圖版三一、三二）	唐天寶十二載（753）二、三月交河郡天山縣牒爲申車坊新生犢事	H32	059 / 311
圖 34（圖版三三）	唐開元年間伊州伊吾軍屯田文書（一）	H33	057 / 308
圖 35（圖版三四）	唐開元年間伊州伊吾軍屯田文書（二）	H34	057 / 309
圖 36（圖版三五）	唐開元二十九年（741）典侯奉□牒爲追史某上番事	H35	057 / 307
圖 37（圖版三六）	武周某年西州勘官田簿（二）	H36	045 / 287
圖 38（圖版三六）	武周某年西州勘官田簿（三）	H37	045 / 288
圖 39 正（圖版三七）	武周某年西州勘官田簿（六）	H38r	045 / 290
圖 39 背（圖版三七）	唐調露二年（680）西州牒爲徵收折衝闕職仗身錢事（四）	H38v	040 / 282
圖 40 正（圖版三八）	武周某年西州勘官田簿（四）	H39r	045 / 289
圖 40 背（圖版三九）	唐調露二年（680）西州牒爲徵收折衝闕職仗身錢事（二）	H39v	040 / 281
圖 41 正（圖版四〇）	唐調露二年（680）西州牒爲徵收折衝闕職仗身錢事（三）	H40r	040 / 281
圖 41 背（圖版四〇）	武周某年西州勘官田簿（五）	H40v	045 / 290
圖 42（圖版四一）	武周某年西州勘官田簿（八）	H41	045 / 291
圖 43（圖版四一）	武周某年殘帳	H42	049 / 292
圖 44（圖版四二）	唐西州天山府帖爲佃地人納地子事	H43	062 / 320
圖 45（圖版四二）	唐開元年間趙悟那違契私賣田苗案卷	H44	058 / 310
圖 46（圖版四三）	武周載初元年（689）前後西州某衙事目	H45	043 / 285
圖 47（圖版四四）	唐西州典馬思牒爲才子負麥徵還事	H46	042 / 283
圖 48（圖版四五）	唐西州胡玄□辭（一）	H47	063 / 321
圖 49（圖版四六）	唐西州胡玄□辭（二）	H48	063 / 322
圖 50 正（圖版四六）	唐調露二年（680）西州牒爲徵收折衝闕職仗身錢事（五）	H49r	040 / 282

續表

原圖編號	定　名	編號	頁碼（文／圖）
圖 50 背（圖版四六）	武周某年西州勘官田簿（七）	H49v	045 / 291
圖 51 正、背（圖版四七、四八）	元楊真寶奴殘狀	H50	070 / 333
圖 52（圖版四九）	元稅使司使喚哈三文書	H51	071 / 335
圖 53（圖版五〇）	丁丑年石俅衛芬倍社社條	H52	068 / 330
圖 54（圖版五一）	元至元三年（1266）文書殘片	H53	068 / 331
圖 78（圖版七三一八〇）	回鶻文音寫梵語《大隨求陀羅尼經》咒語	H54	088 / 352
圖 79（圖版八一）	回鶻文脫因等致也先·帖木兒等信札	H55	093 / 359
圖 80（圖版八二）	回鶻文西州回鶻早期摩尼教教團或私人田產地租入歷	H56	095 / 360
圖 81 正（圖版八三）	回鶻文"三預流支"解說	H57r	097 / 362
圖 81 背（圖版八四）	回鶻文也先·都督致某高僧阿闍梨信札	H57v	099 / 364
圖 82（圖版八五）	回鶻文察合台汗國某酉年十一月初十納麵粉帖	H58	101 / 366
圖 83（圖版八五）	回鶻文佛典	H59v	102 / 367
圖 84（圖版八六）	回鶻文借銀契等契約草稿或習字	H60	104 / 368
圖 85（圖版八六）	回鶻文納糧抄（？）	H61	105 / 369
圖 86 正、背（圖版八七、八八）	回鶻文匐·末斯·押衙致伊難主·達干·匐信札	H62	106 / 370
圖 87（圖版八九一九四）	回鶻文西州回鶻中書門下頒摩尼寺管理條例	H63	107 / 372
圖 88（圖版九五一九七）	回鶻文摩尼教徒曆日	H10v	083 / 347
圖 89 正、背（圖版九八）	回鶻文《金光明最勝王經》卷二	H64	115 / 378
圖 90 正、背（圖版九九）	回鶻文《十業道譬喻鬘》卷四	H65	116 / 380
圖 91 正、背（圖版一〇〇）	回鶻文《十業道譬喻鬘》卷四	H66	118 / 382
圖 92 正（圖版一〇一）	《妙法蓮華經》卷六《藥王菩薩本事品》	H67r	031 / 271
圖 92 背（圖版一〇二）	回鶻文音寫漢語《寅朝禮懺文》節本	H67v	120 / 384

續表

原圖編號	定　名	編號	頁碼（文 / 圖）
圖 93 正（圖版一〇三）	《大般涅槃經》卷一〇《一切大衆所問品》	H68r	032 / 272
圖 93 背（圖版一〇三）	回鶻文佛典	H68v	122 / 385
圖 94（圖版一〇四）	回鶻文元朝某年某月某日都魯迷失・的斤賣高昌地契	H69	123 / 386
圖 95（圖版一〇五）	回鶻文執事也里與兄弟分書	H70	125 / 388
圖 96（圖版一〇六、一〇七）	回鶻文刻本《佛説天地八陽神咒經》	H71	127 / 390
圖 97（圖版一〇八）	回鶻文刻本《聖妙吉祥真實名經》	H72	130 / 392
圖 98（圖版一〇九）	回鶻文刻本《佛説北斗七星延命經》	H73	132 / 394

2.《塔里木盆地考古記》

原圖編號	定　名	編號	頁碼（文 / 圖）
圖 1（圖版柒壹）	唐大曆十五年（780）四月李明達借麥粟契	H74	066 / 326
圖 2（圖版柒壹）	唐大曆十四年（779）二月白蘇畢梨領屯米等帳	H75	065 / 325
圖 3（圖版柒壹）	丙午年（766 ？）將軍姚閏奴支付烽子錢抄	H76	067 / 329
圖 4（圖版柒壹）	唐磧西行軍押官楊思礼等辯辭	H77	066 / 327
圖 5（圖版柒貳）	元某年課程錢文書	H78	069 / 332
圖 6（圖版柒叁至柒肆）	龜茲語某寺經濟文書	H81	142 / 404
圖 8（圖版柒陸）	梵語《妙法蓮華經・普賢菩薩勸發品》	H82	163 / 423
圖 9（圖版柒陸）	梵語佛典	H83	164 / 424
圖 10（圖版柒柒）	梵語佛典	H84	165 / 425
圖 11（圖版柒柒）	梵語佛典	H85	165 / 426
圖 12（圖版柒柒）	梵語《雜阿含經》	H86	166 / 427
圖 13（圖版柒柒）	胡語文書	H87	197 / 457
圖 14（圖版柒柒）	摩尼文帕提亞語教會史	H88	177 / 437
圖 28（圖版玖壹）	龜茲語名簿（木簡）	H89	146 / 408

續表

原圖編號	定　名	編號	頁碼（文／圖）
圖 29（圖版玖壹）	龜茲語用錢簿（木簡）	H90	147 / 409
圖 30（圖版玖貳）	龜茲語欠租簿（木簡）	H91	148 / 410
圖 31（圖版玖叄）	龜茲語木簡	H92	150 / 412
圖 32（圖版玖叄）	胡語殘簡牘	H93	197 / 458
圖 36（圖版貳捌）	龜茲語馬價文書（木簡）	H80	141 / 403

3.《新疆考古發掘報告（1957—1958）》

原圖編號	定　名	編號	頁碼（文／圖）
圖版二七·圖 1	粟特語木牘	H94	173 / 433
圖版二七·圖 2	粟特語木牘	H95	173 / 434
圖版三六	梵語佛典	H96	167 / 428
圖版三七	梵語佛典	H97	168 / 429
圖版四五·圖 1	《大通方廣經》卷中	H98	033 / 273
圖版四五·圖 2	佛典注疏	H99	033 / 274
圖版四五·圖 3 正	《正法念處經》卷五〇《觀天品》	H100r	034 / 275
圖版四五·圖 3 背	藏文致曩兒波書信	H100v	183 / 443
圖版四六·圖 1 正	《正法念處經》卷五〇《觀天品》	H101r	034 / 275
圖版四六·圖 1 背	藏文致曩兒波書信	H101v	183 / 443
圖版四七·圖 1	王万年書封	H102r	065 / 324
圖版四七·圖 2	禮懺文	H102v	035 / 276
圖版六六·圖 1、圖 2 右	龜茲語殘卷	H103	151 / 414
圖版六六·圖 2 左	阿拉伯文文書	H104	193 / 453
圖版六六·圖 3	文書殘片	H105	067 / 328
圖版六七·圖 1	龜茲語賣物文書（木簡）	H106	151 / 415
圖版六七·圖 2	龜茲語財物標籤（木簡）	H107	152 / 415
圖版六七·圖 3	有字（？）木簡	H108	197 / 459
圖版六七·圖 4	龜茲語財物標籤（木簡）	H109	152 / 416
圖版六七·圖 5	龜茲語財物標籤（木簡）	H110	153 / 416

新疆師範大學
黃文弼中心叢刊

黃文弼

所獲西域文書

榮新江　朱玉麒　主編

下

中西書局

圖書在版編目（CIP）數據

黄文弼所獲西域文書 / 榮新江, 朱玉麒主編. — 上海: 中西書局, 2023

ISBN 978-7-5475-1693-5

Ⅰ.①黄… Ⅱ.①榮… ②朱… Ⅲ.①文史資料—西域—文集 Ⅳ.①K294.5-53

中國國家版本館CIP數據核字（2023）第071511號

圖版目録

漢文文書

胡語文書

漢文文書

一

經

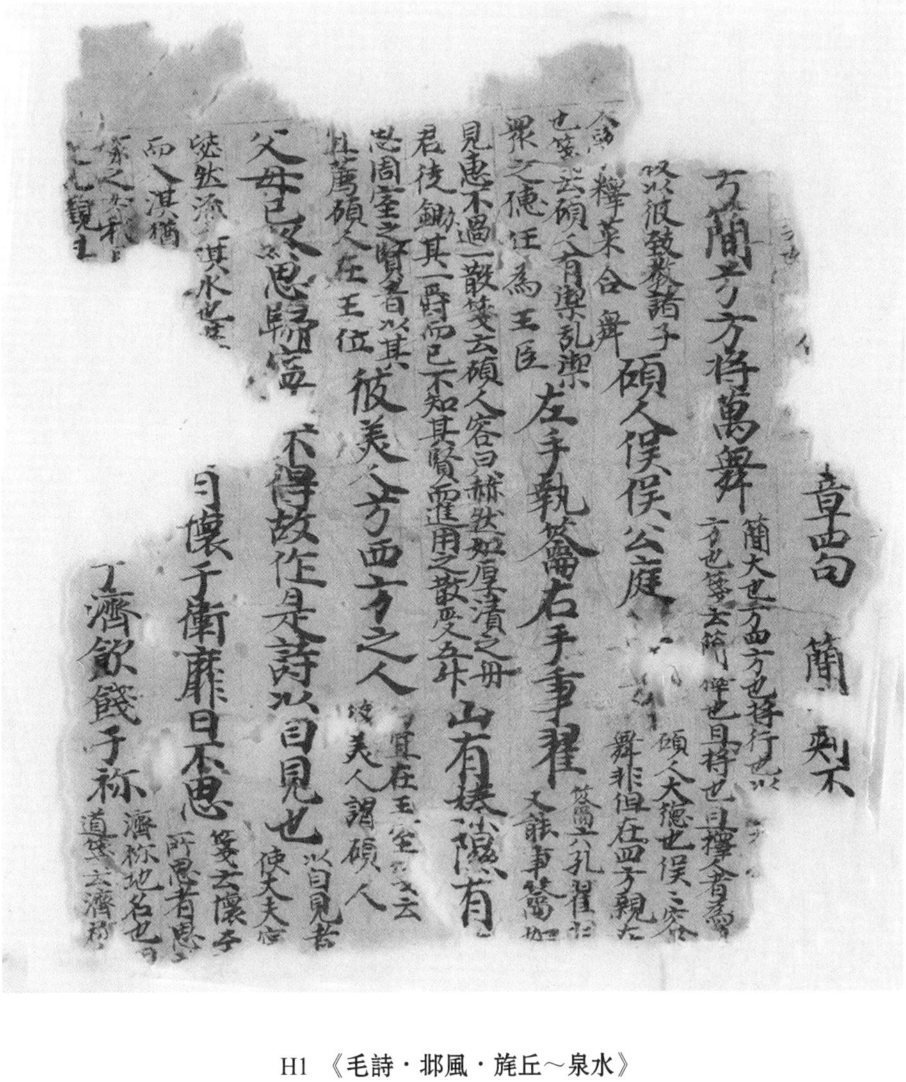

H1 《毛詩・邶風・旄丘～泉水》

旄丘四章章四句　簡兮刾不用賢也衛之賢者仕於

簡兮簡兮方將萬舞簡方四方也將行也以干戚為萬舞用之宗廟山川

之版以彼致教諸子簡大也四方也箋云簡擇也且將也擇人者為祭祀當萬舞也萬

八學釋菜合舞碩人俁俁公庭萬舞碩人大德也俁俁容貌大也萬舞非但在四方親在宗廟公庭

也箋云碩人有樂孔樂　左手執籥右手秉翟箋六孔翟羽也箋云

眾之德住為王臣

見惠不過一散箋云碩人容兒赫然如厚清之舟山有榛隰有苓榛

君徒鋤其一爵而已不知其賢而進用之散受五幷

思周室之賢者以其彼美人兮西方之人彼美人謂碩人

宜薦碩人在王位　　彼美人兮西方之人彼美人謂碩人在王室箋云

父母已終思歸寧不得故作是詩以自見也以自見者見己志也

悠悠流也淇水也箋云泉水流有懷于衛靡日不思　箋云懷至靡無也以言

而入淇猶婦人出嫁於異國　可思者思女所至念者

嫁之女我且欲詈與之謀婦人出宿于濟飲餞于祢濟祢地名也

之礼觀其志意親親之恩也　　道箋云濟祢

H1 《毛詩·邶風·旄丘～泉水》黃文弼摹補本

H2　《尚書·虞書·大禹謨》

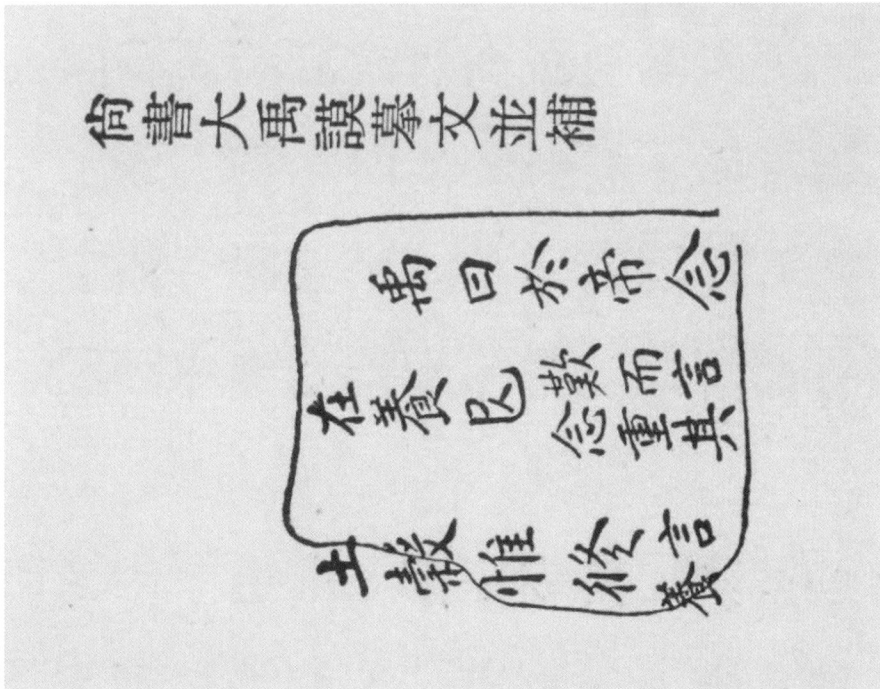

H2　《尚書·虞書·大禹謨》黃文弼摹補本

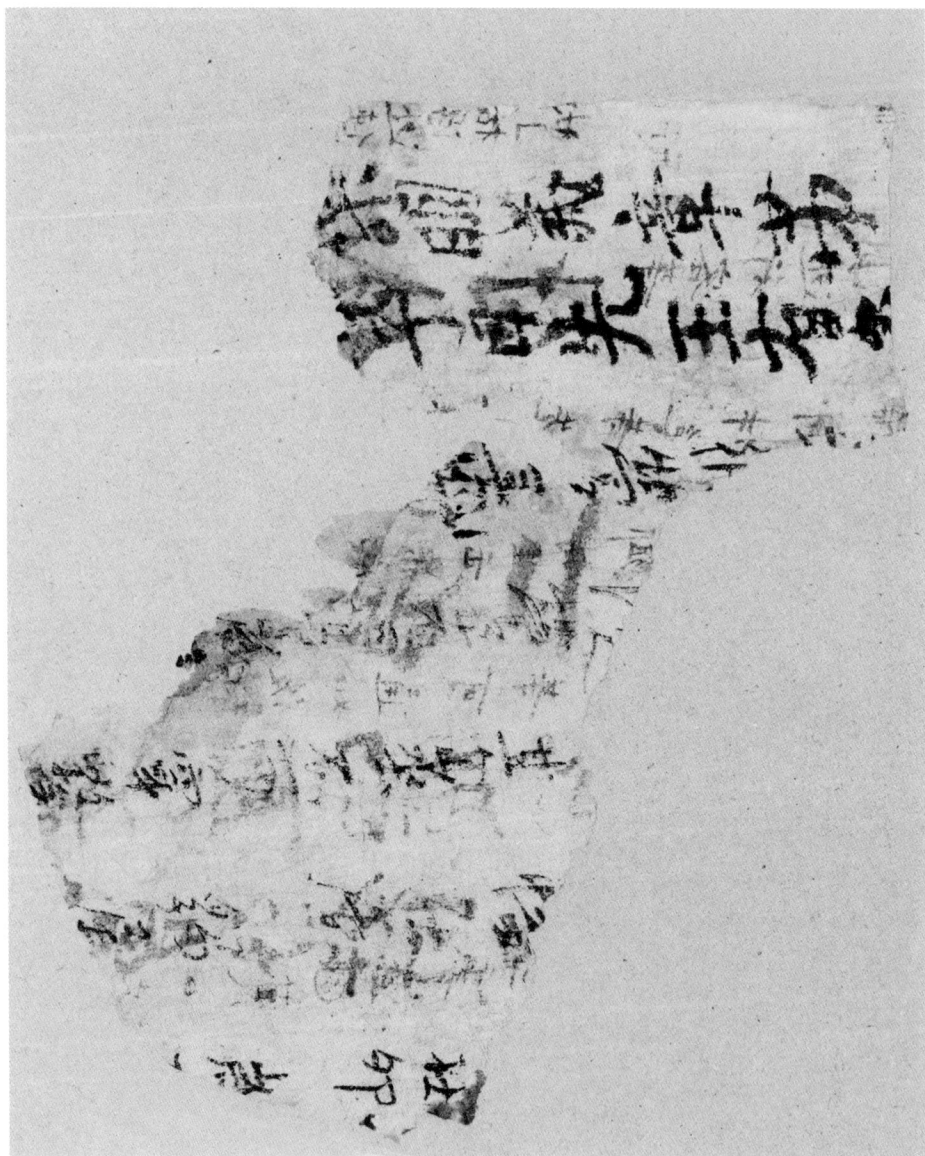

H4vb　《孝經・開宗明義章》

H4rb 《孝經・開宗明義章～天子章》

孝經口宗明義章㝢文

宗明義章㝢
子曰先王有至

愛習子待子
安迴以順天
㝢三

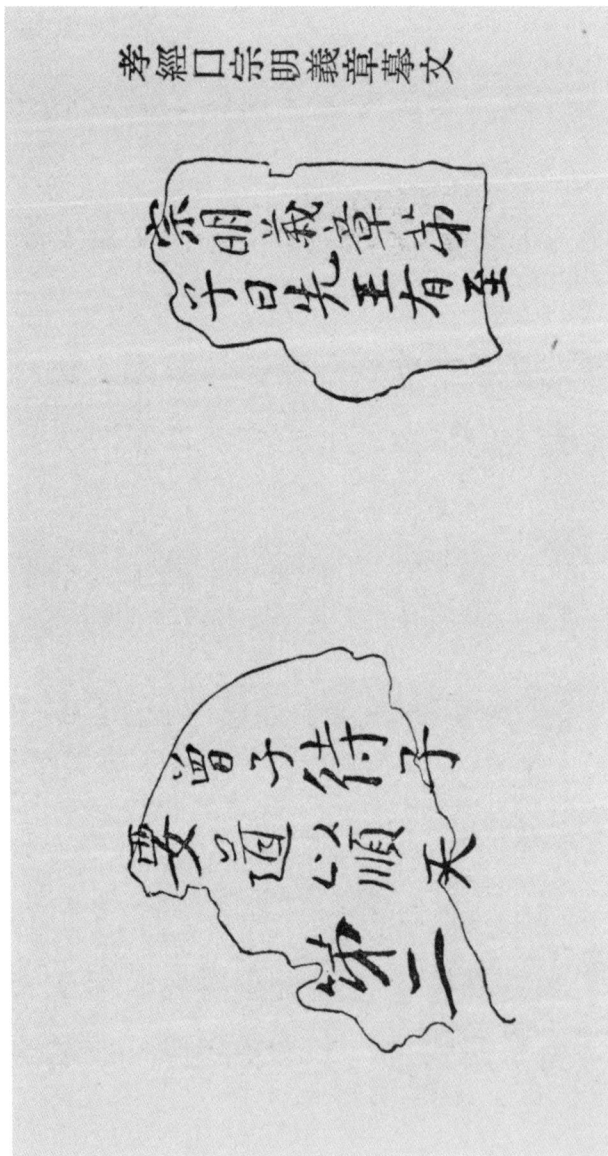

H4 《孝經·開宗明義章～天子章》黃文弼摹補本

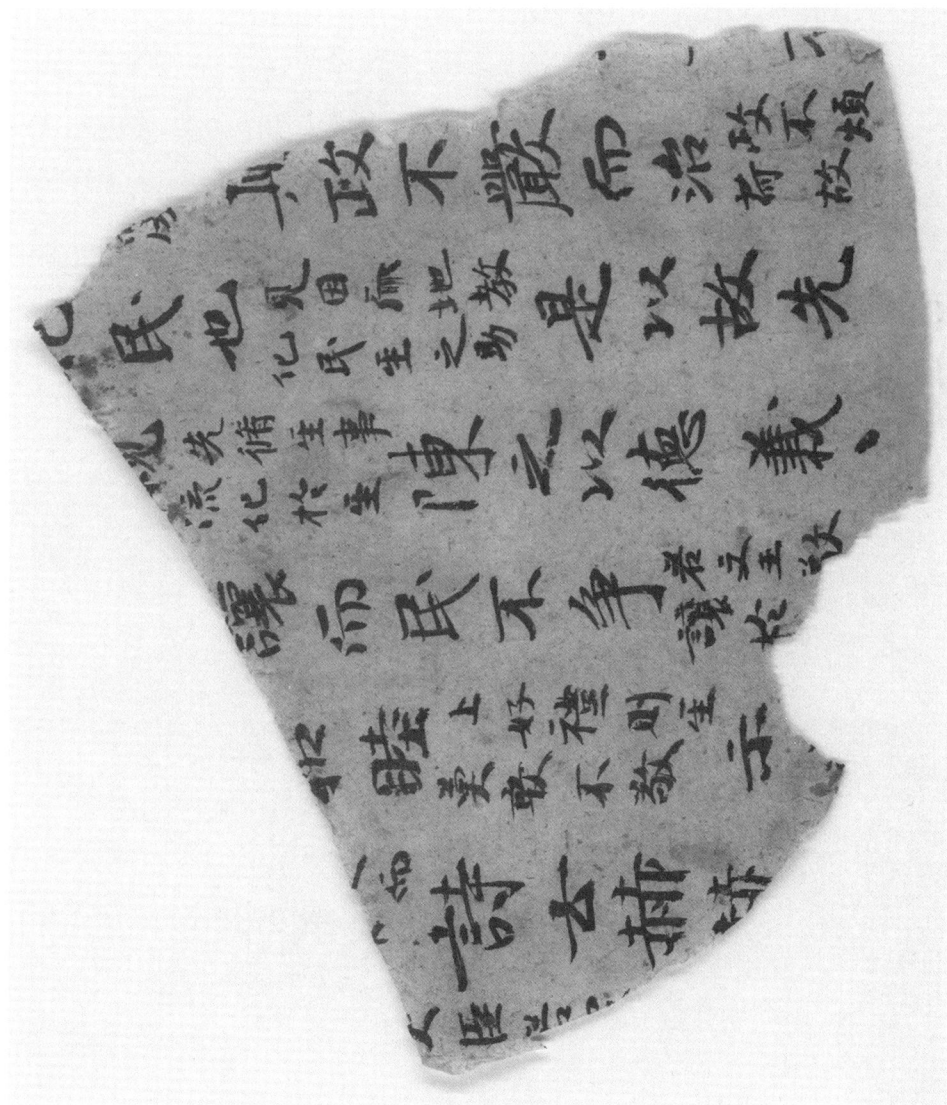

H3 《孝經·三才章》鄭注

孝經三才章摹文並補

以用也用天四時地利順治天下
下民皆樂之是以其教不肅威

不嚴而治邑　先王見教之可以化民也　其政不嚴而治政不煩荷故
而治邑　　　　　　化民生之助　是以故先　　　　　　　　　　政不煩

之以博愛而民莫遺其親先備生事陳之以德義、
　　　　　　　　　　流化於生

而民興行上好義則民莫敢不服也先之以敬讓而民不爭讓扵朝
　　　　　　　　　　　　　　　　　　　　　　　　　君文王敬

虞苪推畔於田上好禮則生導之以禮樂而民和睦上好禮則生
上好之則下効之　　　　　　　　　　　莫敢不敬示之

以好惡而民知禁喜者賞之惡者罰之而詩云赫赫師
民知禁不敢為非也

尹民具爾瞻屬也女當視民　　師尹太臣者家宰之

H3　《孝經·三才章》黃文弼摹補本

一

小學

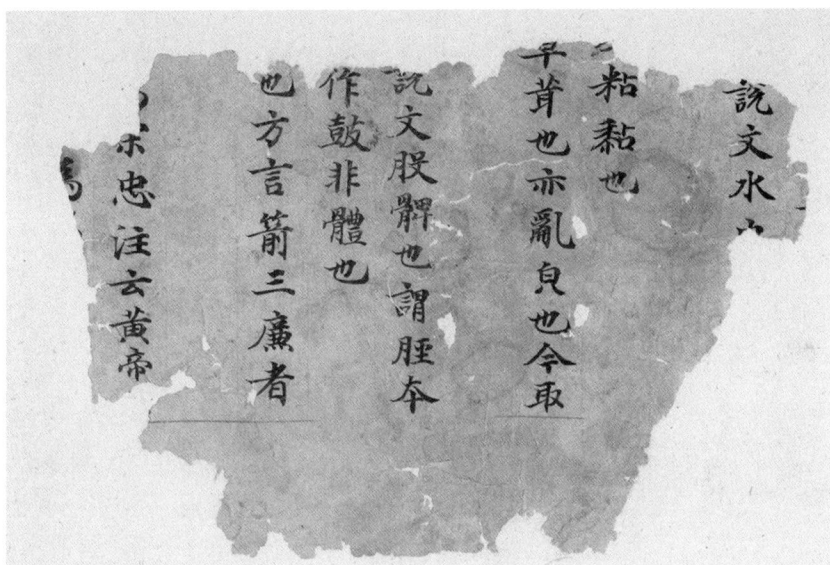

H5　<u>玄應</u>《一切經音義》卷十六《善見律》卷八

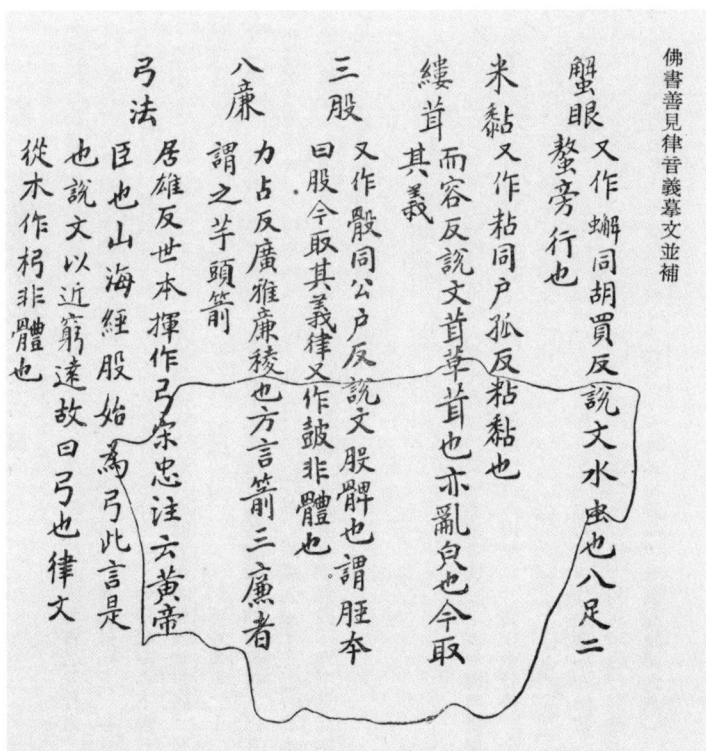

H5　<u>玄應</u>《一切經音義》卷十六《善見律》卷八<u>黃文弼</u>摹補本

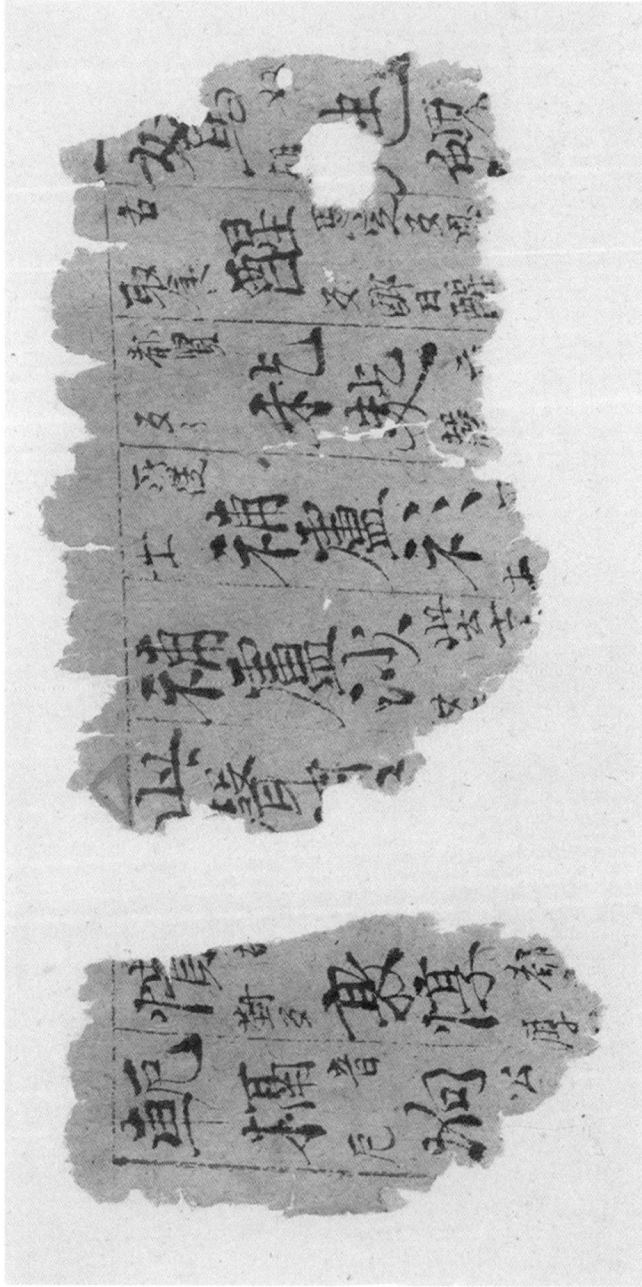

H6　玄應《一切經音義》摘抄

H6 玄應《一切經音義》摘抄黃文弼摹補本

三

子

H4va　唐神龍元年（705）曆日序

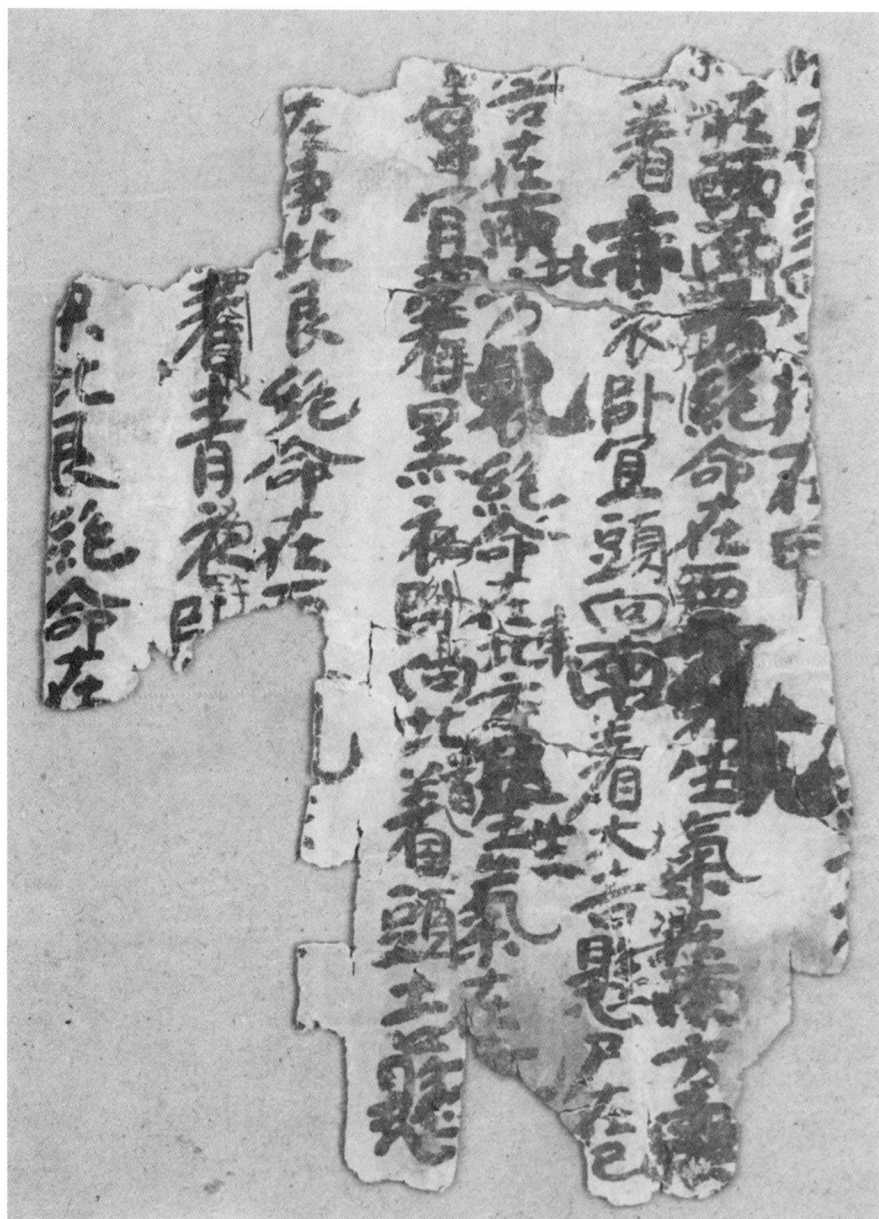

H8rb　産乳相子書（正）

在甲

在西南方絕命在西方生氣在南方□

一著赤衣卧宜頭向南著大吉懸尸在巳

在東北方乾絕命在北方艮生氣在

□宜著黑衣卧向北著頭吉懸

在東北艮絕命在西

著青衣卧

東北艮絕命在

H8rb　産乳相子書（正）黄文弼摹補本

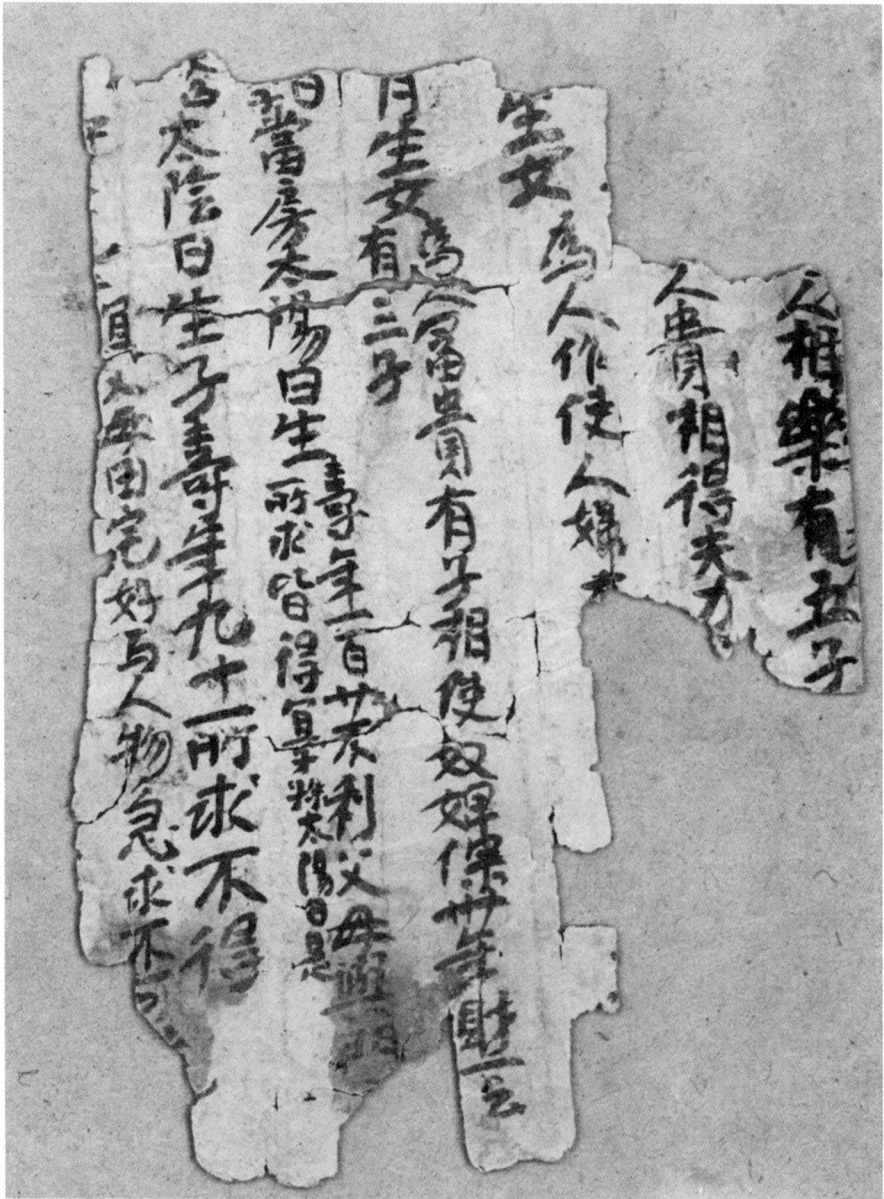

H8v　産乳相子書（背）

人相樂有五子

人貴相得夫力

生女爲人作使人婦

月生女爲人富貴有子相使奴婢保世年財一云

日當房太陽日生　壽年一百卅余利父母與門

子　　　　　所求皆得宜子將太陽日是

口太陰日生子壽年九十所求不得

宜父母田宅好与人物急求不可

H8v　産乳相子書（背）黄文弼摹補本

四

集

又楚人屈原，含忠履潔，君匪從流，臣進逆耳，深思遠慮，遂放湘南。耿介之意既傷，壹鬱之懷靡愬。臨淵有懷沙之志，吟澤有憔悴之容。騷人之文，自茲而作。

詩者，蓋志之所之也。情動於中而形於言。關雎麟趾，正始之道著；桑間濮上，亡國之音表。故風雅之道，粲然可觀。

自炎漢中葉，厥塗漸異。退傅有在鄒之作，降將著河梁之篇；四言五言，區以別矣。又少則三字，多則九言，各體互興，分鑣並驅。

頌者所以游揚德業，襃讚成功。吉甫有穆若之談，季子有至矣之歎，舒布為詩，既言如彼，總成為頌，又亦若此。

次則箴興於補闕，戒出於弼匡，論則析理精微，銘則序事清潤，美終則誄發，圖像則贊興。

又詔誥教令之流，表奏牋記之列，書誓符檄之品，弔祭悲哀之作，答客指事之制，三言八字之文，篇辭引序，碑碣誌狀，眾製鋒起，源流間出。譬陶匏異器，並為入耳之娛；黼黻不同，俱為悅目之玩。作者之致，蓋云備矣。

H7 《文選序》

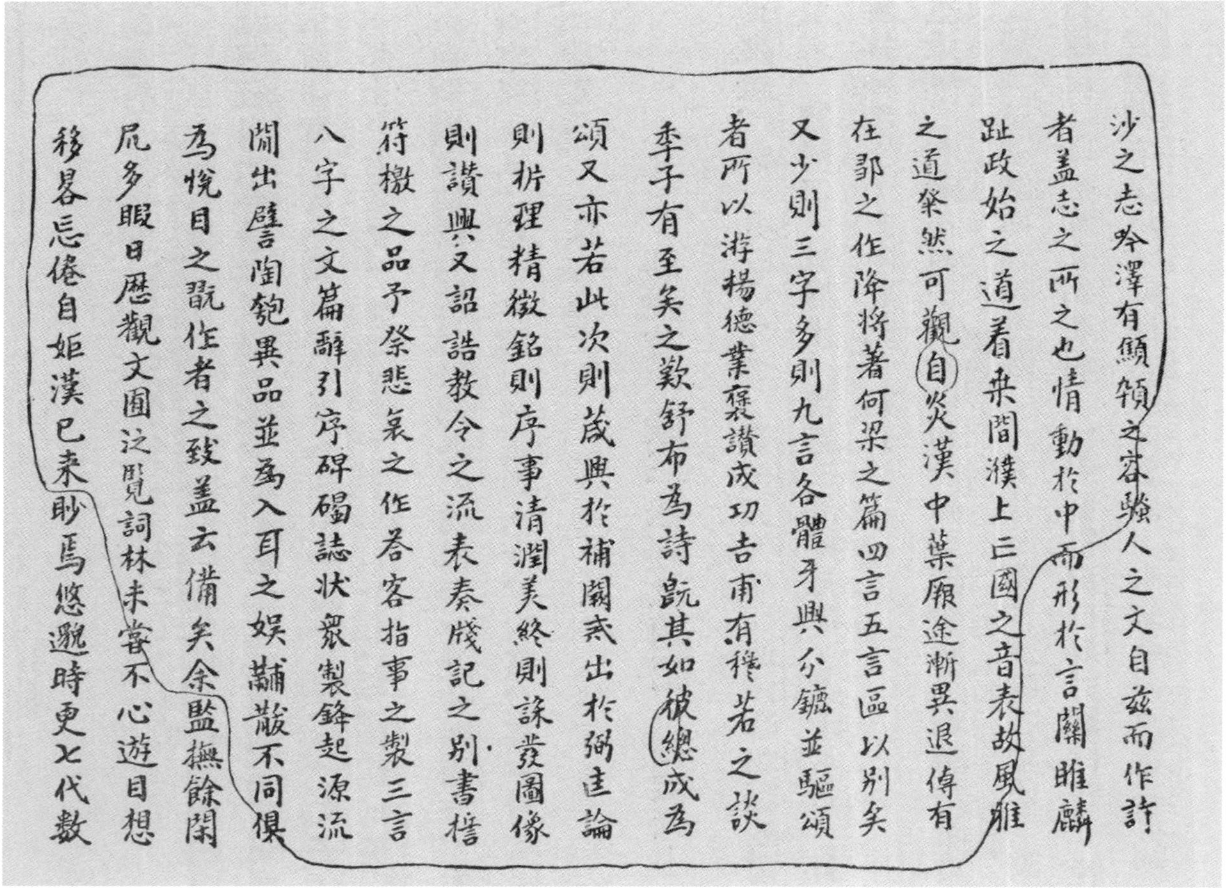
沙之志吟澤有顦領之容騷人之文自兹而作詩
者蓋志之所之也情動於中而形於言關雎麟
趾政始之道著桑間濮上亡國之音表故風雅
之道粲然可觀自炎漢中葉厥途漸異退傅有
在鄒之作降將著河梁之篇四言五言區以別矣
又少則三字多則九言各體互興分鑣並驅頌
者所以游揚德業褒讚成功吉甫有穆若之談
季子有至矣之歎舒布為詩既其如彼總成為
頌又亦若此次則箴興於補闕戒出於弼匡論
則析理精微銘則序事清潤美終則誄發圖像
則讚興又詔誥教令之流表奏牋記之別書誓
符檄之品弔祭悲哀之作荅客指事之製三言
八字之文篇辭引序碑碣誌狀衆製鋒起源流
間出譬陶匏異品並為入耳之娛黼黻不同俱
為悅目之翫作者之致蓋云備矣余監撫餘閑
居多暇日歷觀文囿泛覽詞林未嘗不心遊目想
移晷忘倦自姬漢已來眇焉悠邈時更七代數

H7 《文選序》黃文弼摹補本

五

佛教文獻

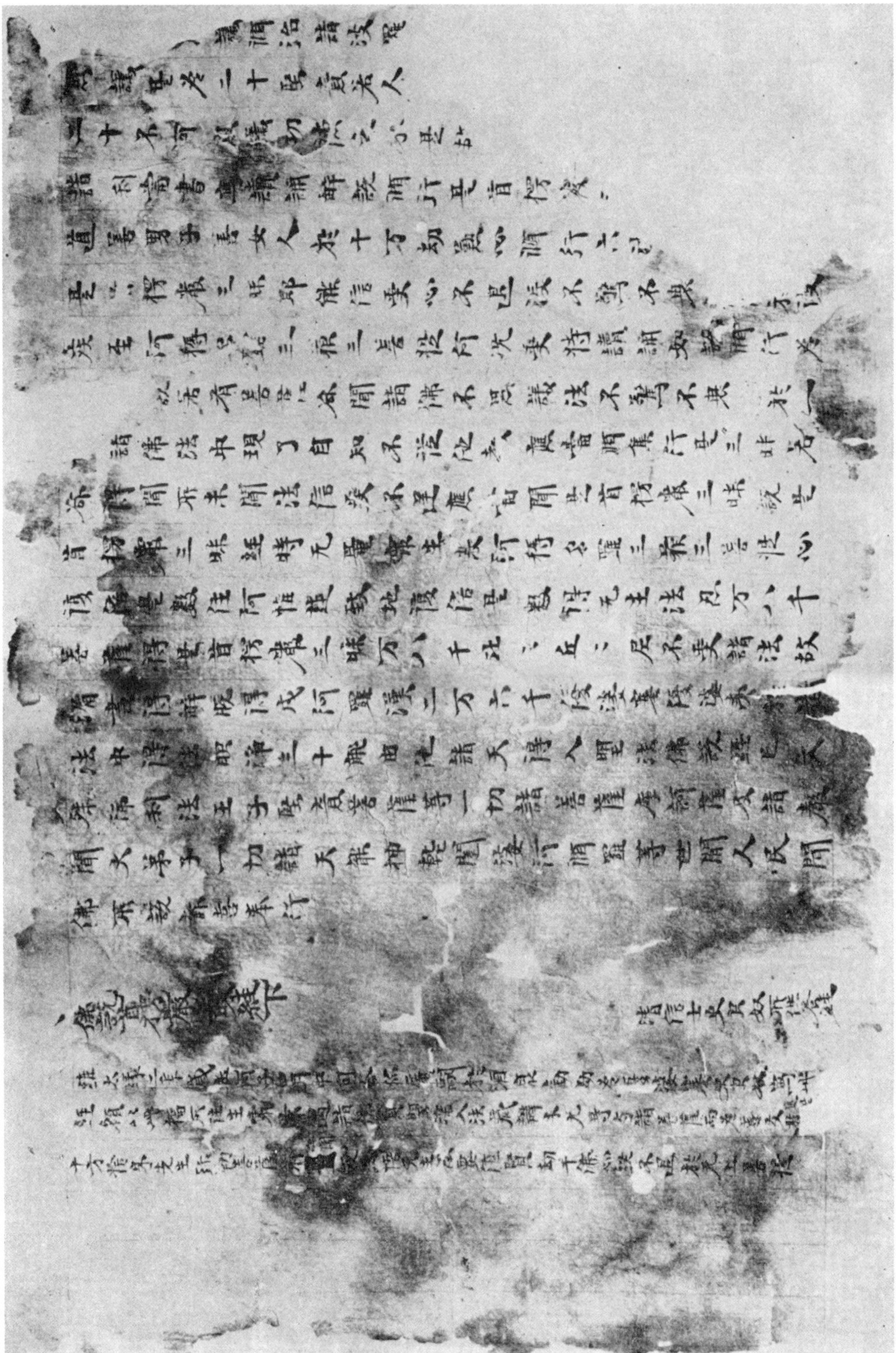

H9　北涼太緣二年（436）令狐廣嗣寫《佛說首楞嚴三昧經》并題記

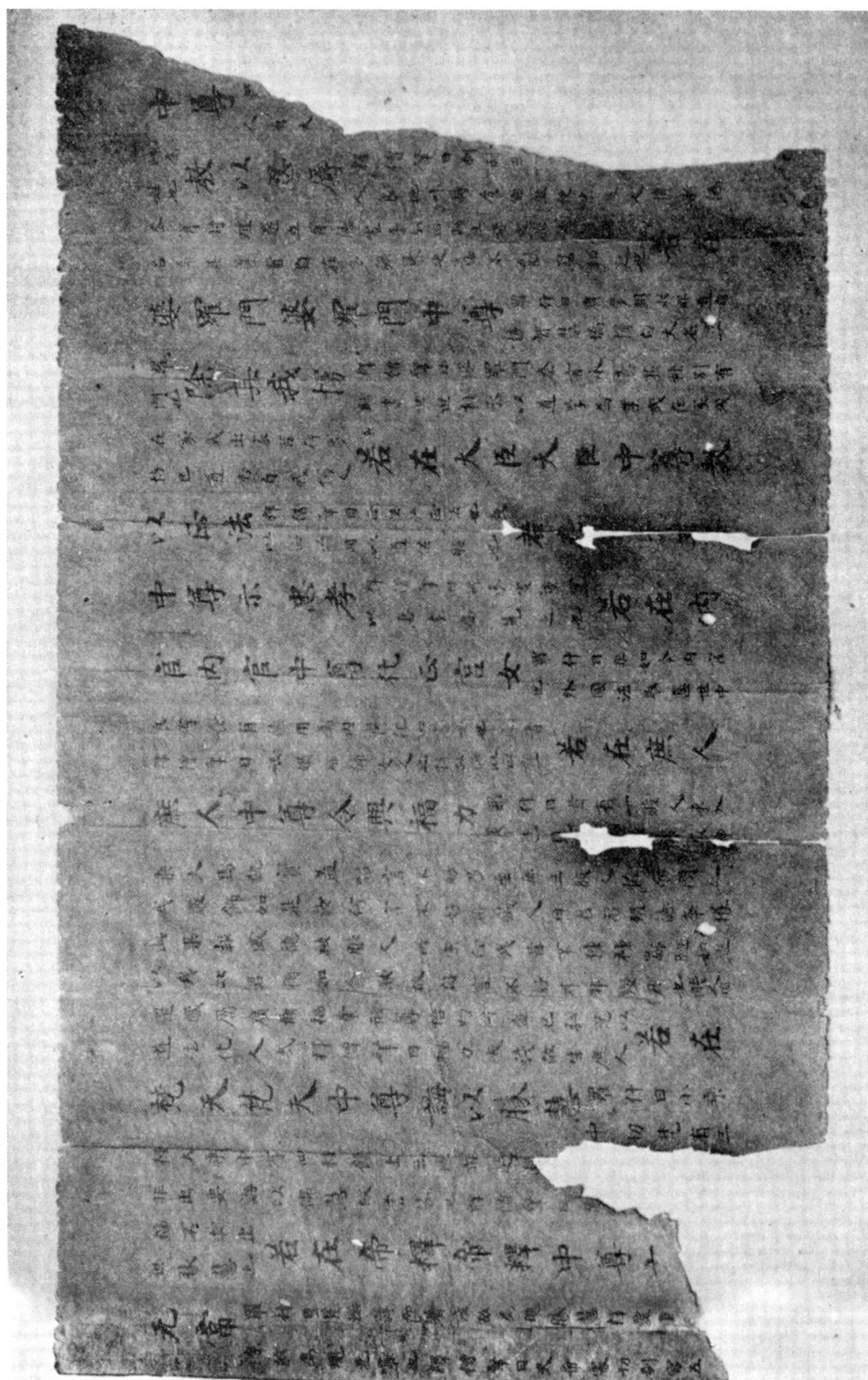

H10　《注維摩詰經》卷二—1

延昌十七年丁酉歲二月八日比丘尼僧願驚惶關命常住三

寶僧躬先日平生稟女穢父母受憐令徒入道雖秉法

偈三業面墻凤宵驚懼恐命空遍宿祿思省冰炭

交懷遂割減衣鈰之分用寫涅槃一部黑讀誦者難

涅槃之樂礼覲者清三塗之苦復以斯福敬現身康

種途離苦轉七祖三魂芳姚往識超昇慈當挺生農男

比丘尼僧願菩為一切敬造僌衣

H11　麴氏高昌延昌十七年（577）比丘尼僧願寫《涅槃經》題記

主賛德　　　耀乃堅元聲琀望　　奉用莊嚴開元皇帝樊下　　迦天上之歌聲下月中之　　一塔梵眾亮鍾鎚鐃烟扫　　便蒙百其以騰炎舍五雲而噴色　　你捨屬念共崇勝已　　侯王以宮己公　　尚書等　　迴向之　　今瞻佇

H12　爲開元皇帝祈福文

H13r 《妙法蓮華經》卷五《如來壽量品》

H14　《大般若波羅蜜多經》卷四九一〈善現品〉

H15＋H16　《大般若波羅蜜多經》卷一九七《難信解品》

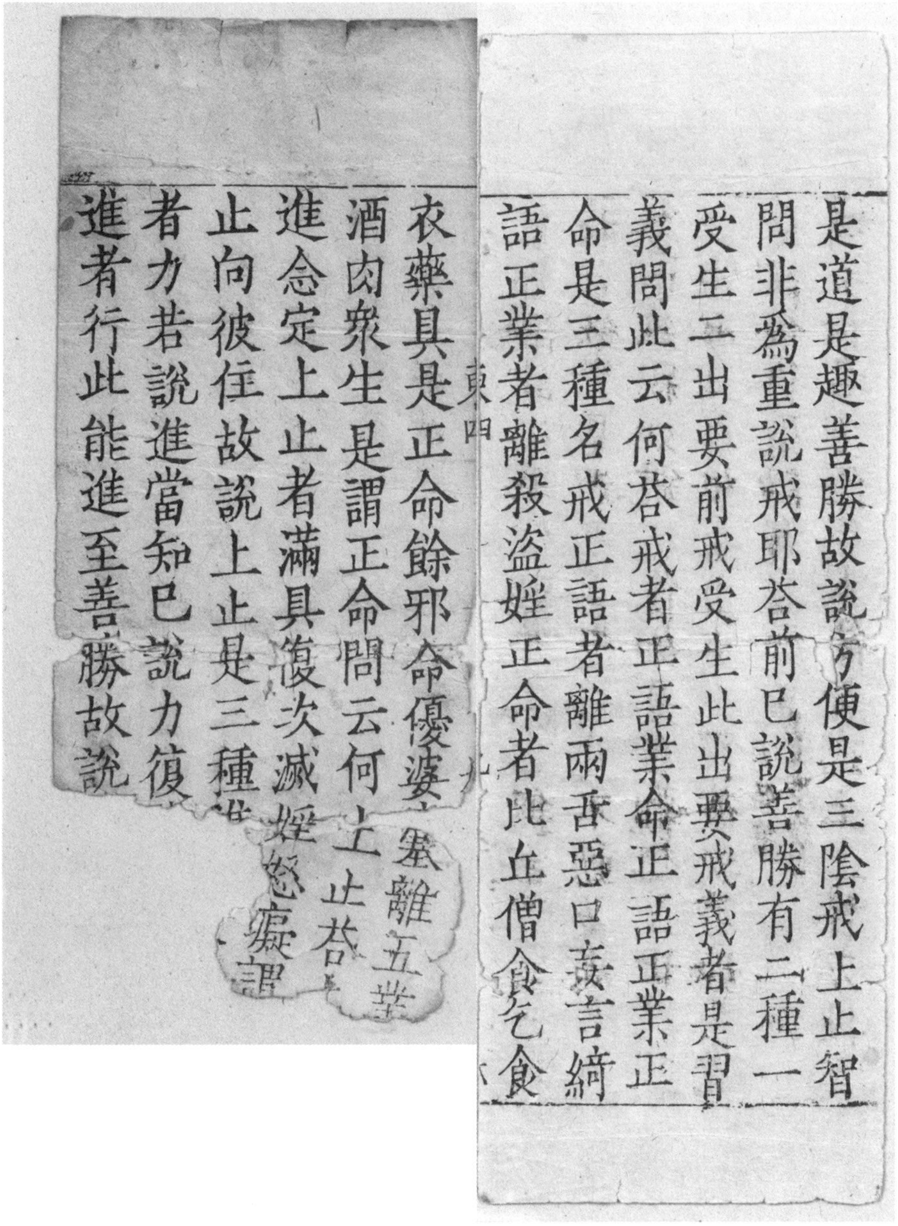

是道是趣善勝故說方便是三陰戒上止智
問非為重說戒耶荅前已說善勝有二種一
受生二出要前戒受生此出要戒義者是習
義問此云何荅戒者正語業命正語正
命是三種名戒正語者離兩吾惡口妄言綺
語正業者離殺盜婬正命者此立僧食乞食

衣藥具是正命餘邪命優婆塞離五
酒肉眾生是謂正命問云何上止荅
進念定上止者滿具復次滅婬怒癡謂
止向彼住故說上止是三種
者力若說進當知已說力復
進者行此能進至善勝故說

H17r + H18r 《三法度論》卷一《德品》

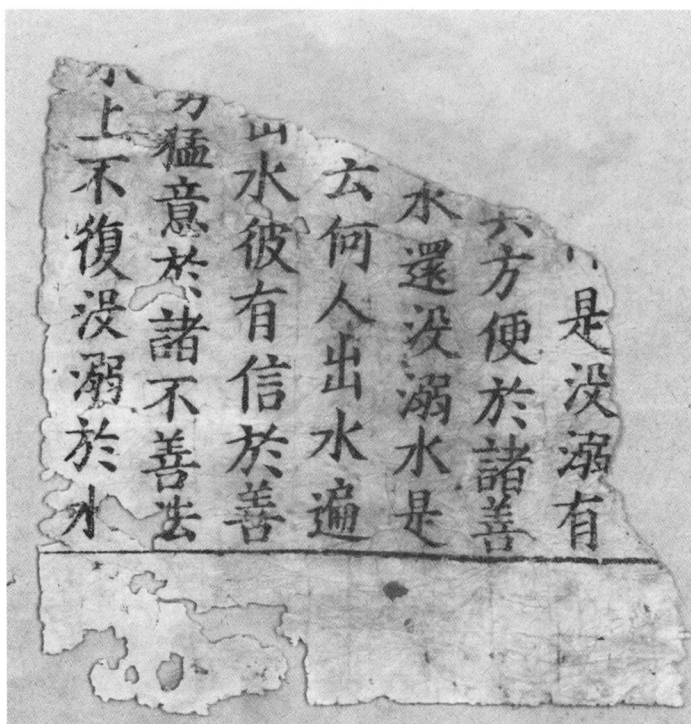

H19r　《鹹水喻經》

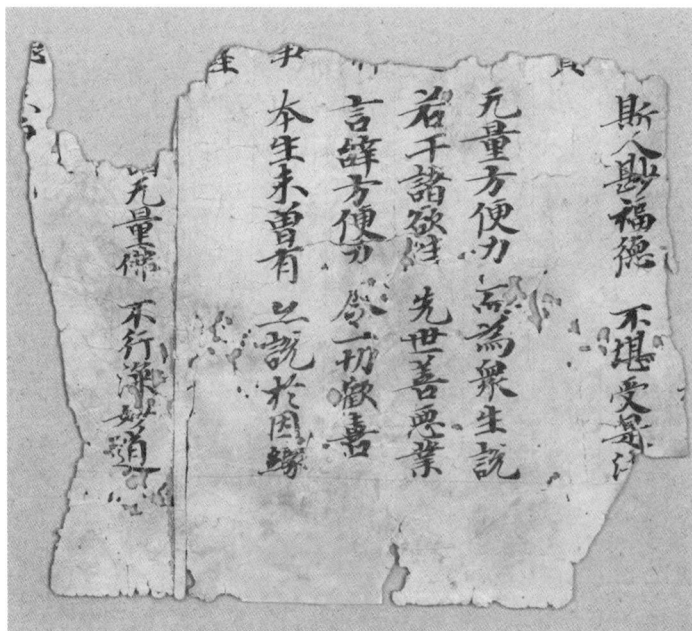

H59r　《妙法蓮華經》卷一《方便品》

H67r　《妙法蓮華經》卷六《藥王菩薩本事品》

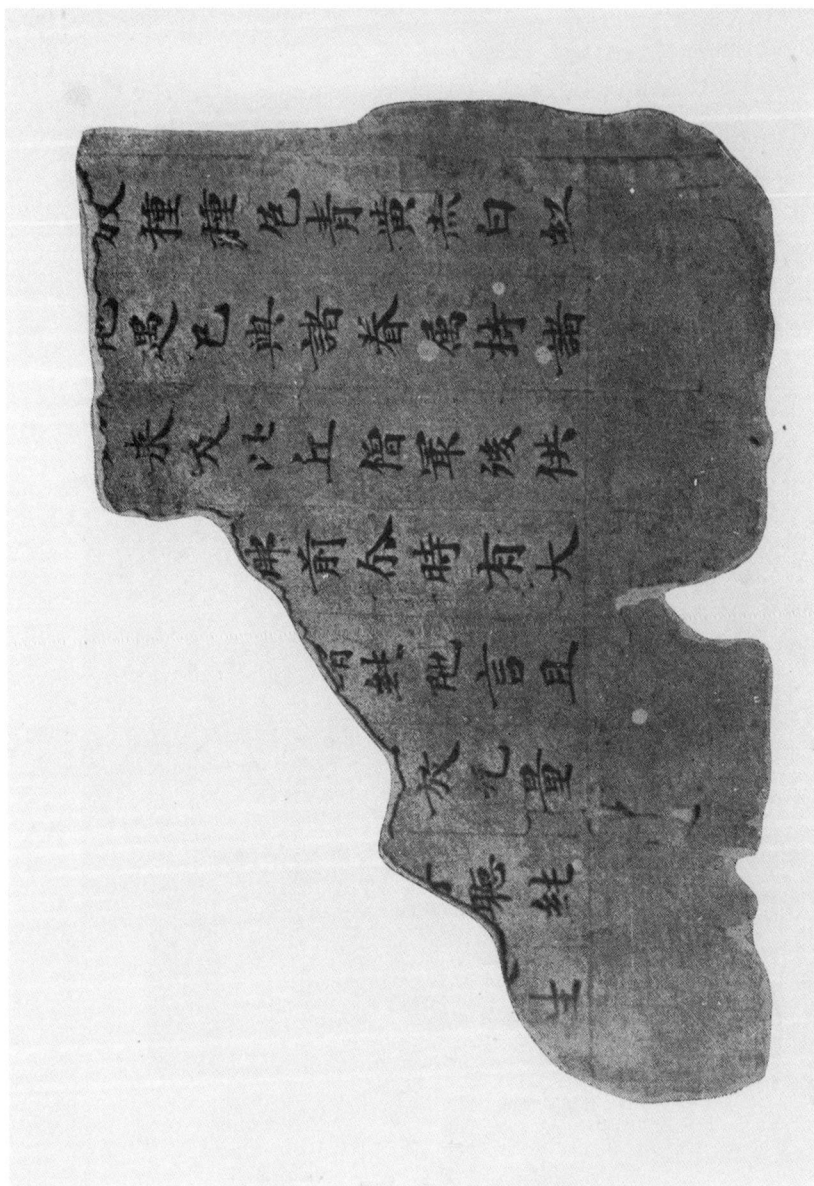

H68r　《大般涅槃經》卷一○《一切大衆所問品》

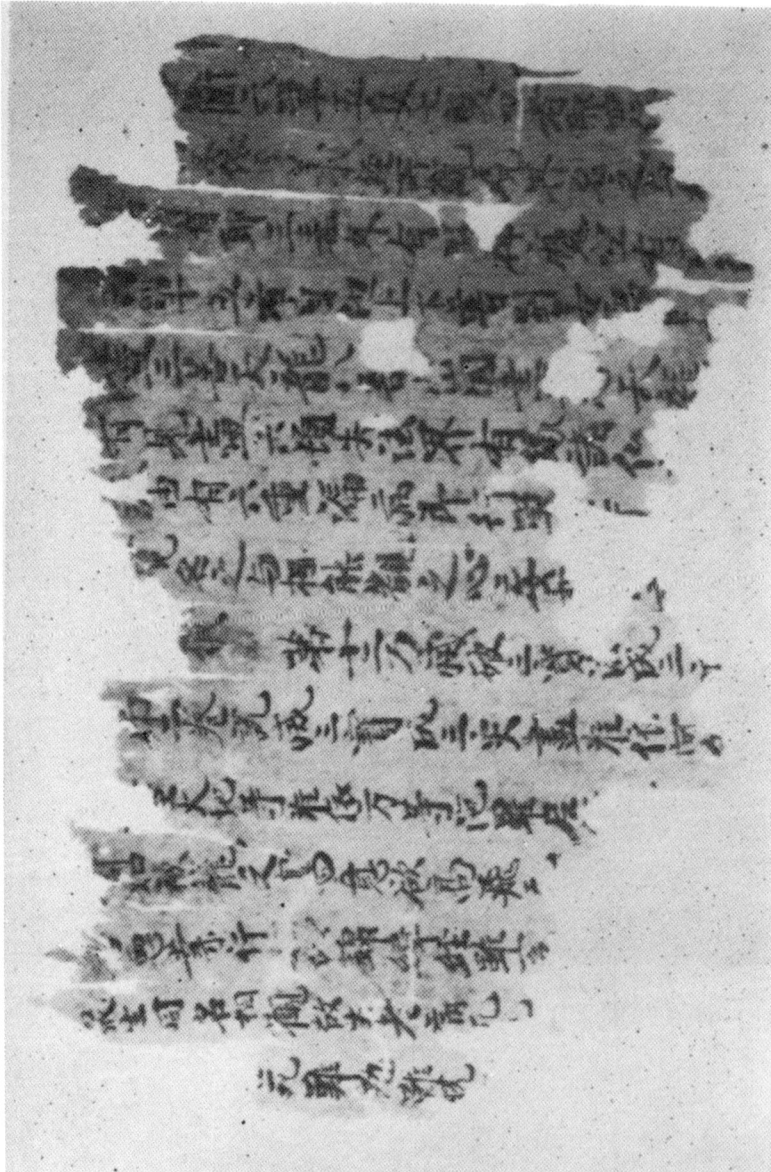

H99　佛典注疏

H100r＋H101r 《正法念處經》卷五○〈觀天品〉

H102v　禮懺文

六

文書

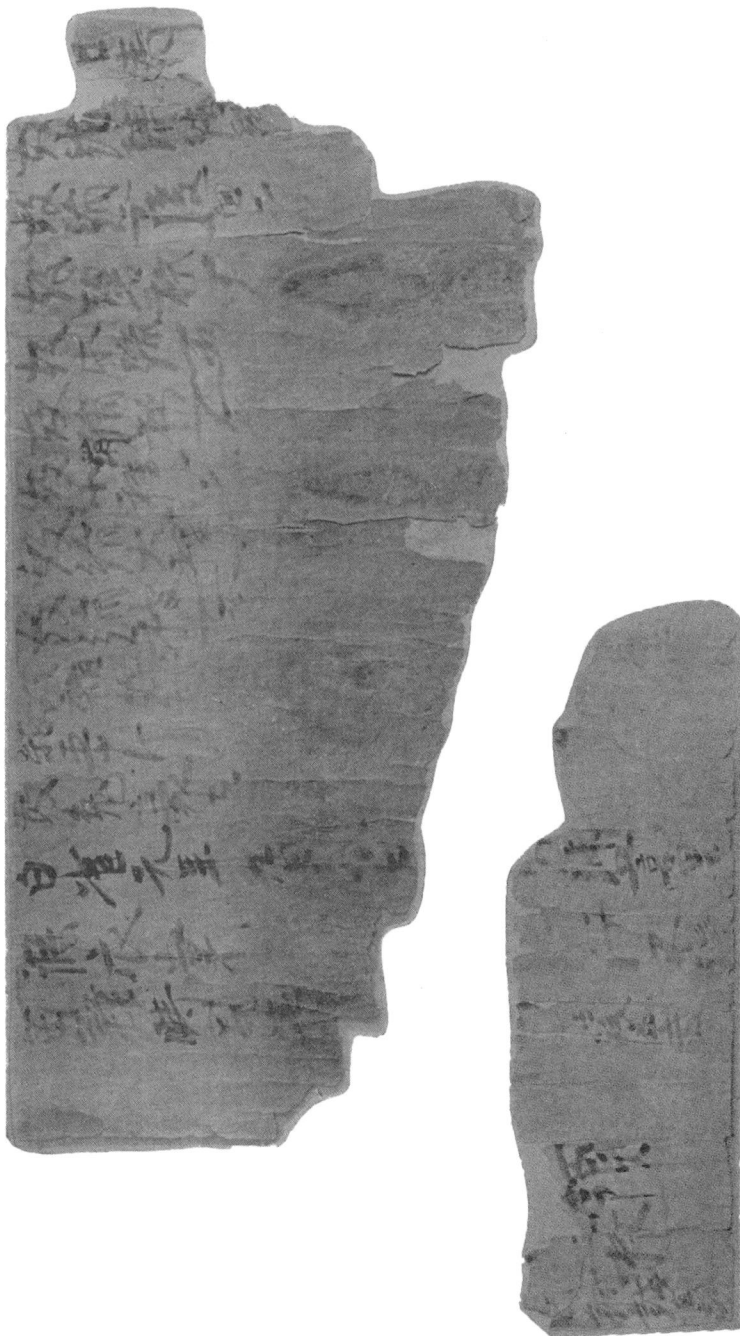

H20、H21　白雀元年（384）衣物疏

H22r　唐調露二年（680）西州牒爲徵收折衝闕職仗身錢事（一）

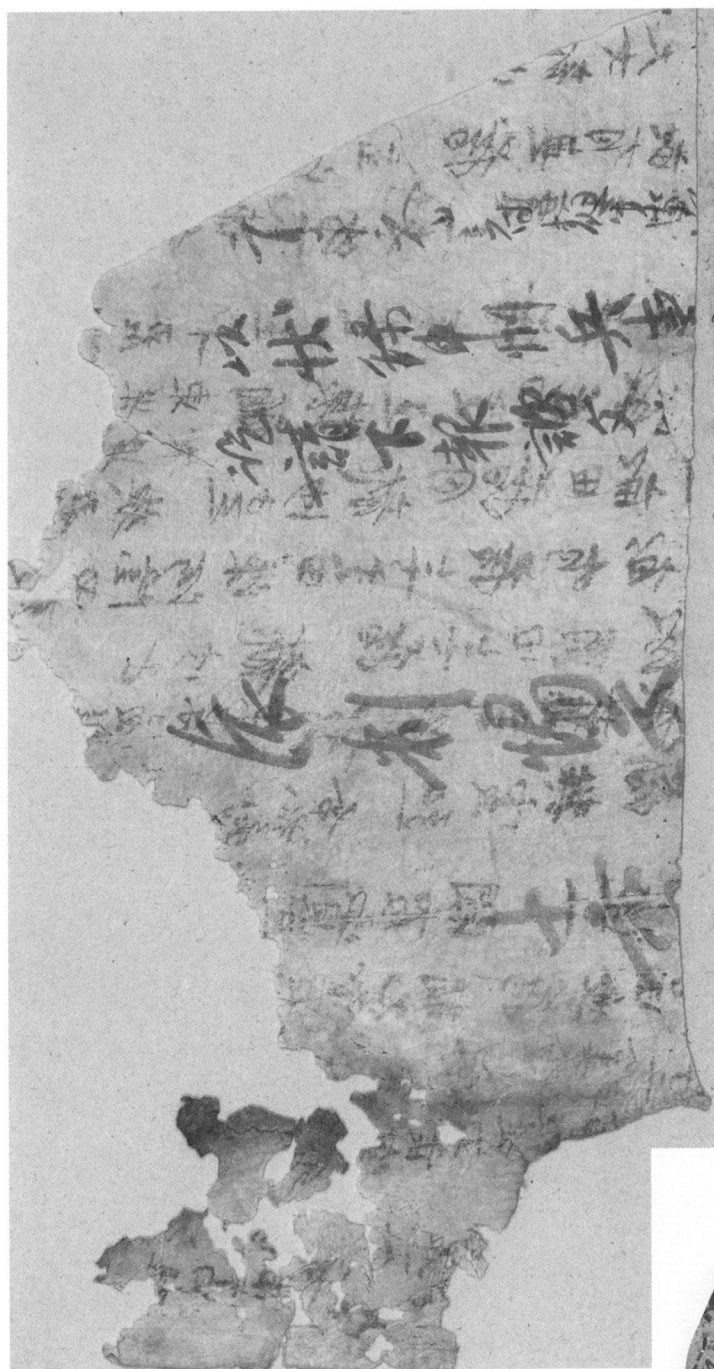

H39v　唐調露二年（680）西州牒爲徵收折衝闕職仗身錢事（二）

H40r　唐調露二年（680）西州牒爲徵收折衝闕職仗身錢事（三）

唐調露二年（680）西州牒爲徵收折衝闕職仗身錢事（四）　H38v

唐調露二年（680）西州牒爲
徵收折衝闕職仗身錢事（五）　H49r

唐調露二年（680）西州牒爲
徵收折衝闕職仗身錢事（六）　H115v

H46　唐西州典馬思牒爲才子負麥徵還事

H23 武周載初元年（689）三月廿四日衛士按領駃騠抄

H45　武周載初元年（689）前後西州某衛事目

H4ra　武周長安三年（703）一月廿八日狀上捉浮逃使牒

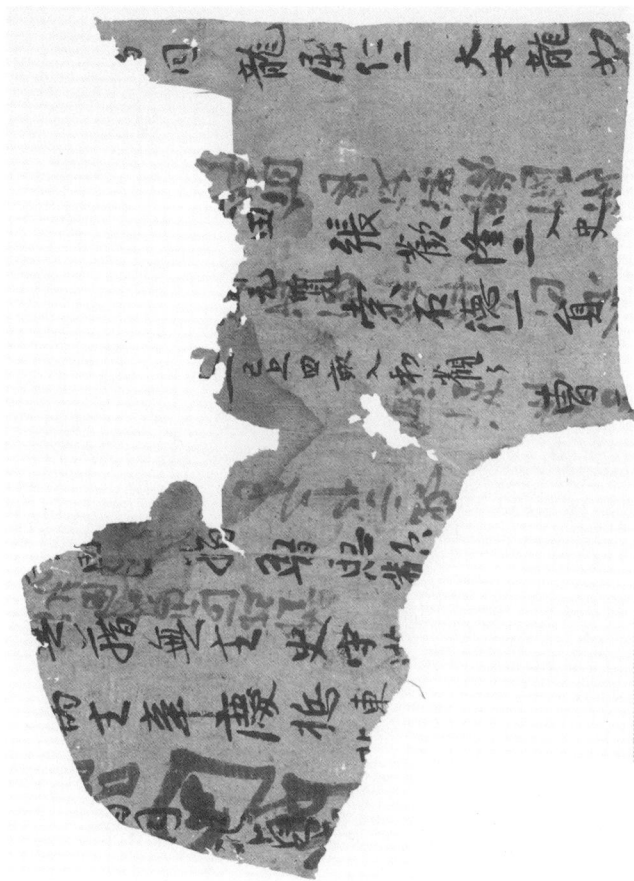

H22v　武周某年西州勘官田簿（一）

H36　武周某年西州勘官田簿（二）

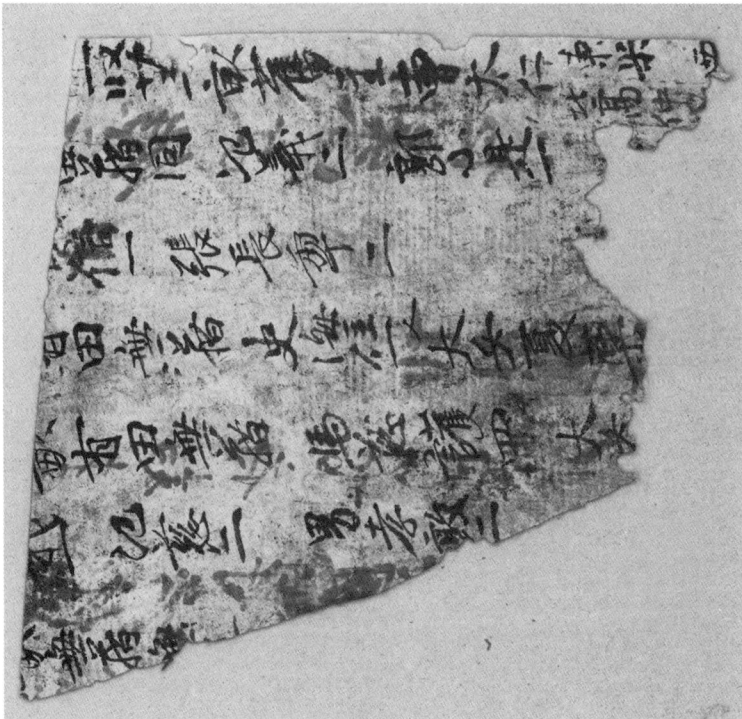

H37　武周某年西州勘官田簿（三）

H39r　武周某年西州勘官田簿（四）

H40v　武周某年西州勘官田簿（五）

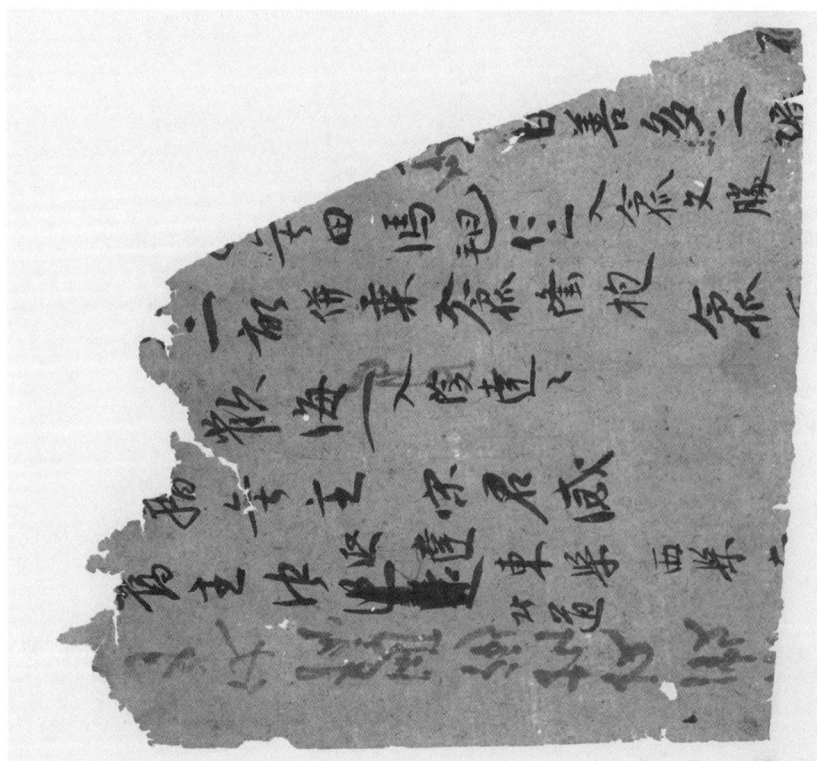

H38r　武周某年西州勘官田簿（六）

H49v 武周某年西州勘官田簿（七）

H41 武周某年西州勘官田簿（八）

H115r 武周某年西州勘官田簿（九）

H42　武周某年殘帳

H25　唐開元十三年（725）西州未納徵物牒 -3

H25　唐開元十三年（725）西州未納徵物帳－4

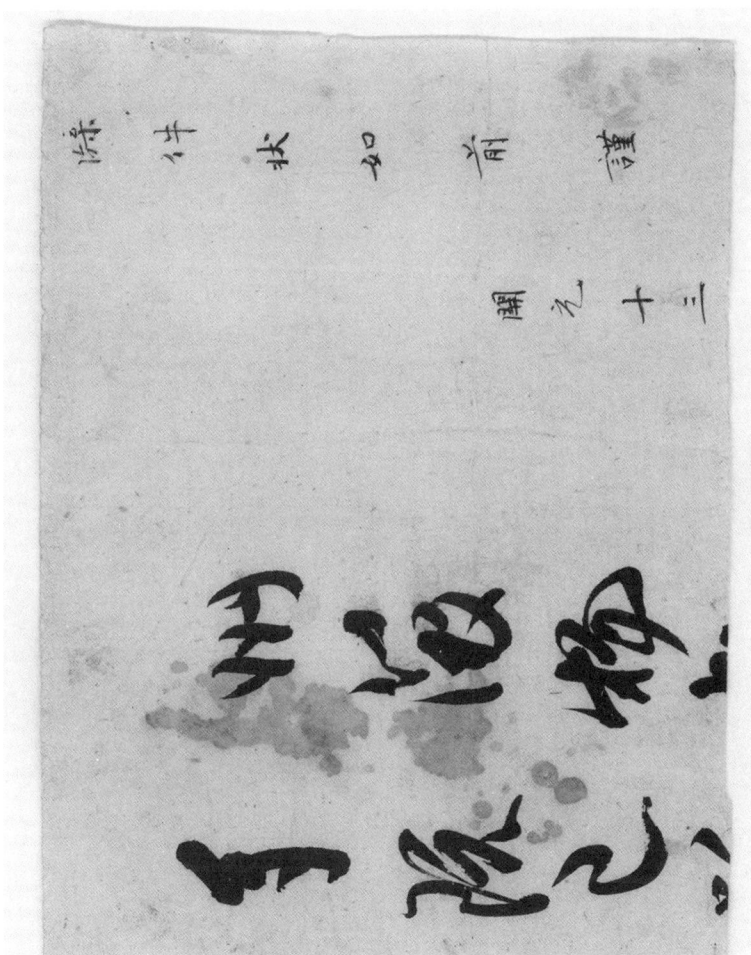

牒件狀如口前　謹

開元十三

H26　唐開元十三年（725）西州未鈞徵物牒 –5

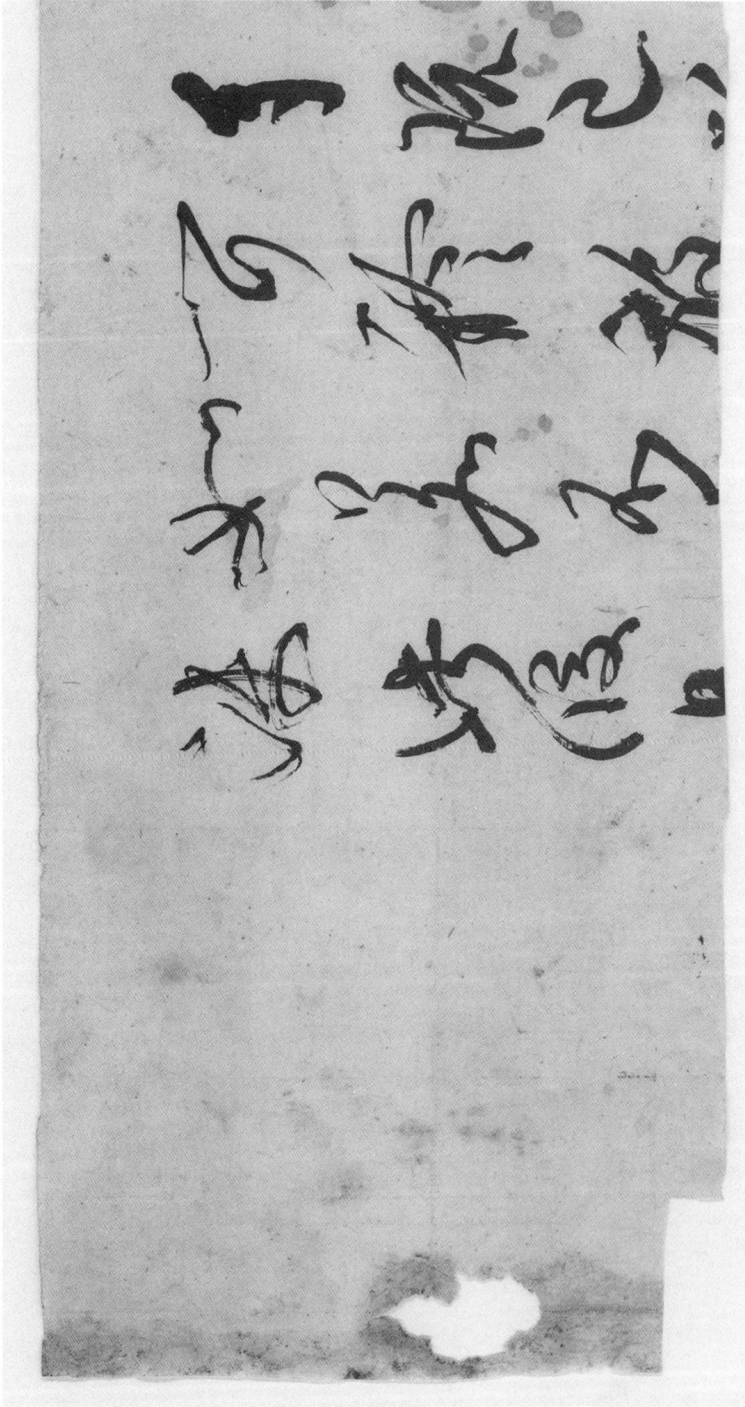

H26　唐開元十三年（725）西州未納徵物牒 －6

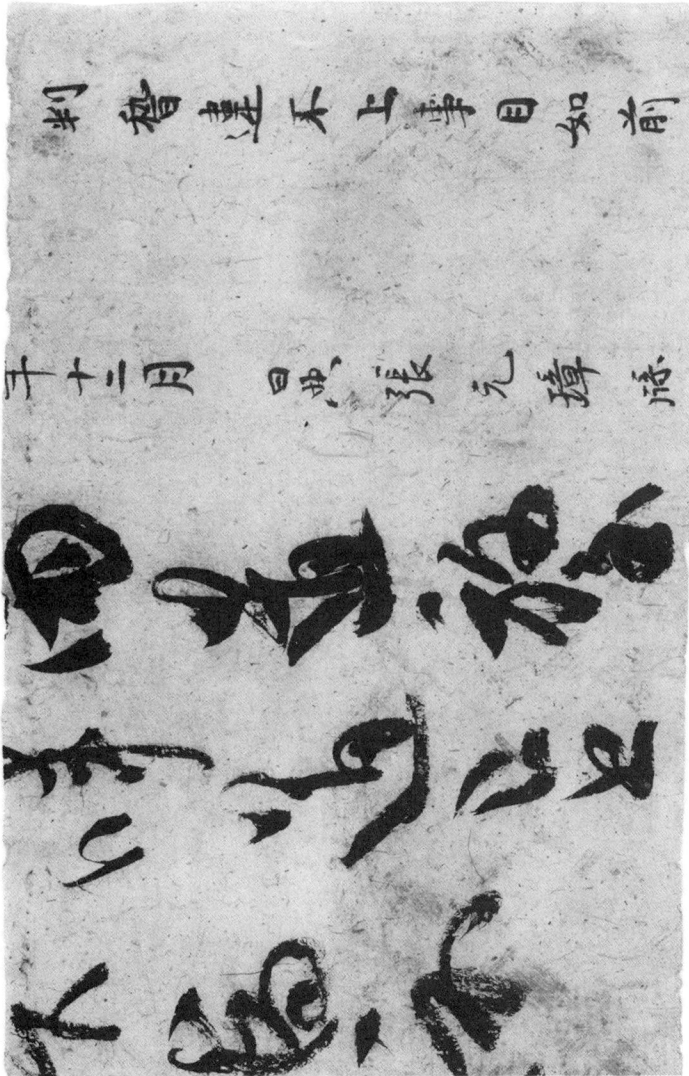

H27　唐開元十三年（725）前後西州都督府典張元璋牒（一）-1

H27　唐開元十三年（725）前後西州都督府典兼張元璋牒（一）－2

H28　唐開元十三年（725）前後西州都督府典張元璋牒（二）

H29　唐開元十三年（725）前後西州婦人梁氏辭

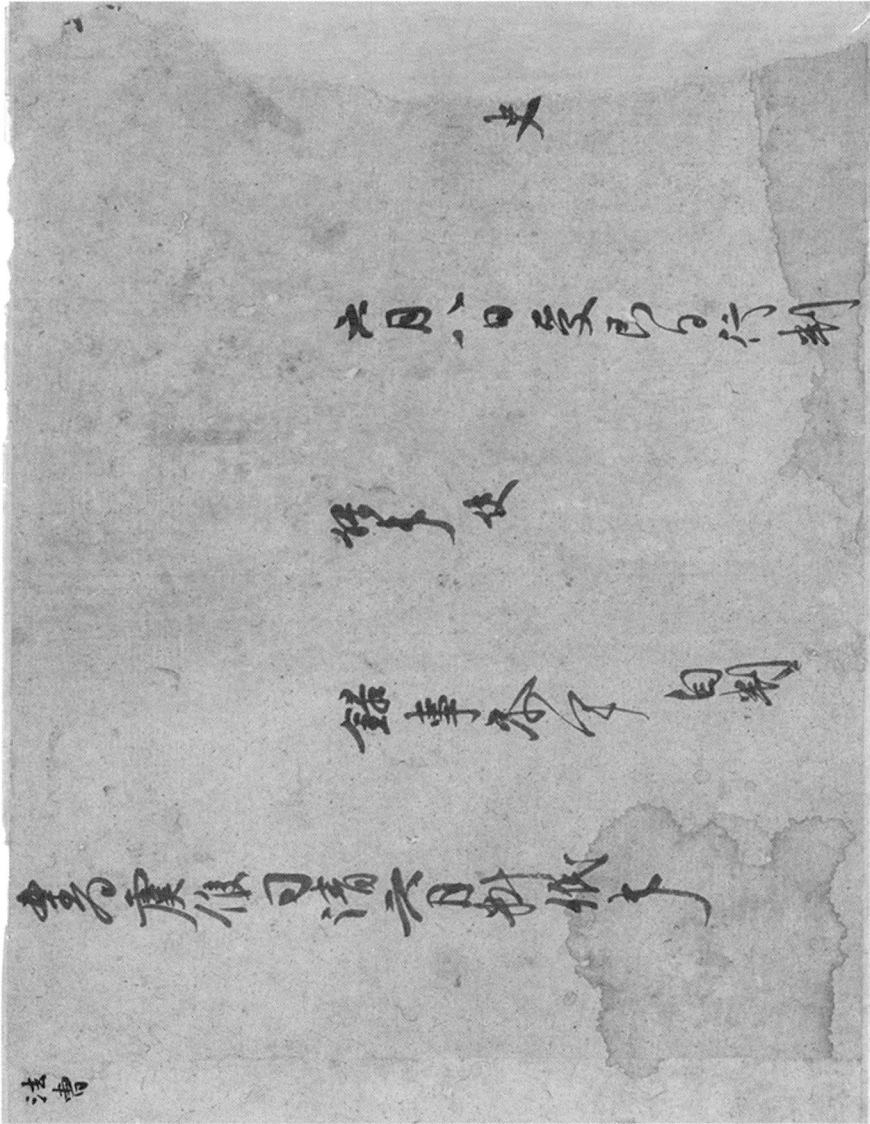

H31　唐開元十六年（728）西州都督府請紙案卷－1

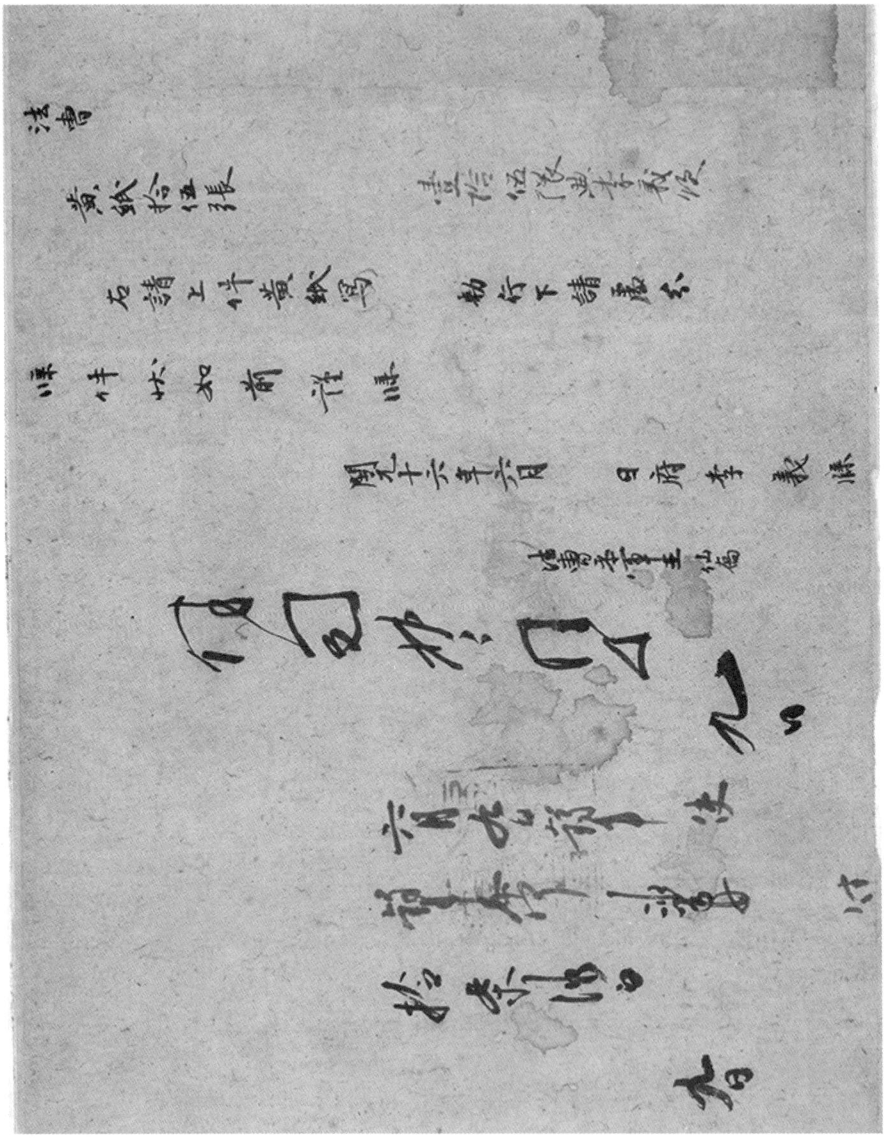
法曹
黄紙拾伍張
右請上件黄紙寫 敕行下諸處，
牒件狀如前謹牒
開元十六年六月 日府李義牒

H31 唐開元十六年（728）西州都督府請紙案卷－2

H31　唐開元十六年（728）西州都督府請紙案卷 –3

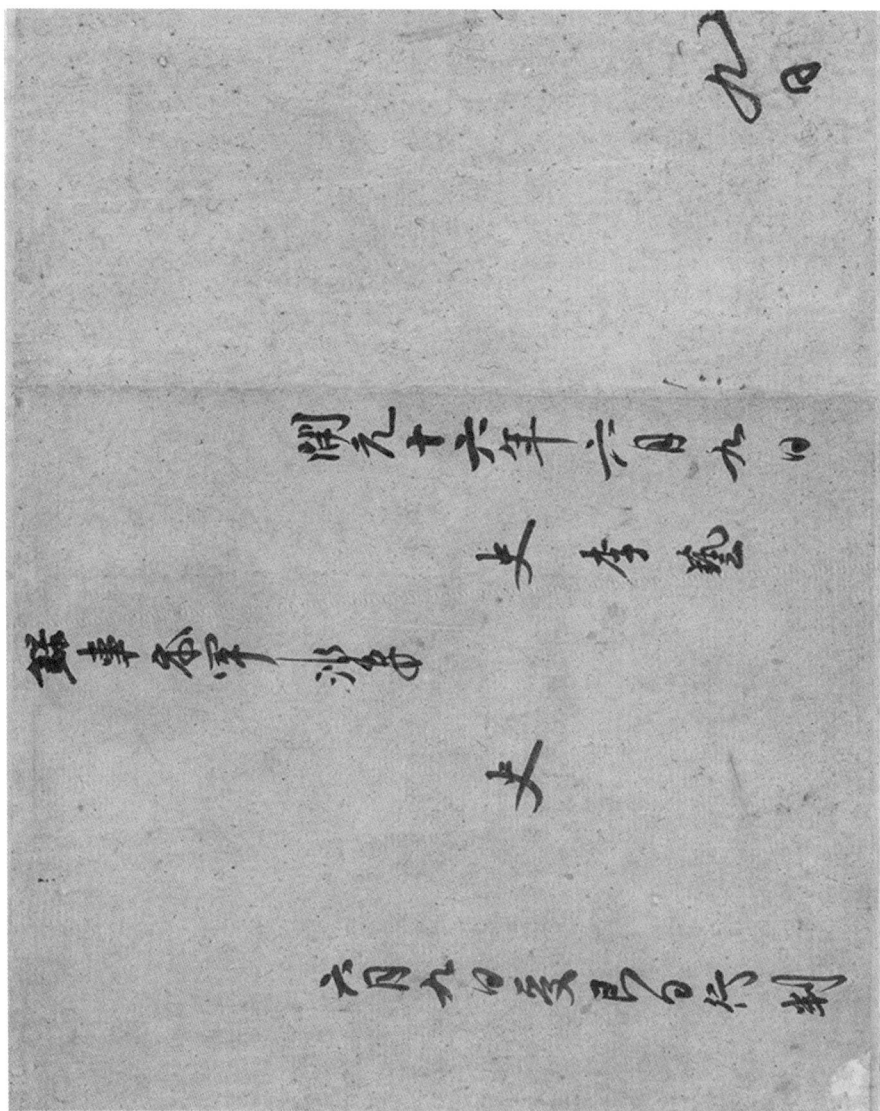

H31　唐開元十六年（728）西州都督府請紙案卷－4

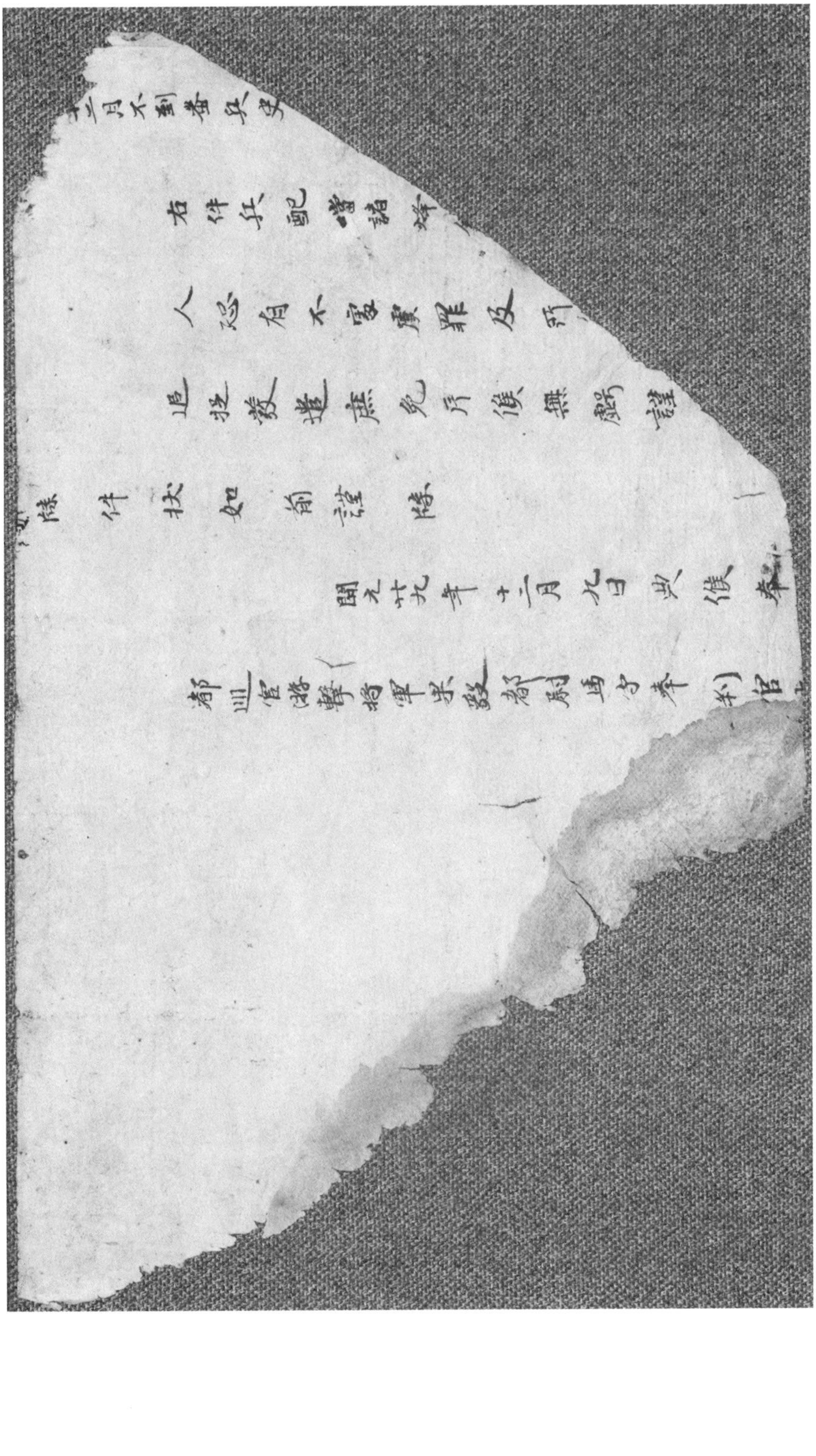

右件兵記□

三月不到蕃兵等

人忍為不蒙疲及於

追狀敦遣庶免片候無慙謹

隊件如牒謹隨陸

閏九九年十二月九日典侯奉

都
川官諸寧將軍宋敬郡馬子奉判官

H35　唐開元二十九年（741）典侯奉□牒爲追史某上番事

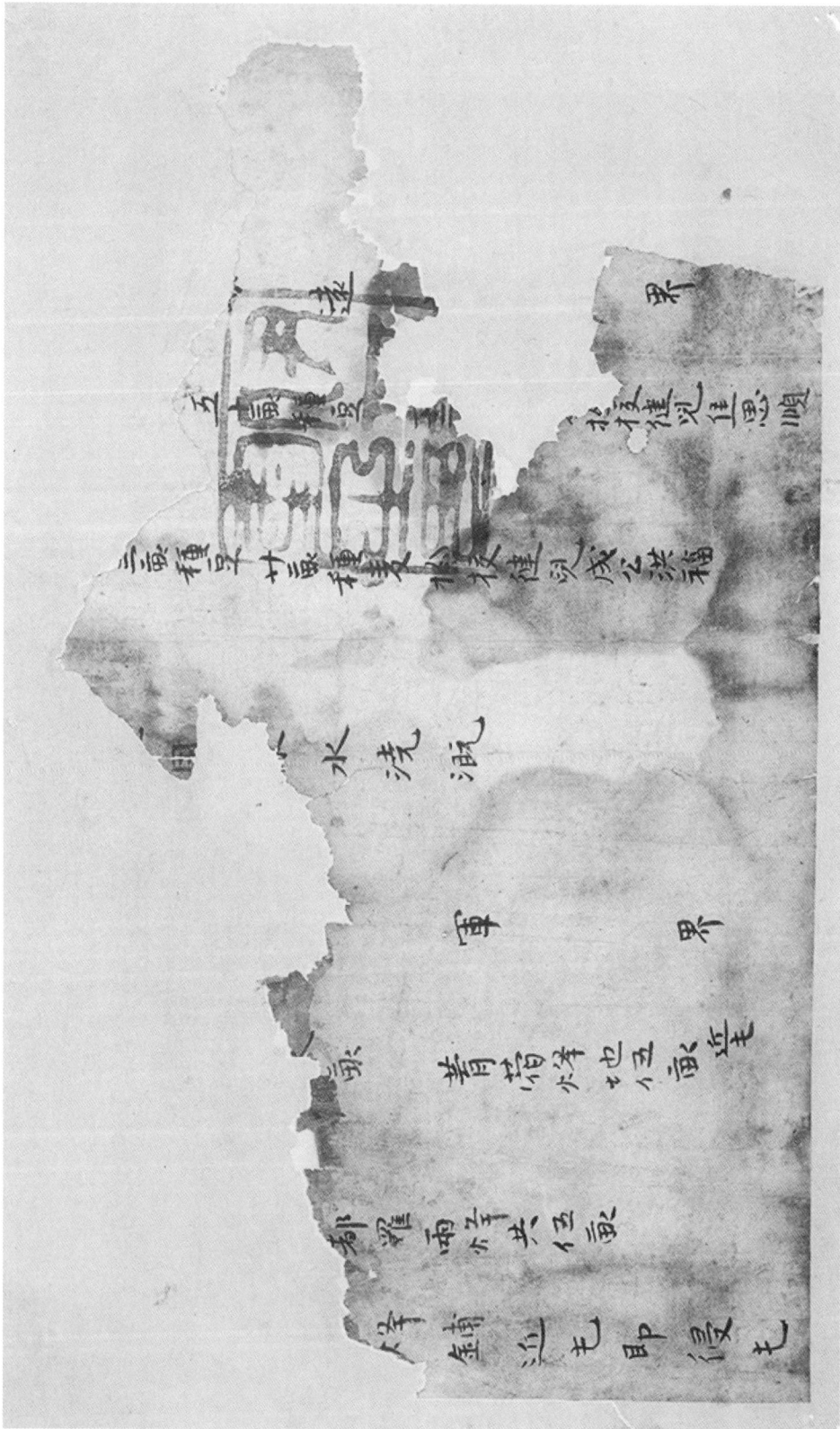

H33　唐開元年間伊州伊吾軍屯田文書（一）

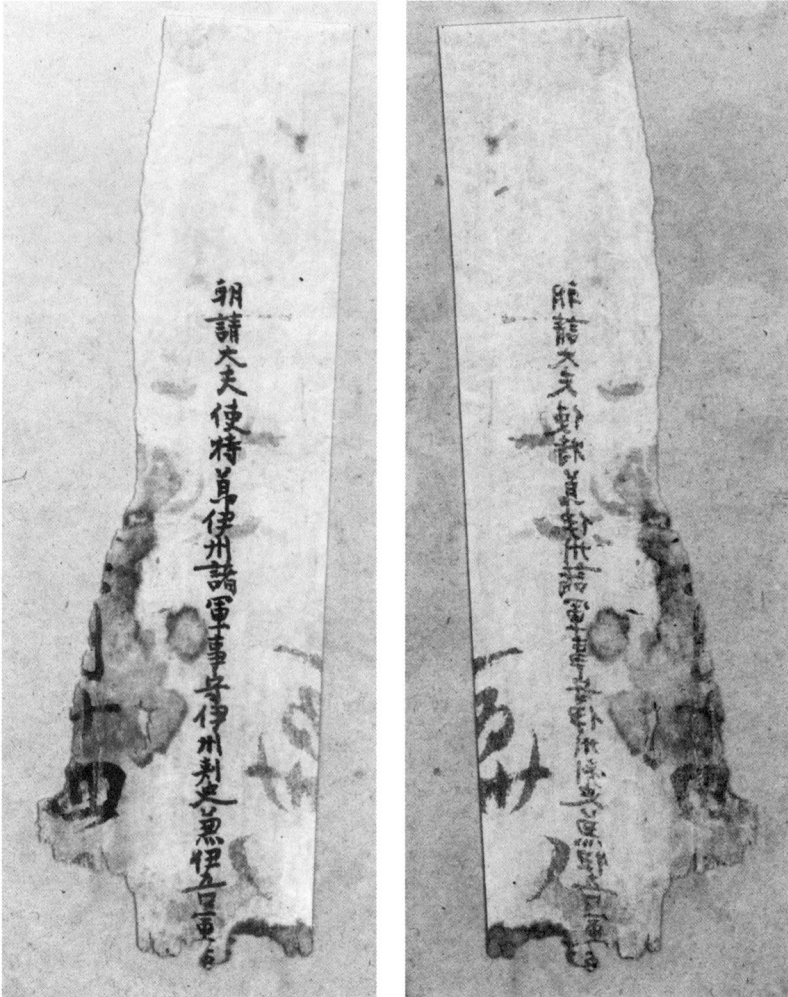

H34　唐開元年間伊州伊吾軍屯田文書（二）（正、背）

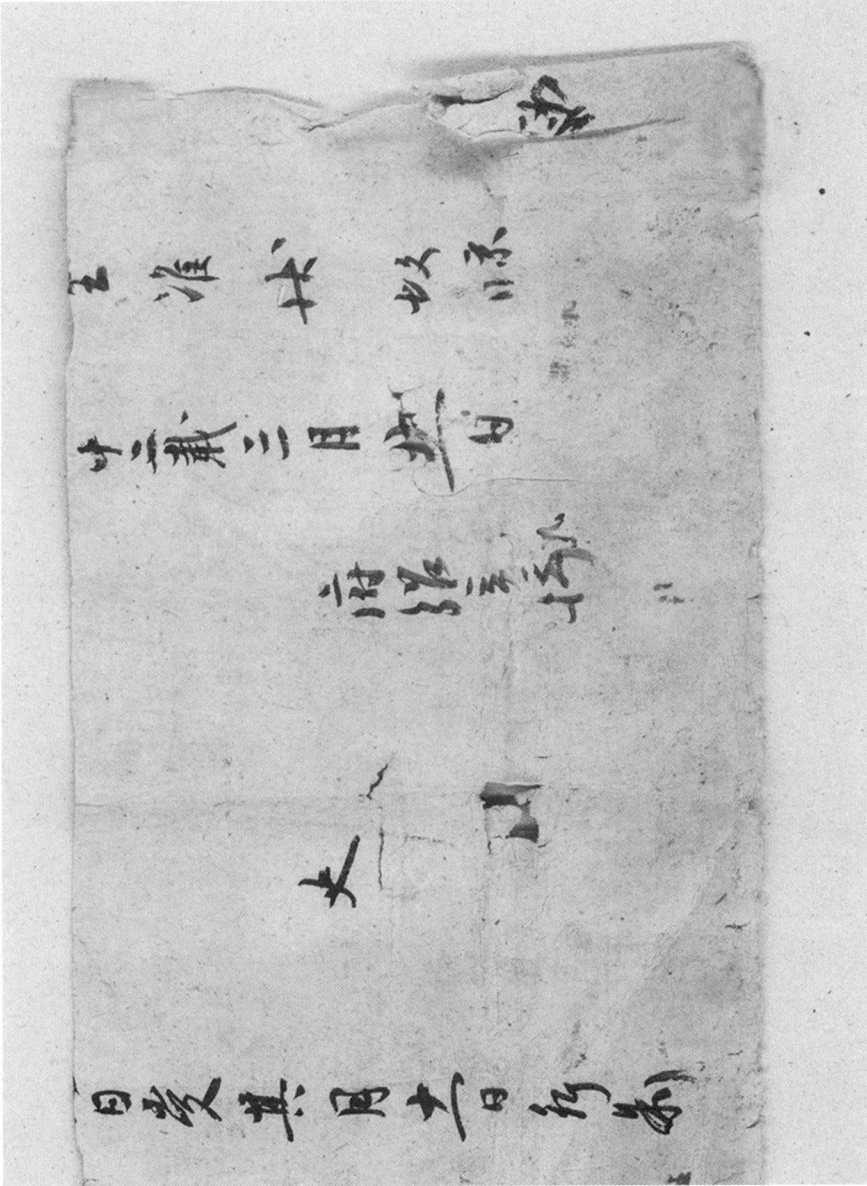

H32　唐天寶十二載（753）二、三月交河郡天山縣牒爲申車坊新生犢事－1

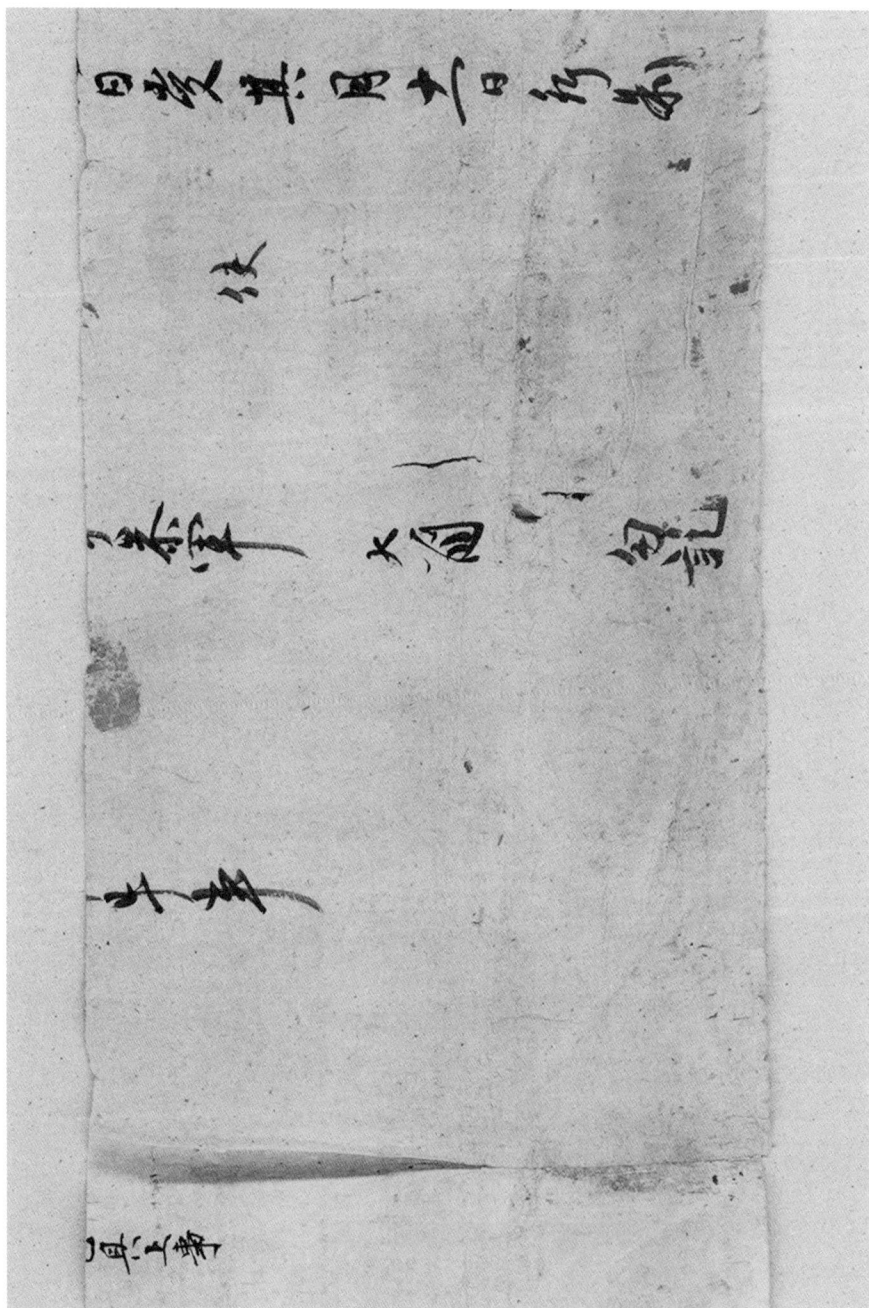

H32 唐天寶十二載（753）二、三月交河郡天山縣牒爲申車坊新生犢事－2

H32　唐天寶十二載（753）二、三月交河郡天山縣牒爲申車坊新生犢事－3

H32　唐天寶十二載（753）二、三月交河郡天山縣牒爲申車坊新生犢事－4

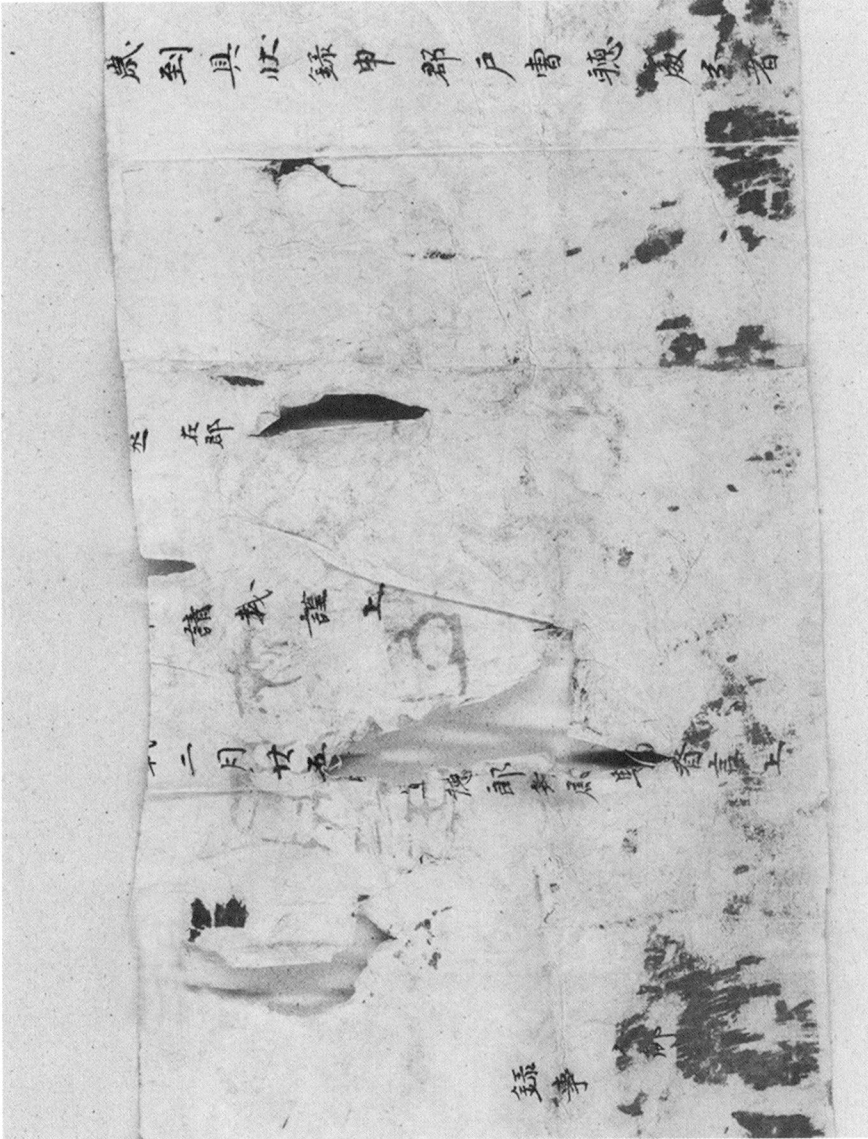

H32　唐天寶十二載（753）二、三月交河郡天山縣牒爲申車坊新生犢事－5

H32　唐天寶十二載（753）二、三月交河郡天山縣牒爲申車坊新生犢事 -6

H32　唐天寶十二載（753）二、三月交河郡天山縣牒爲申車坊新生犢事 −7

H32 唐天寶十二載（753）二、三月交河郡天山縣牒爲申車坊新生犢事 - 8

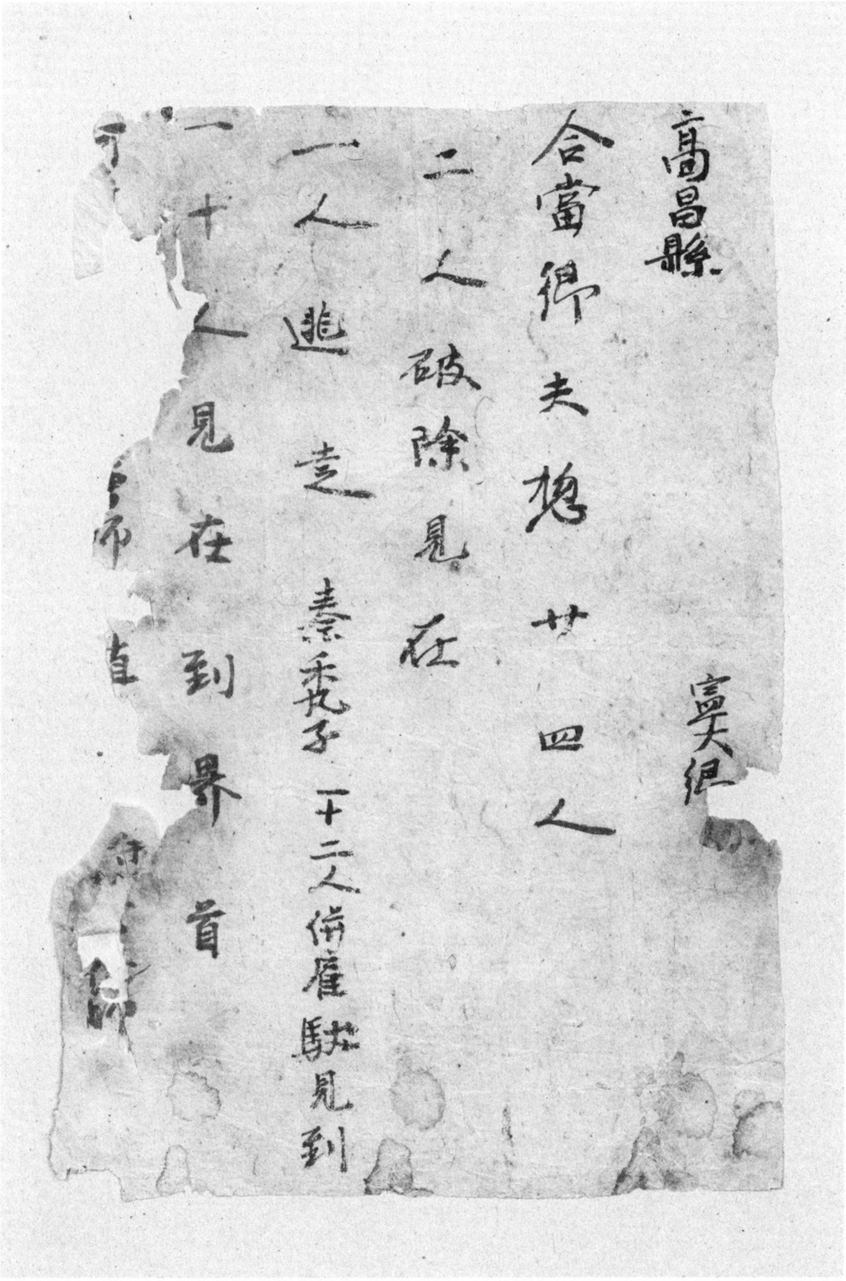

合富鄉夫摠廿四人

二人破除見在

一人逃走

　　　素禿子　十二人佣雇䮴見到

一人見在到界首

一十人見在到界首

高昌縣

寧大鄉

H30　唐某年西州高昌縣寧大鄉役夫簿

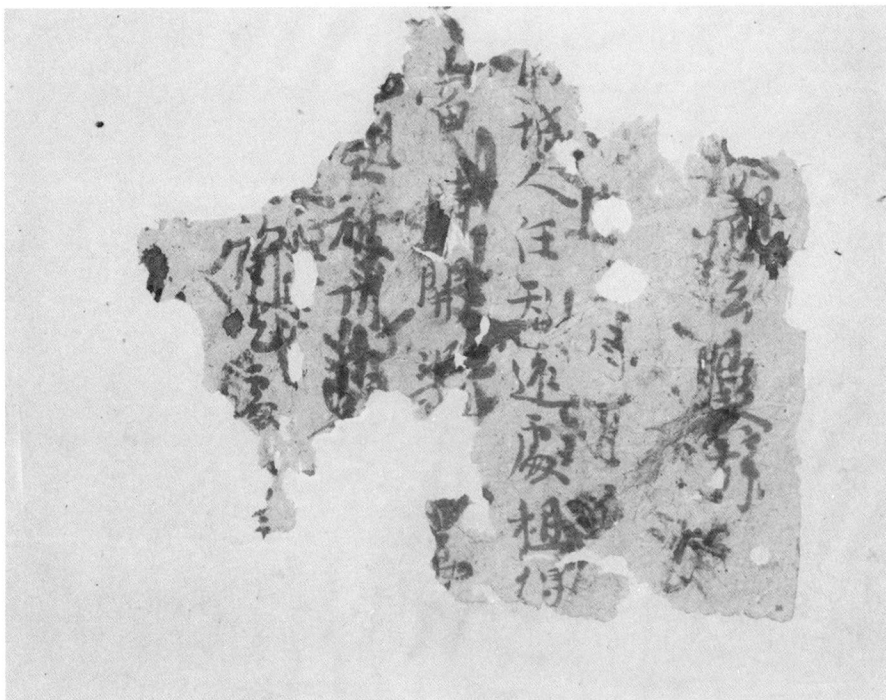

H47　唐西州胡玄□辭（一）（正、背）

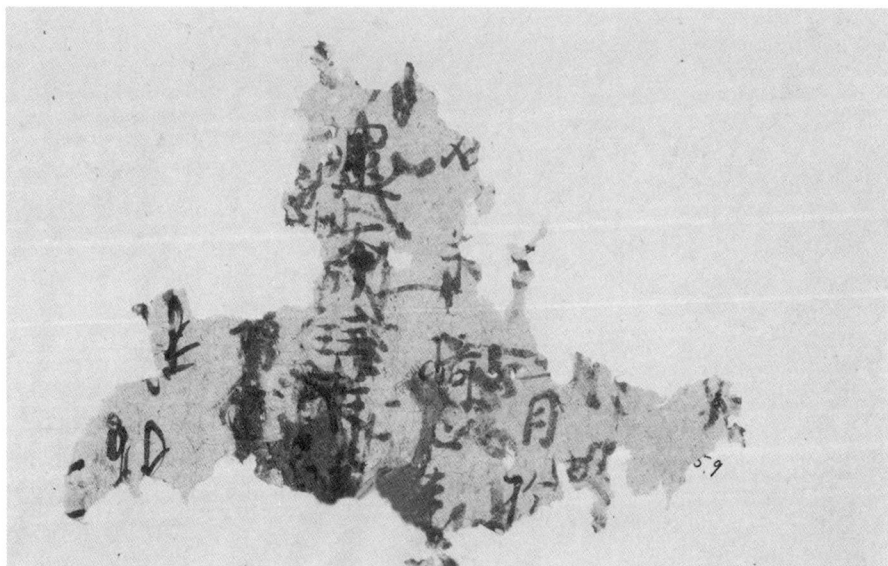

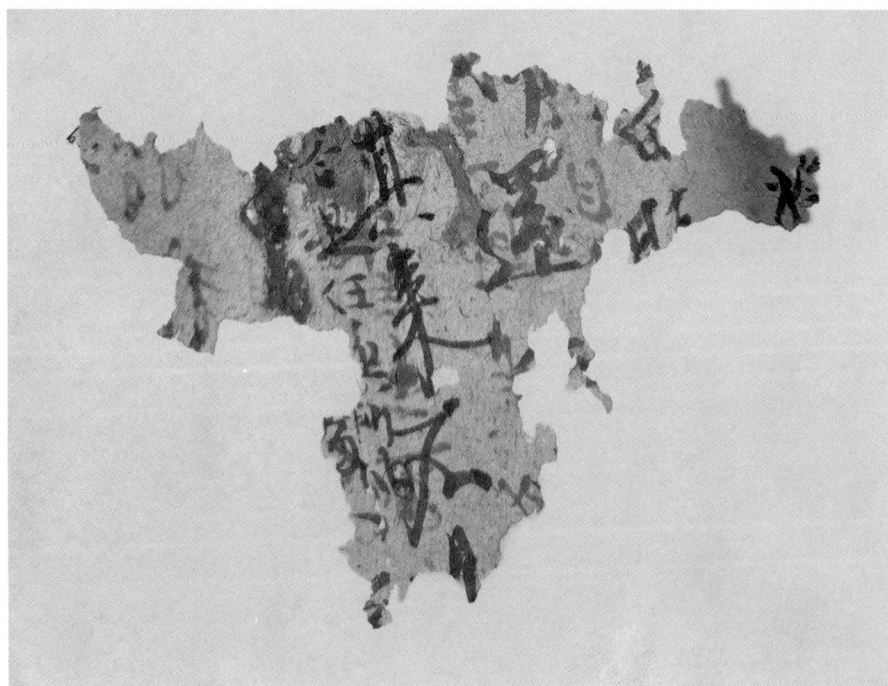

H48　唐西州胡玄□辭（二）（正、背）

H8ra　唐某年户籍（底層被遮蓋）

H102r　　王万年書封

H75　唐大曆十四年（779）二月白蘇畢梨領屯米等帳

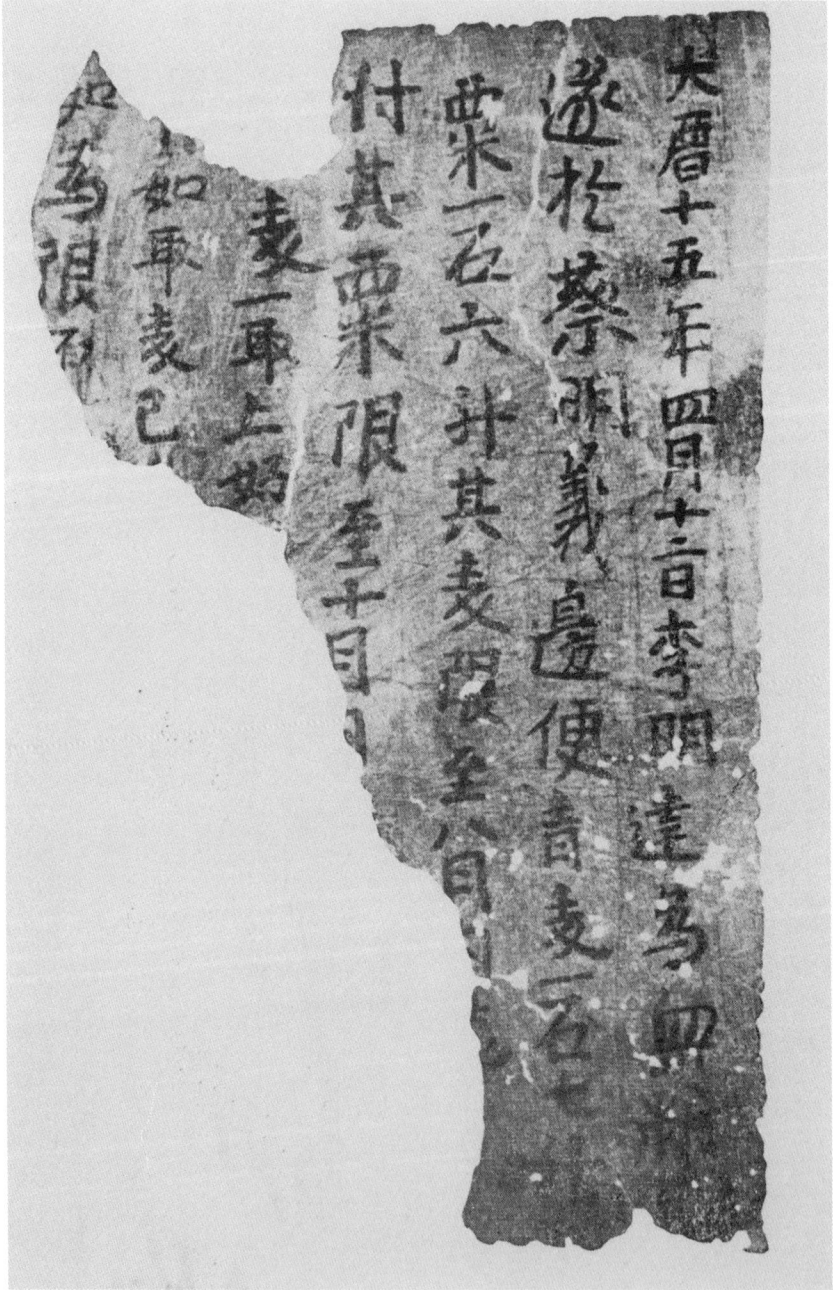

H74　唐大曆十五年（780）四月李明達借麥粟契

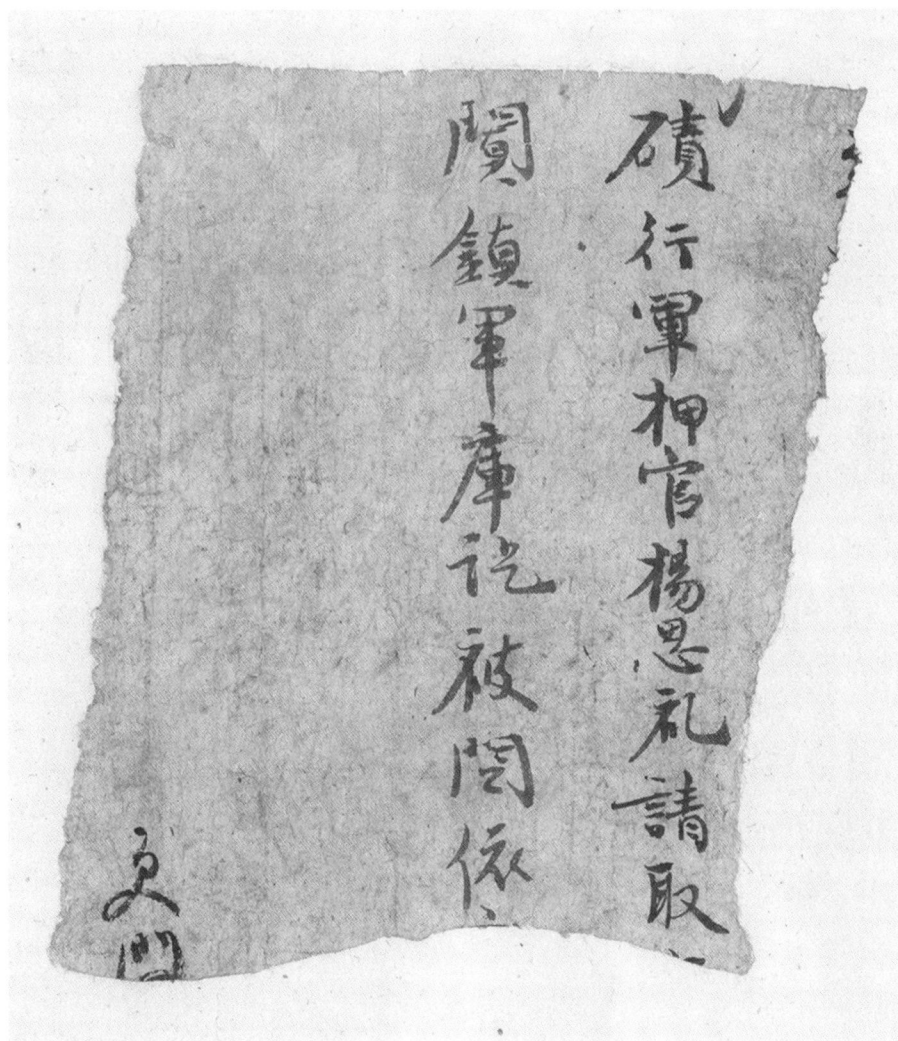

H77　唐磧西行軍押官楊思礼等辯辭

H105　文書殘片

H76　丙午年（766？）將軍姚闥奴支付烽子錢抄

H53　元至元三年（1266）文書殘片

H78　元某年課程錢文書

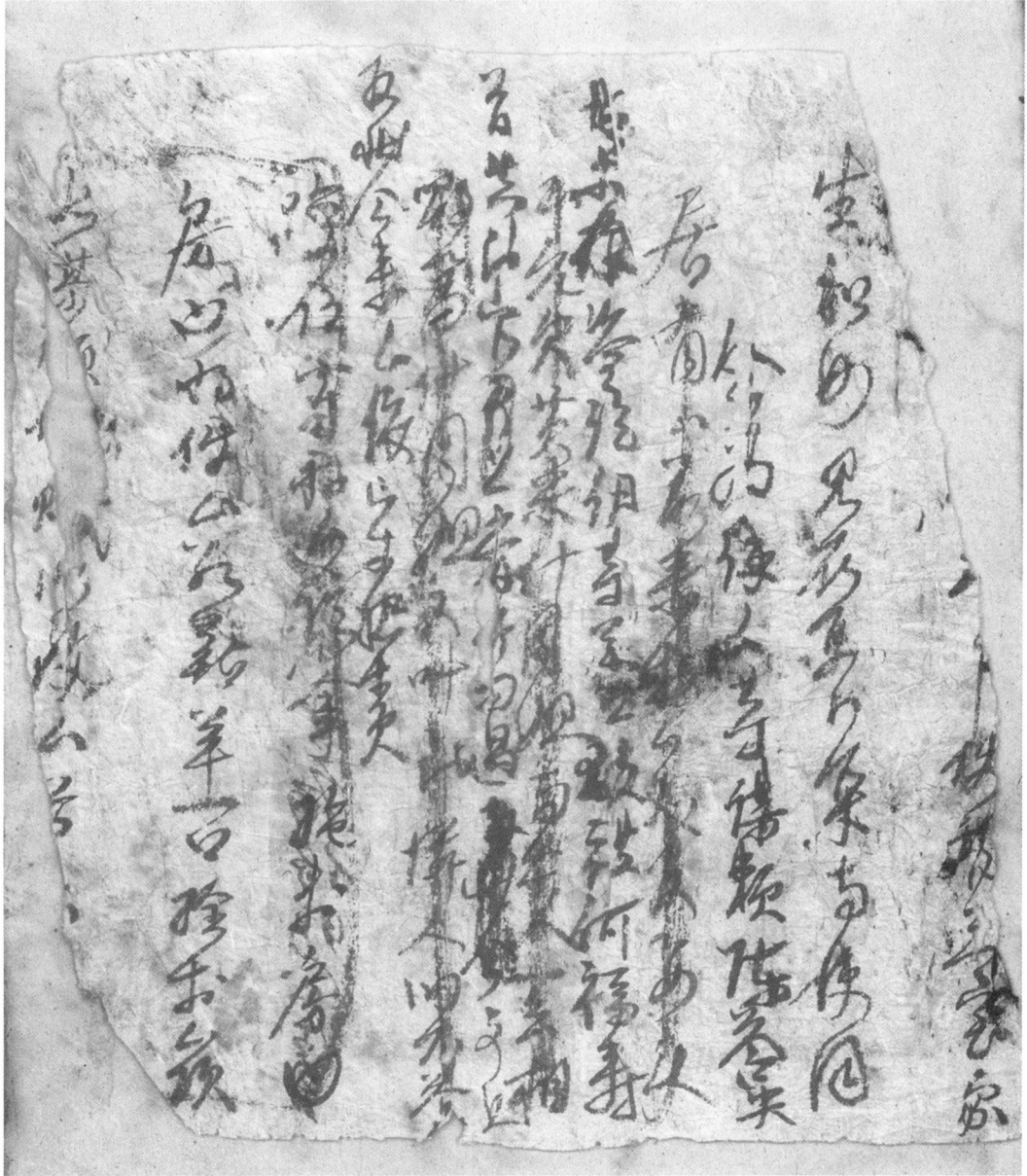

H50r　元楊真寶奴殘狀（正）

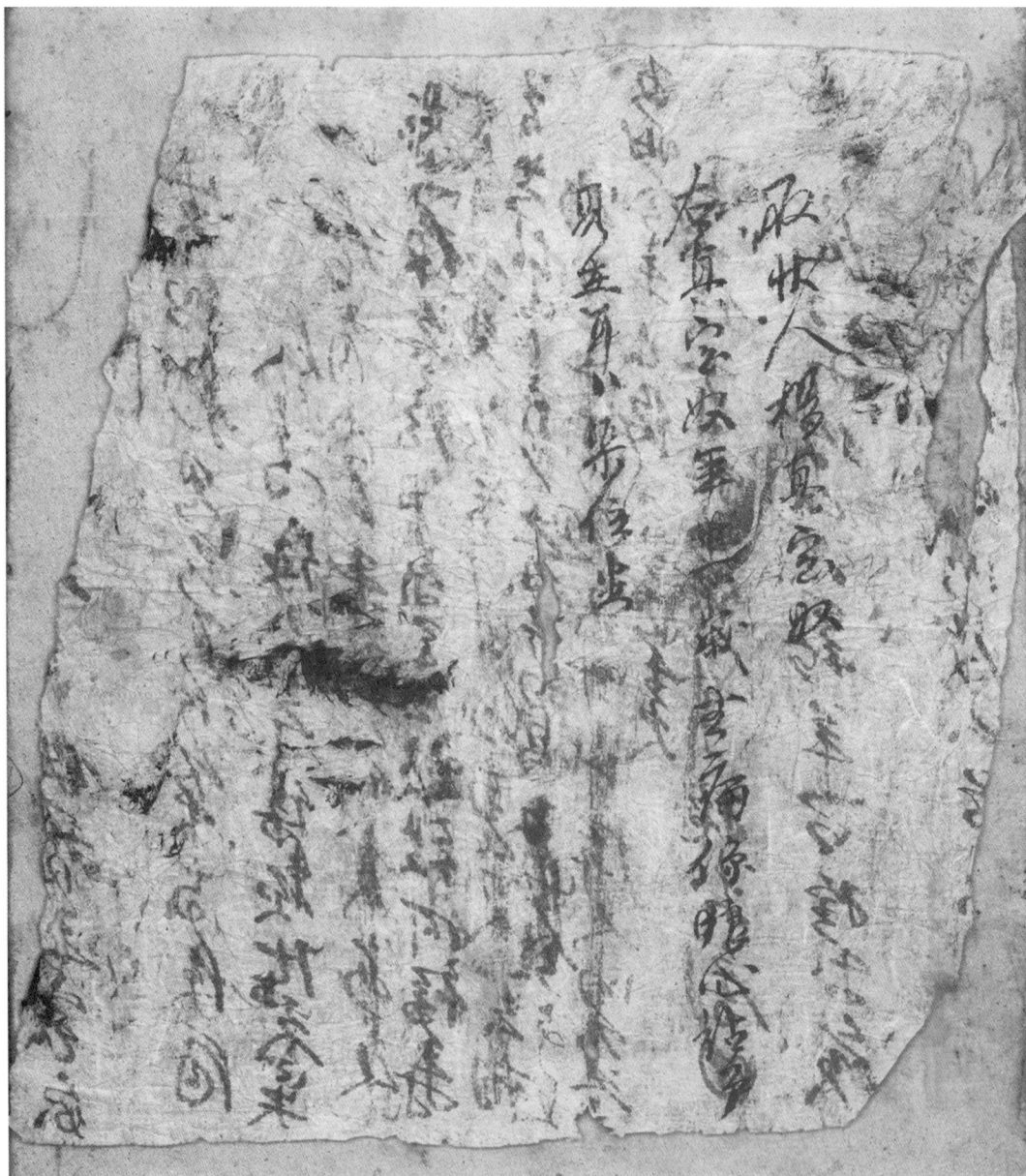

H50v　　<u>元楊真寶奴殘狀</u>（背）

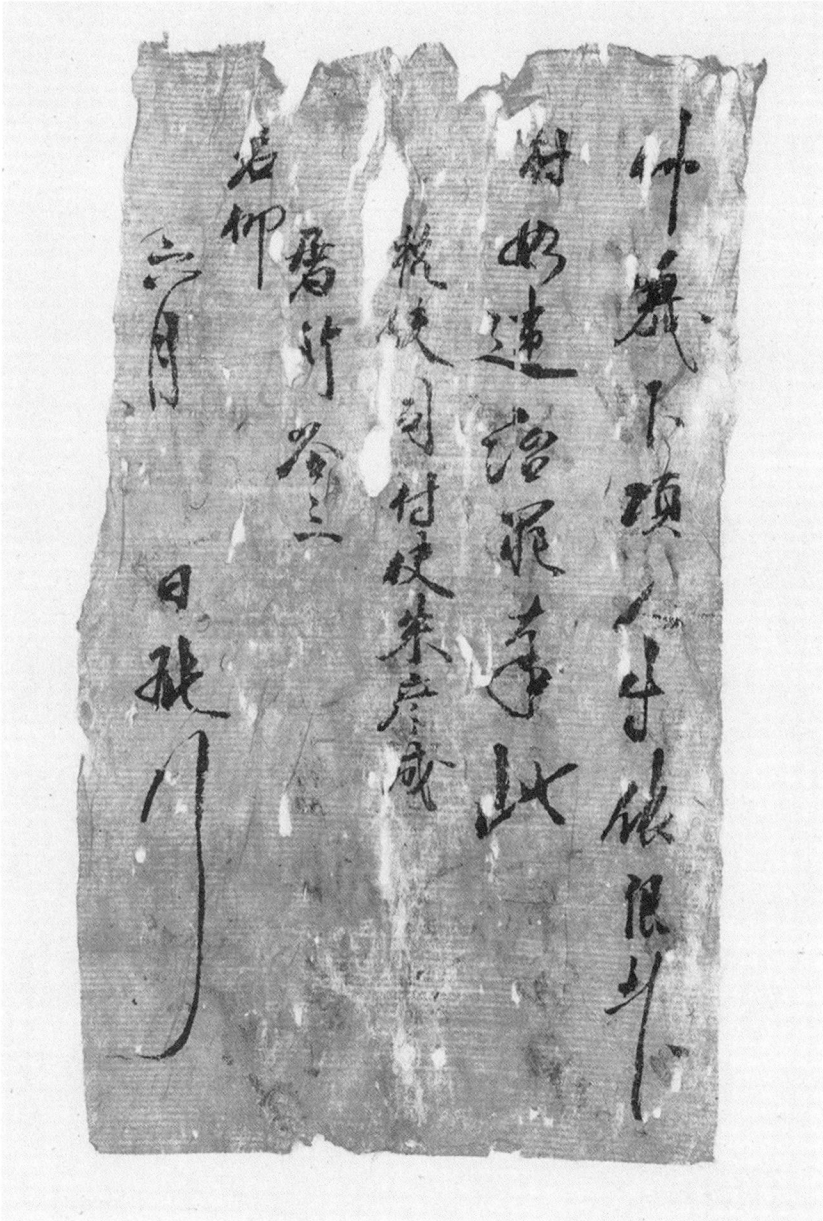

H51　元税使司使唤哈三文書

七

附録

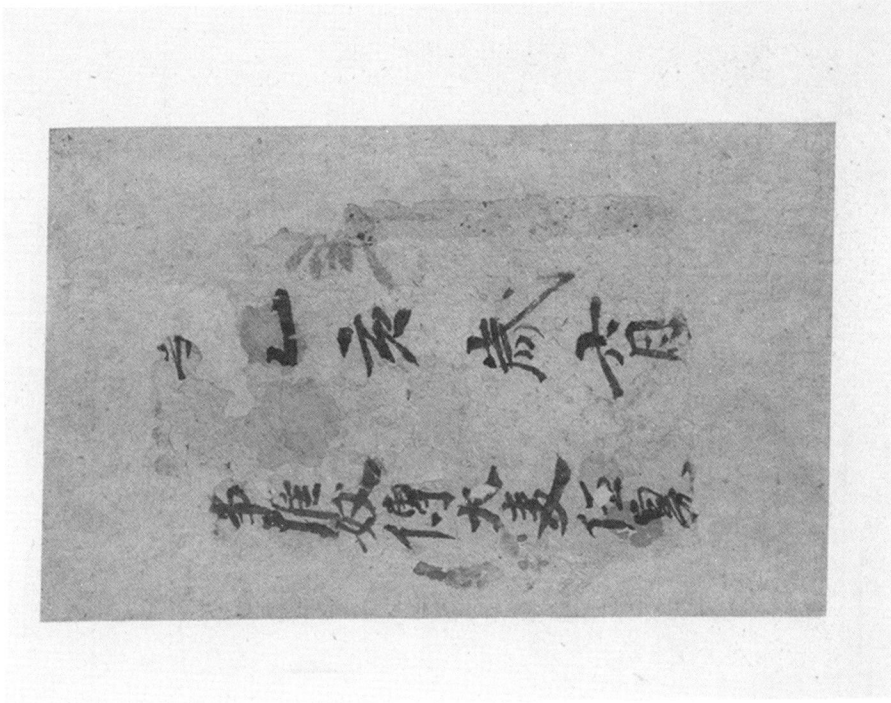

H79　高昌乙亥年六月傳供帳

H113　唐某年別奏等欠糧文稿

H114　武周某年租田文書

H116　給糧文書

H117　殘辯辭

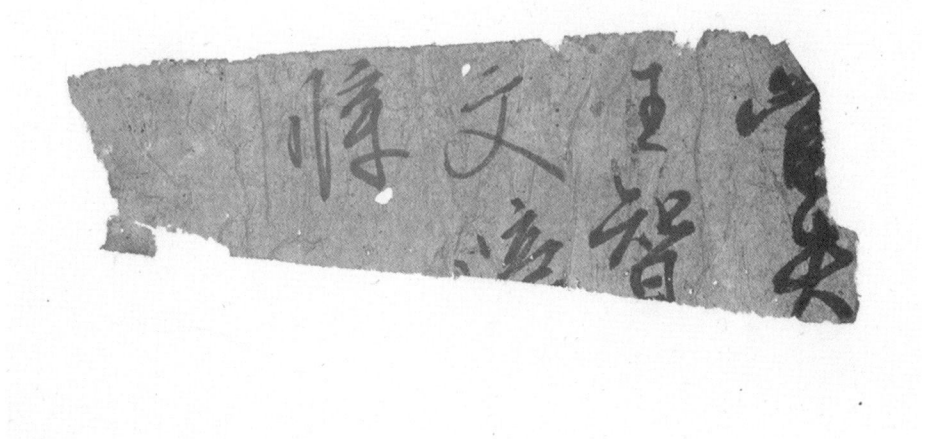

H118　文書殘片

H119　文書殘片

H120　文書殘片

H121　文書殘片

H128r 文書殘片

胡語文書

一

回鶻文文書

H10v　回鶻文摩尼教徒曆日－1（1―21行）

H10v　回鶻文摩尼教徒曆日 –3（26—52 行）

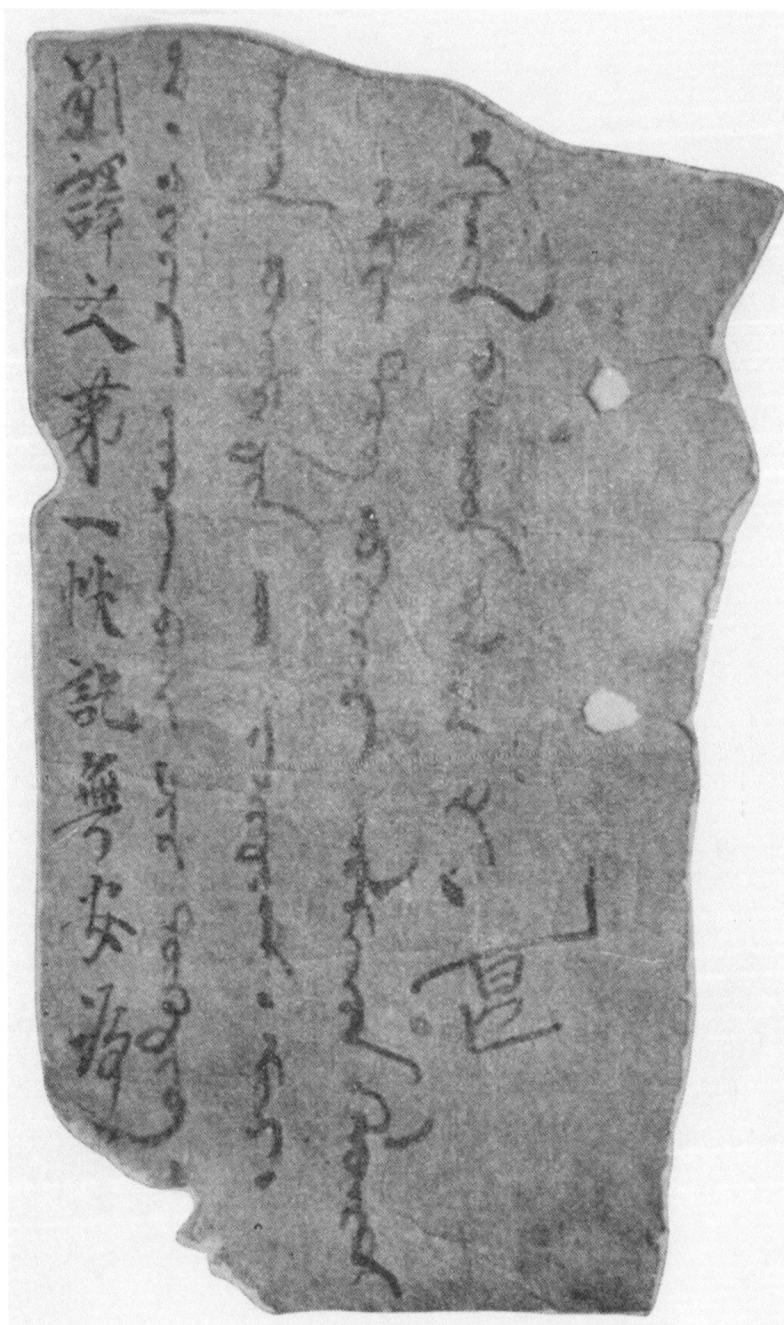

H13v　　漢、回鶻雙語觀音奴都統誦《別譯雜阿含經》跋文

H19v　　回鶻文蒙古統治時期站赤文書

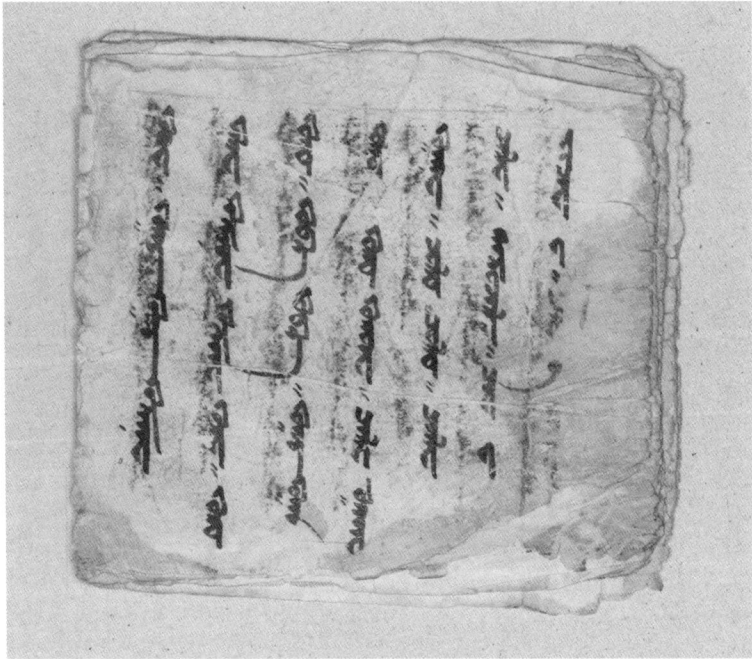

H54　回鶻文音寫梵語《大隨求陀羅尼經》咒語（1r）

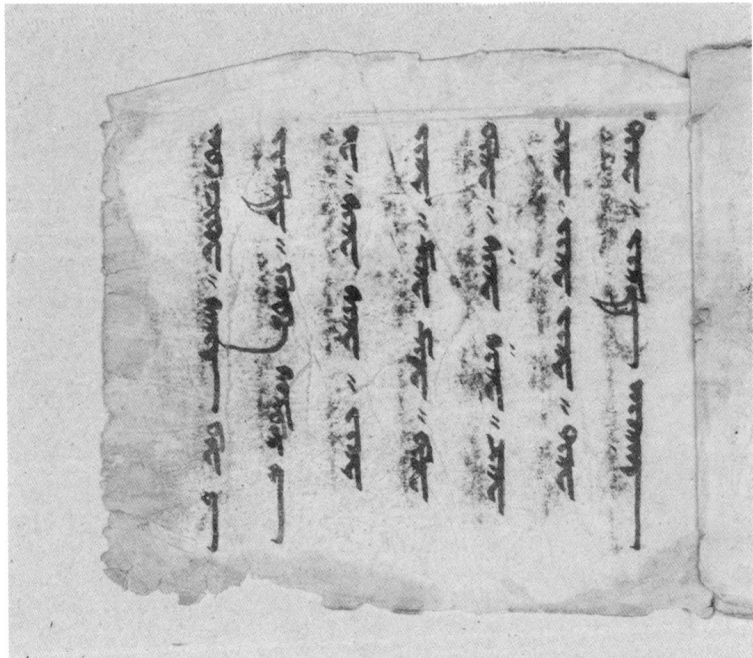

H54　回鶻文音寫梵語《大隨求陀羅尼經》咒語（1v）

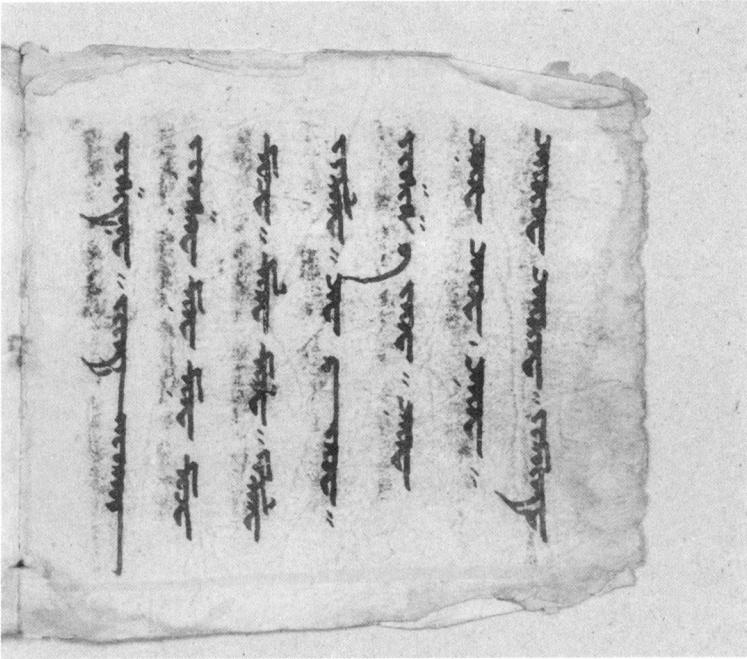

H54　回鶻文音寫梵語《大隨求陀羅尼經》咒語（2r）

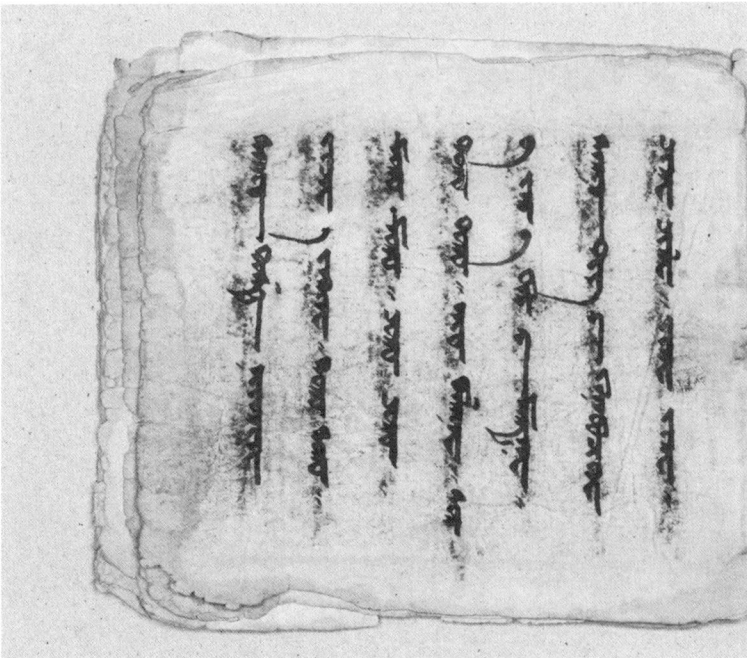

H54　回鶻文音寫梵語《大隨求陀羅尼經》咒語（2v）

H54　回鶻文音寫梵語《大隨求陀羅尼經》咒語（3r）

H54　回鶻文音寫梵語《大隨求陀羅尼經》咒語（3v）

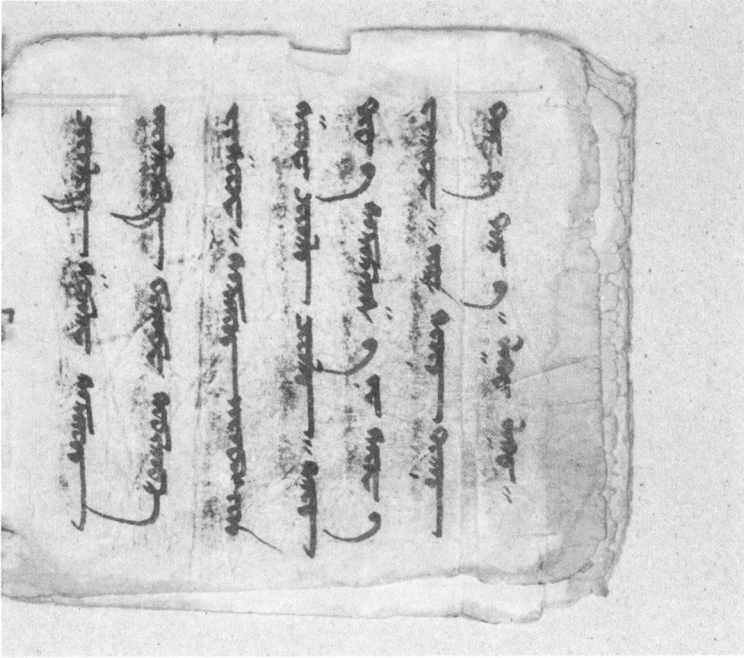

H54　　回鶻文音寫梵語《大隨求陀羅尼經》咒語（4r）

H54　　回鶻文音寫梵語《大隨求陀羅尼經》咒語（4v）

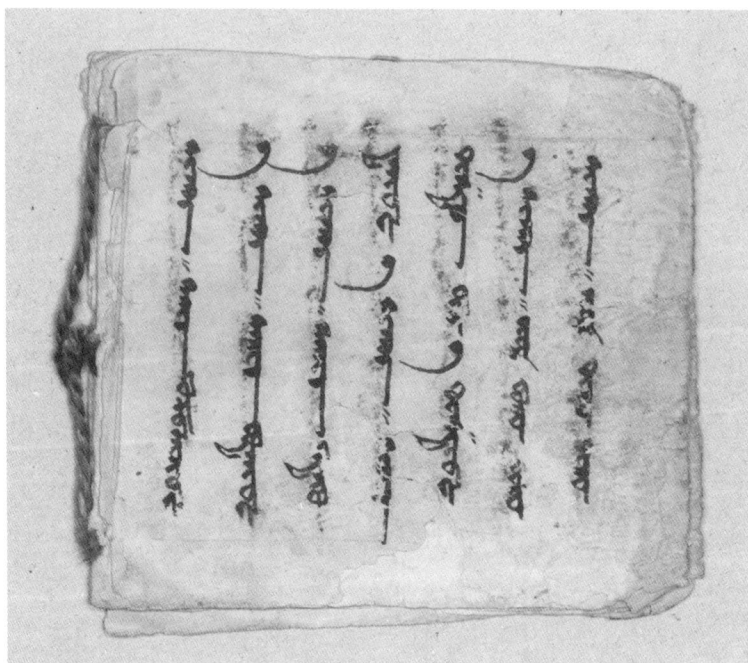

H54　回鶻文音寫梵語《大隨求陀羅尼經》咒語（5r）

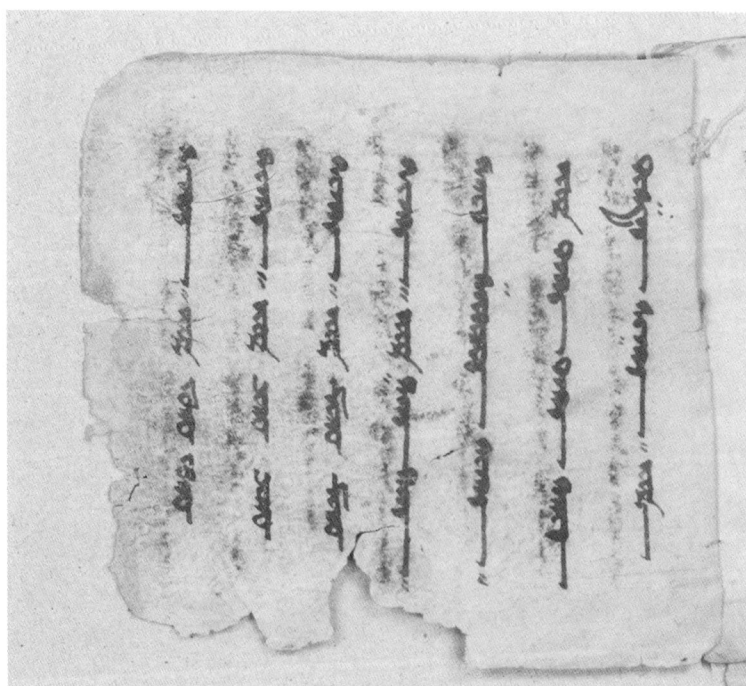

H54　回鶻文音寫梵語《大隨求陀羅尼經》咒語（5v）

H54　回鶻文音寫梵語《大隨求陀羅尼經》咒語（6r）

H54　回鶻文音寫梵語《大隨求陀羅尼經》咒語（6v）

H54　回鶻文音寫梵語《大隨求陀羅尼經》咒語（7r）

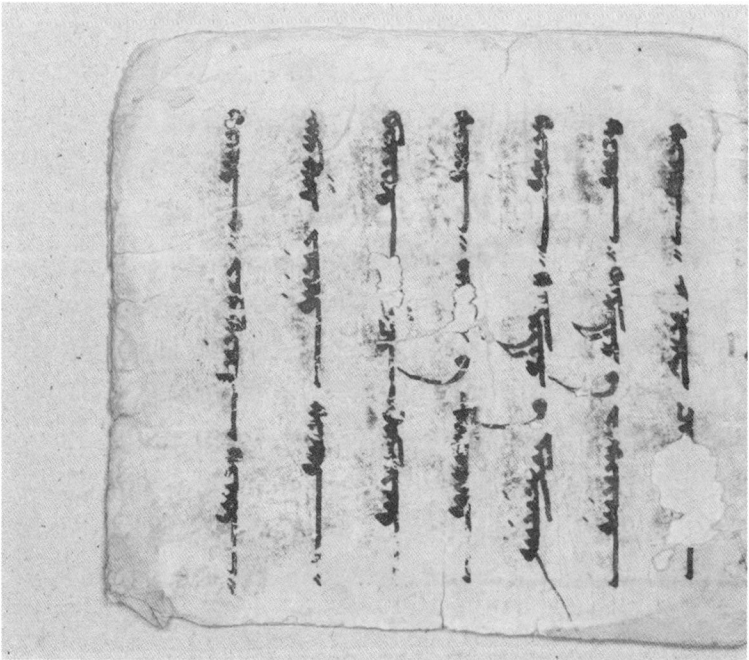

H54　回鶻文音寫梵語《大隨求陀羅尼經》咒語（7v）

H55　回鶻文脱因等致也先・帖木兒等信札

H56　回鶻文西州回鶻早期摩尼教教團或私人田產地租入歷－1

H56　回鶻文西州回鶻早期摩尼教教團或私人田産地租入歷 −2

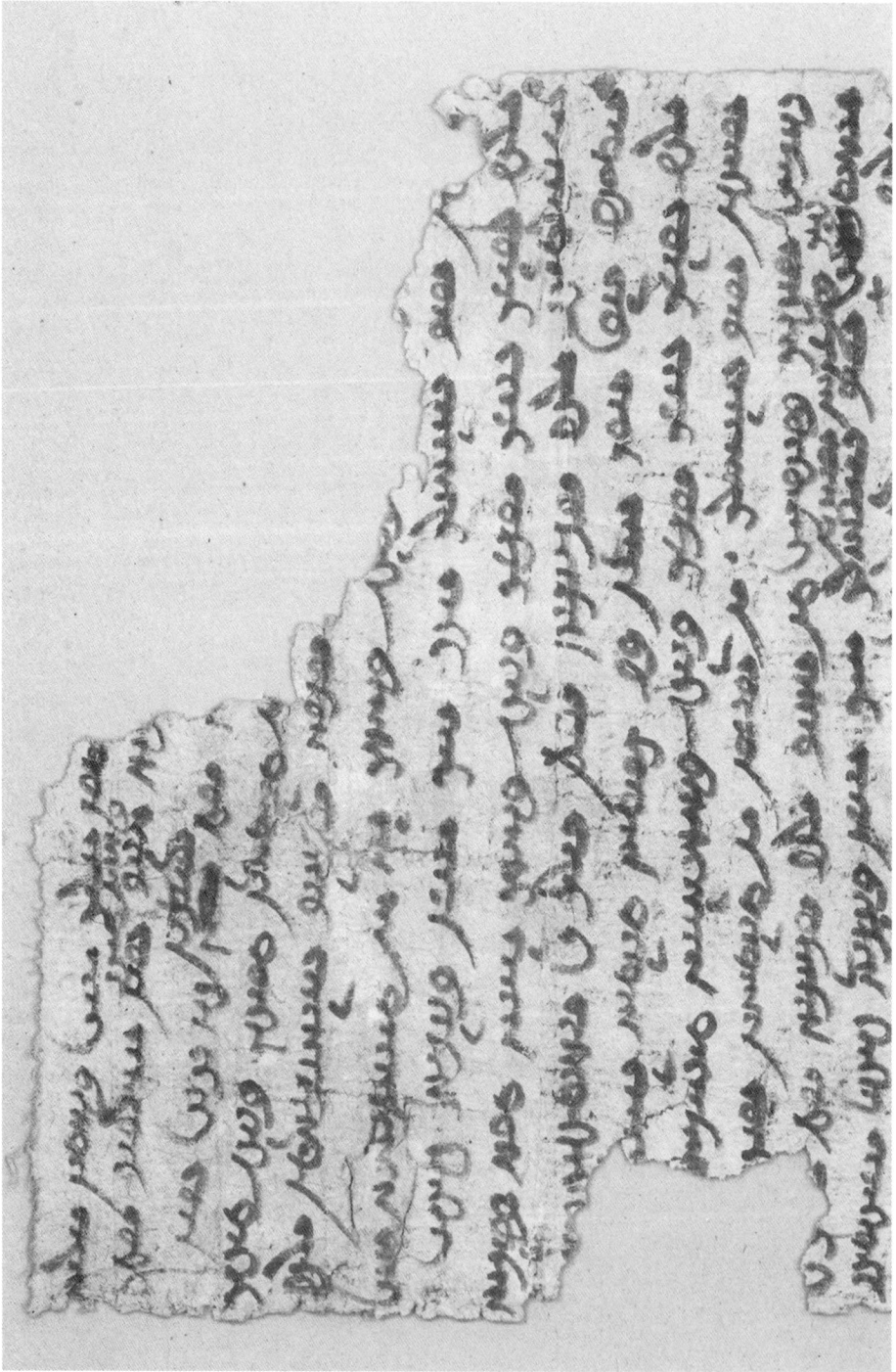

H57r　回鶻文"三預流支"解説-1

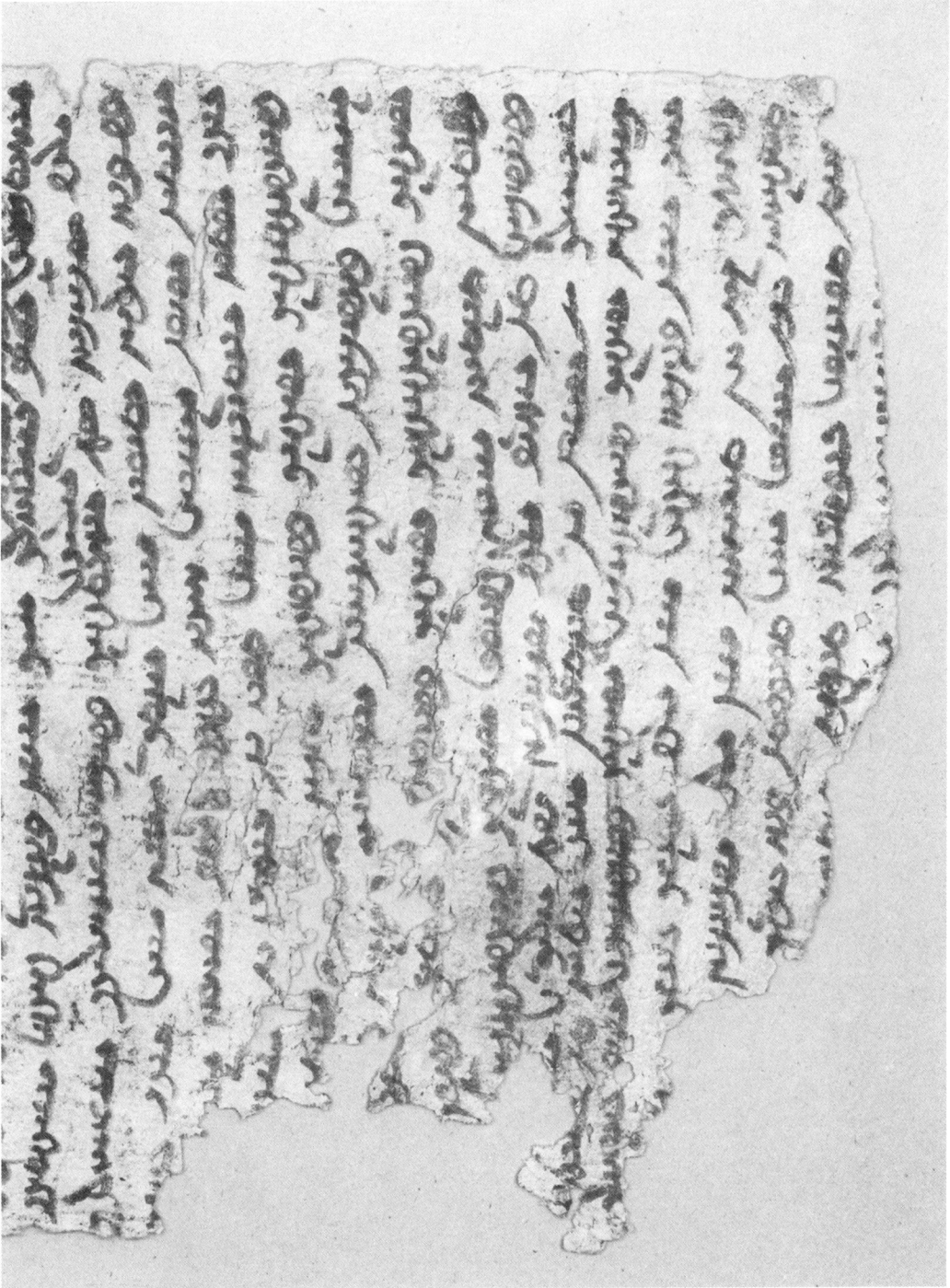

H57r　回鶻文 "三預流支" 解説 −2

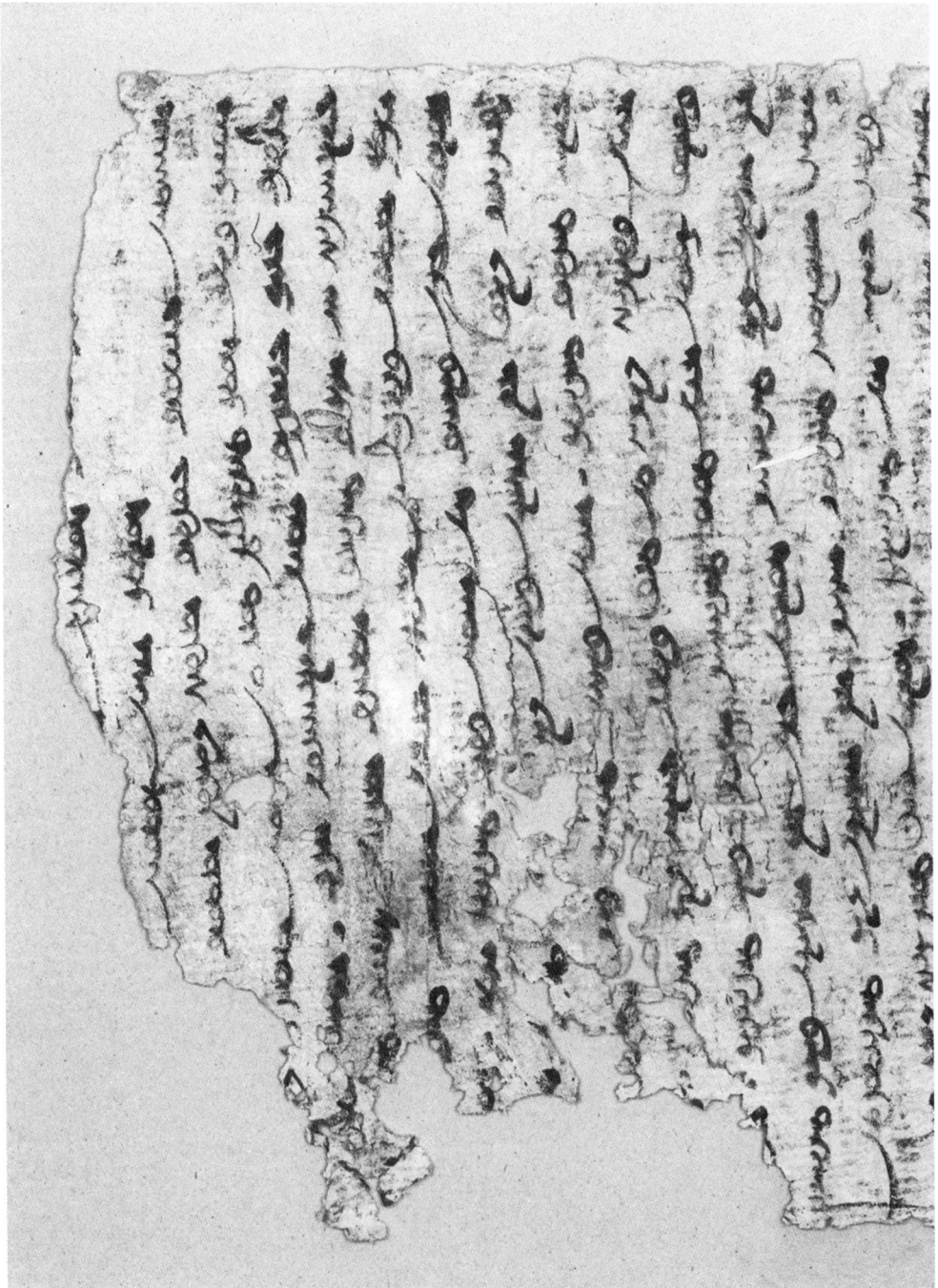

H57v　回鶻文也先・都督致某高僧阿闍梨信札 −1

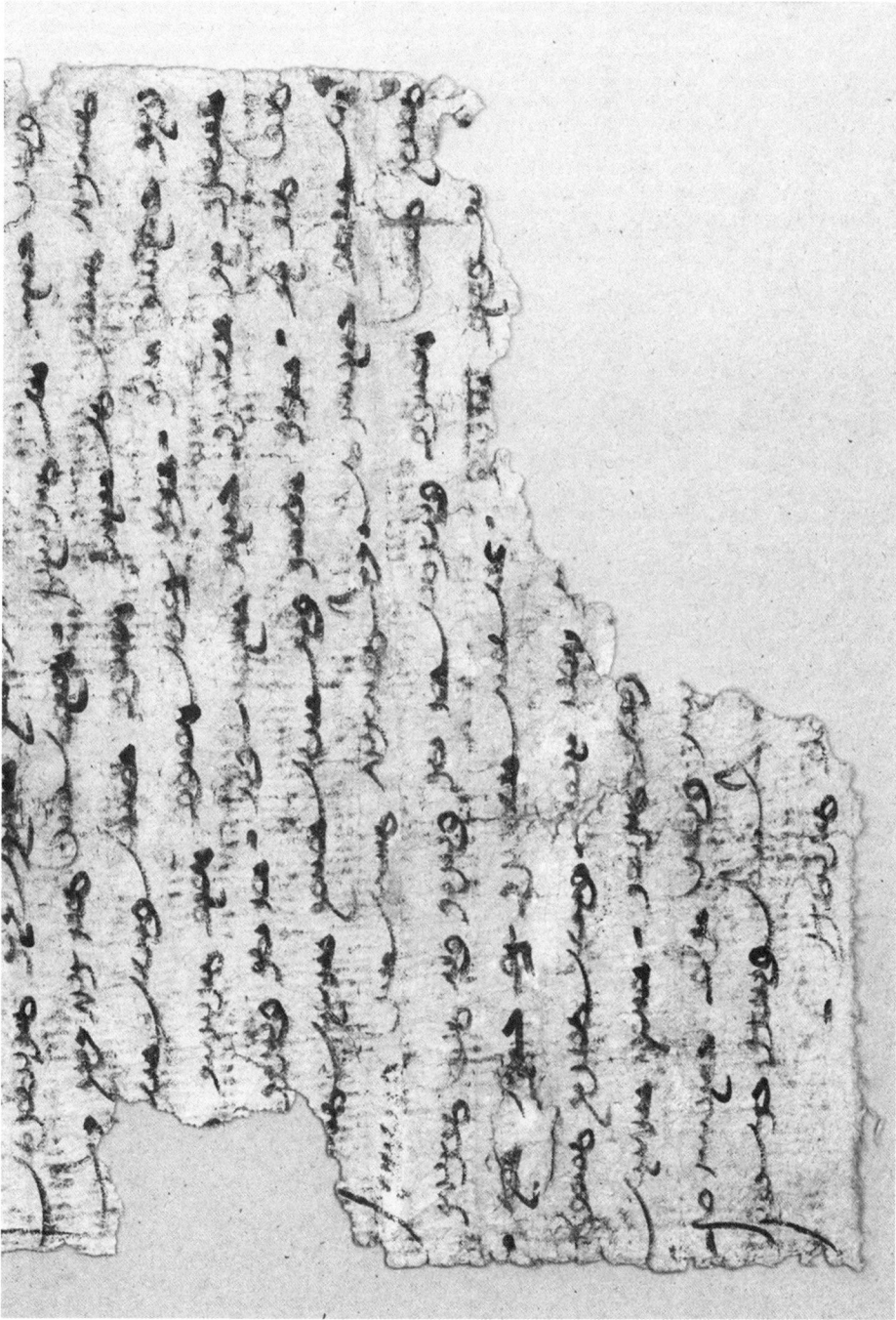

H57v 回鶻文也先・都督致某高僧阿闍梨信札 -2

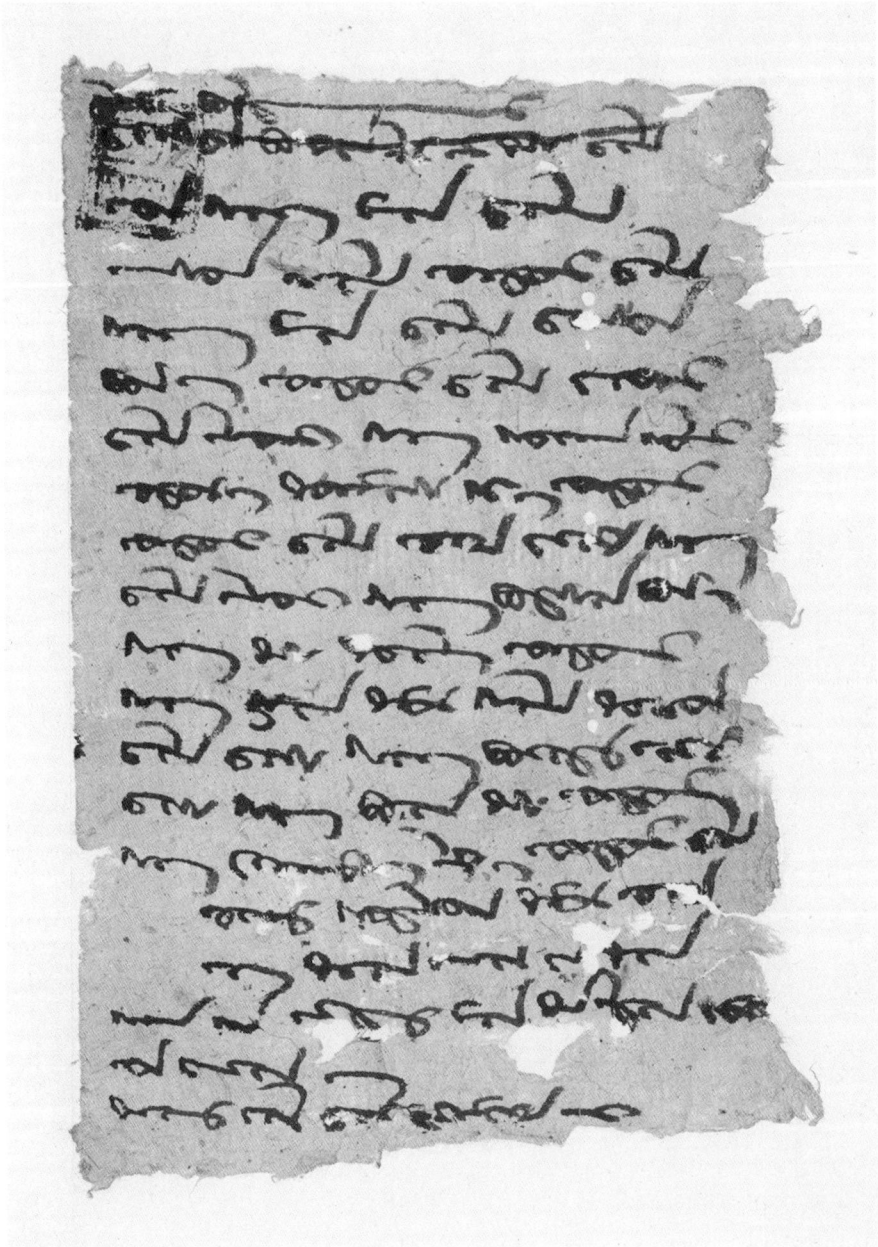

H58　回鶻文蔡合合汗國某酉年十一月初十納麵粉帖

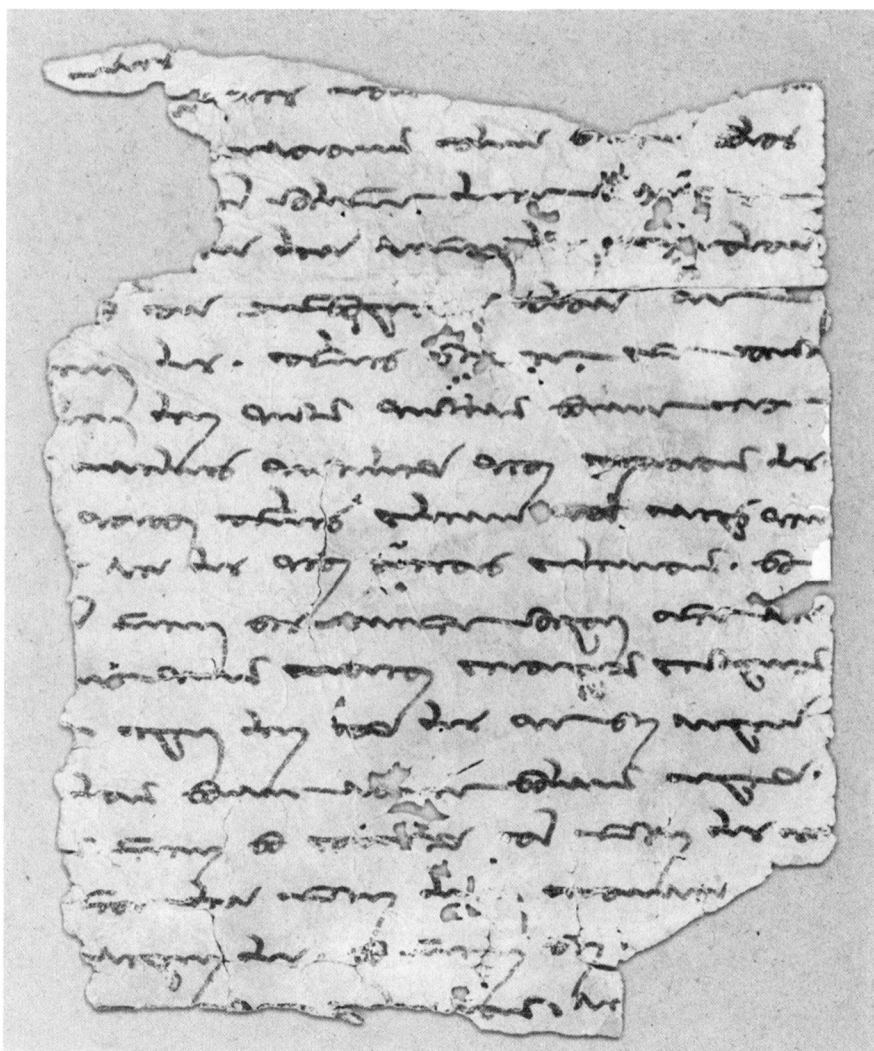

H59v　回鶻文佛典

H60　回鶻文借銀錁等契約草稿或習字

H61　回鶻文納糧抄（？）

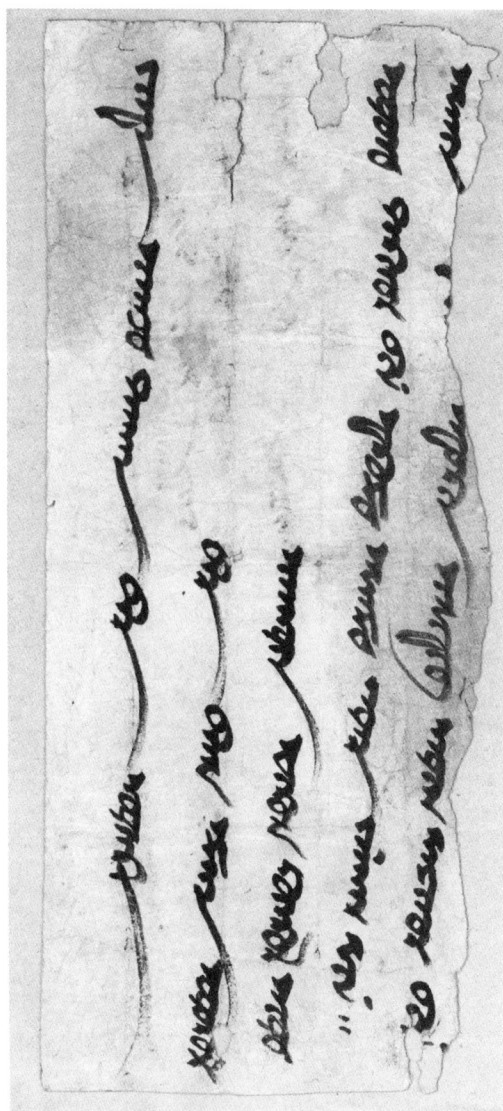

H62r　回鶻文書・未斯・押衙致伊難主・達干・訇信札

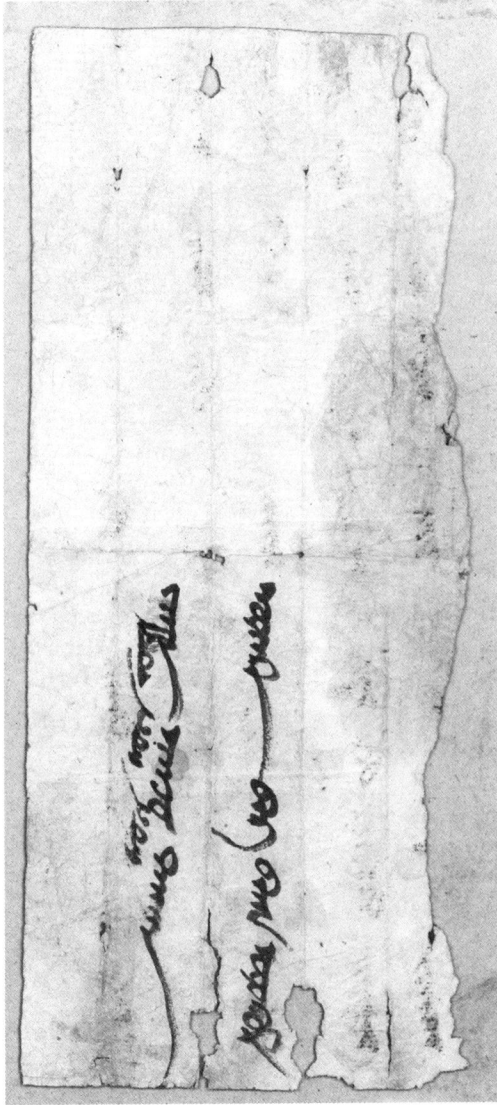

H62v　回鶻文 **貟**・禾斯・押衙致伊難主・達干・**貟**信札

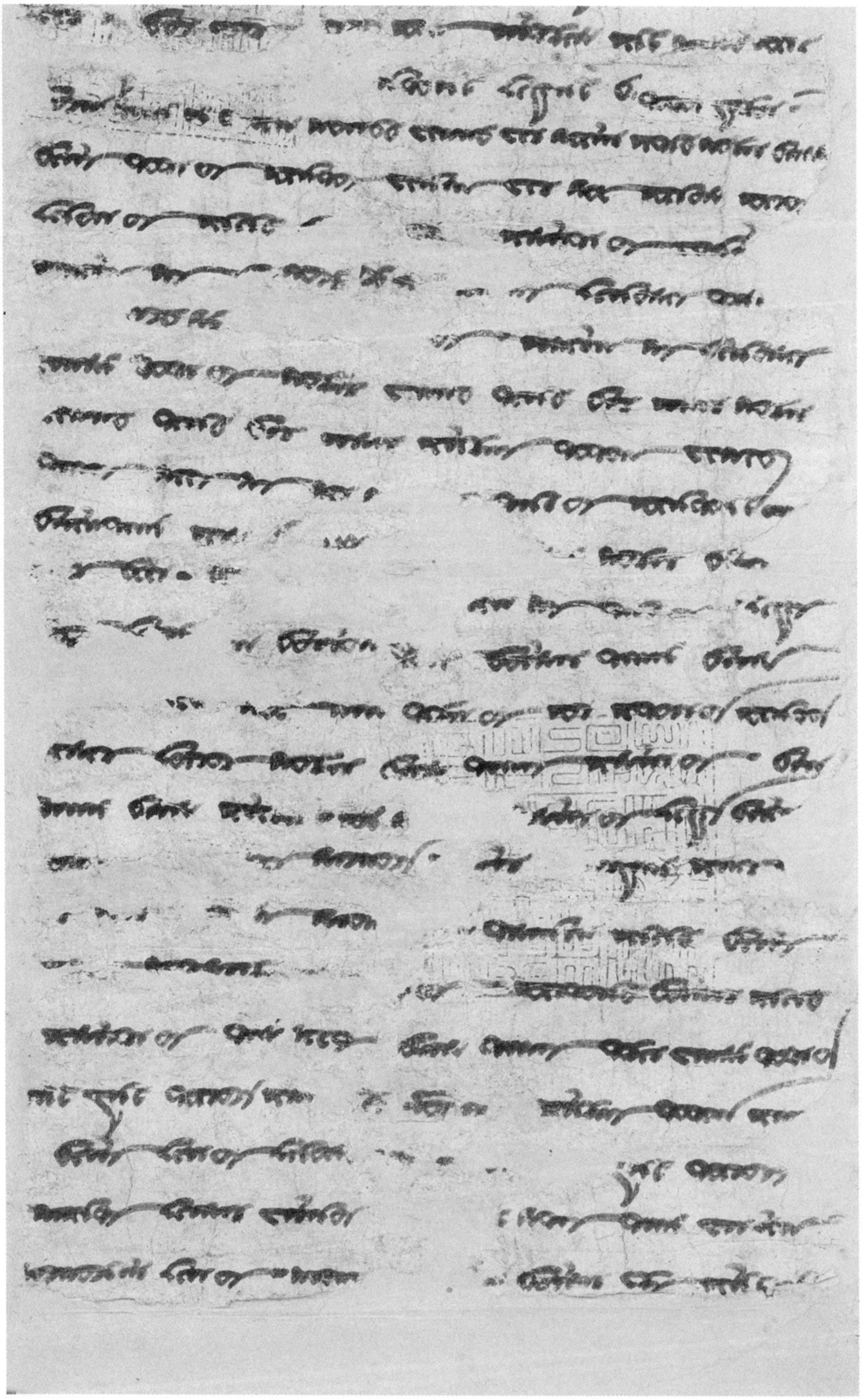

H63 回鶻文西州回鶻中書門下頒摩尼寺管理條例－1（1—24行）

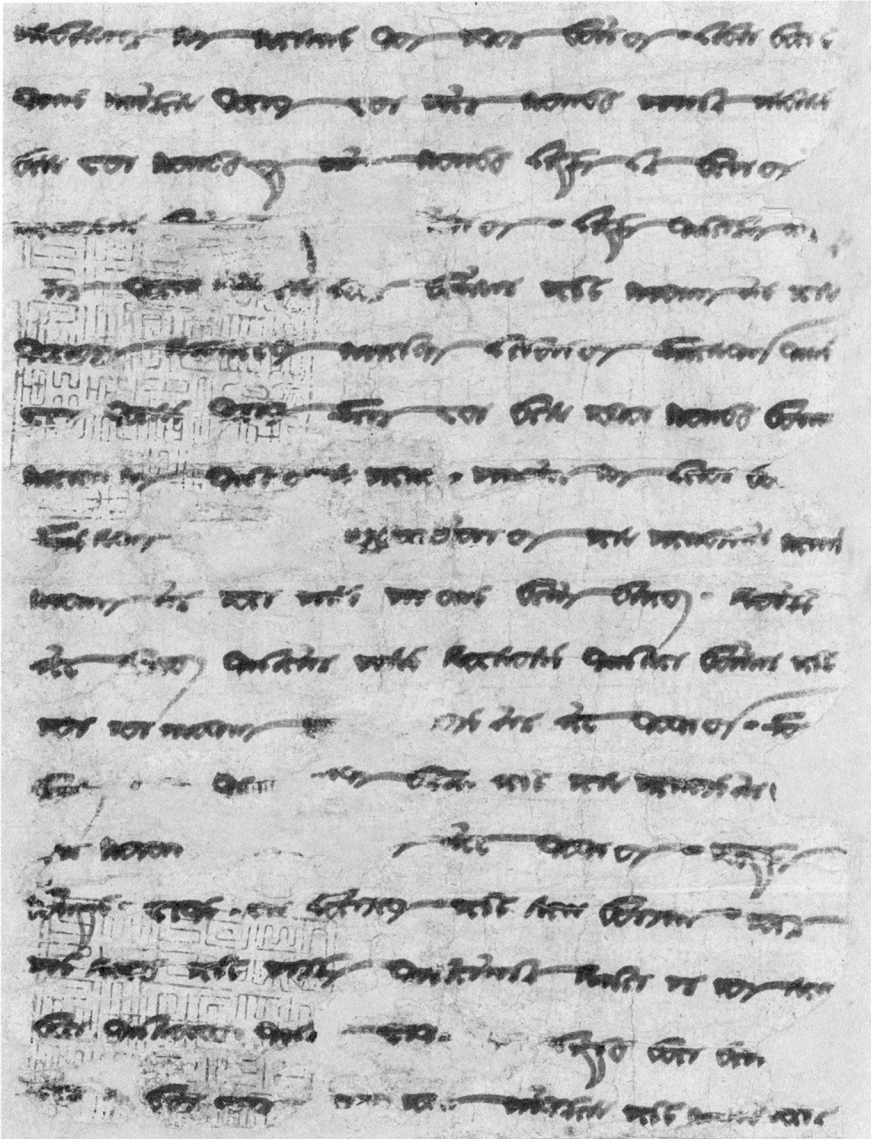

H63　回鶻文西州回鶻中書門下頒摩尼寺管理條例－3（41—62行）

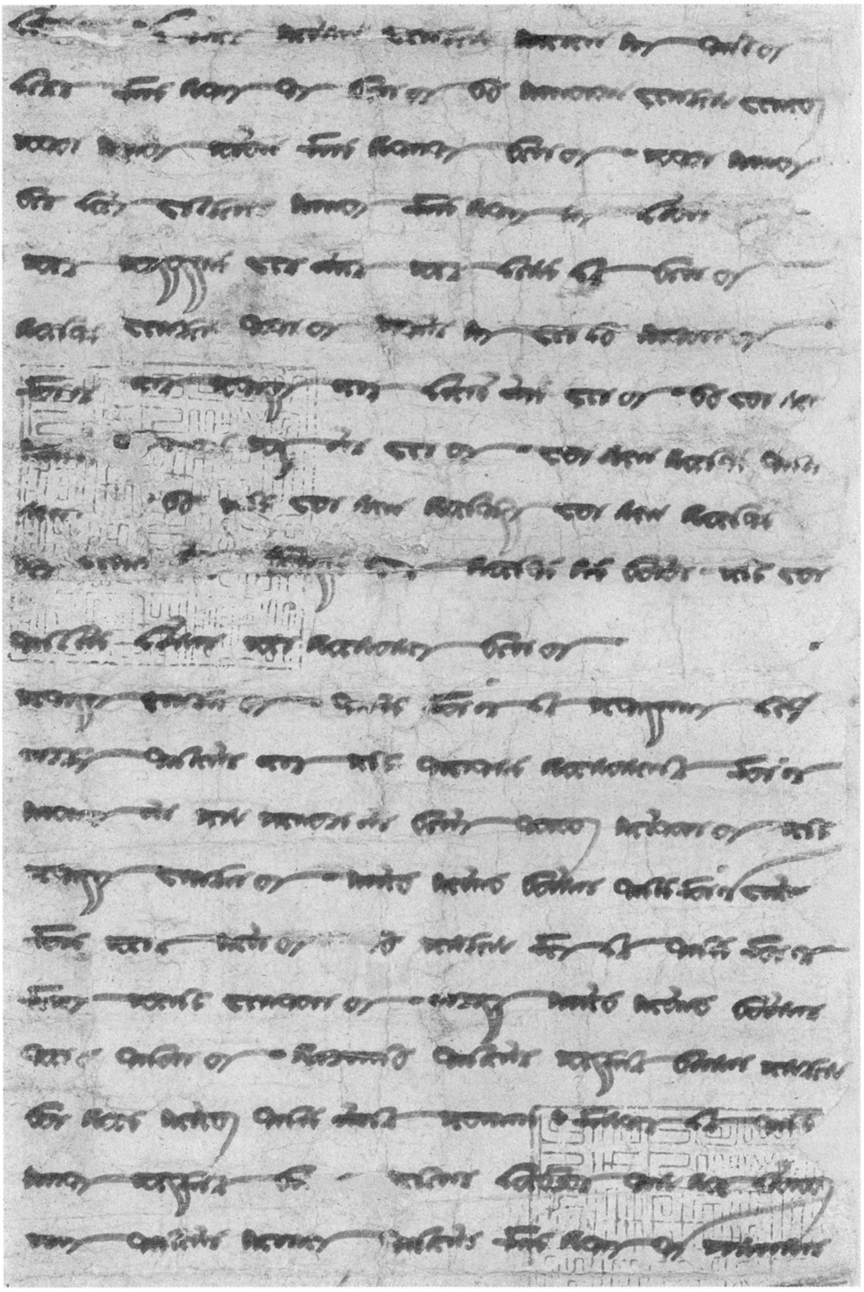

H63　回鶻文西州回鶻中書門下頒摩尼寺管理條例－4（62—82行）

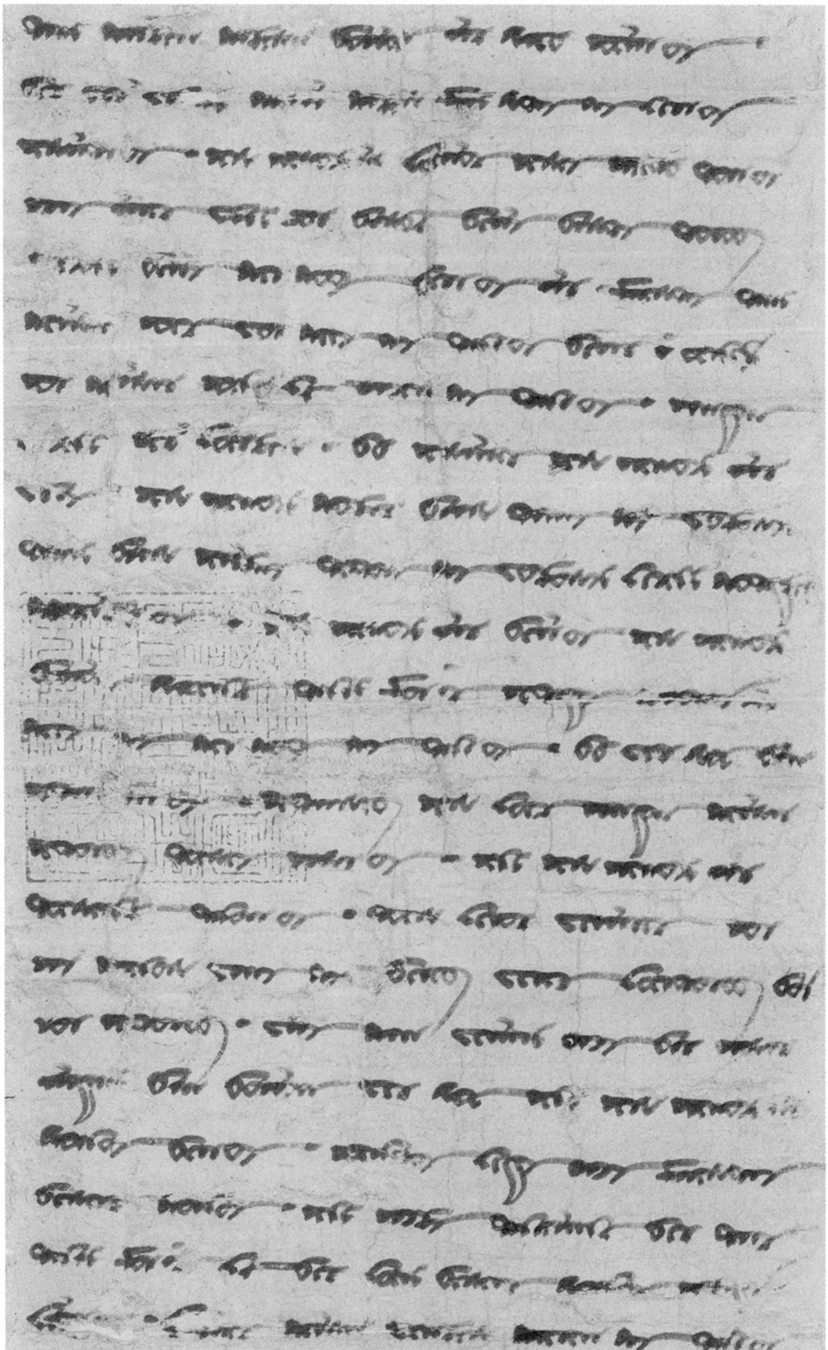

H63 回鶻文西州回鶻中書門下頒摩尼寺管理條例－5（82—104行）

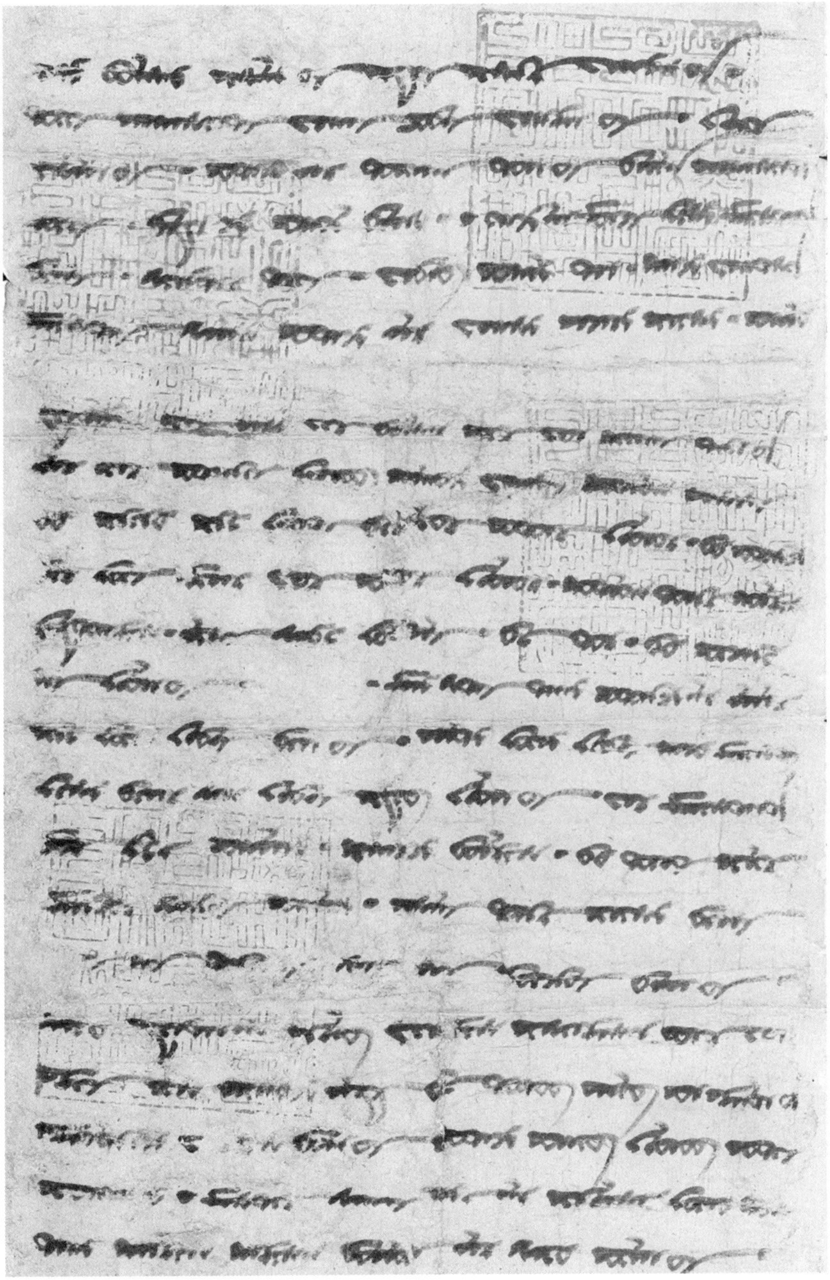

H63　回鶻文西州回鶻中書門下頒摩尼寺管理條例－6（104—125行）

H64r 回鶻文《金光明最勝王經》卷二

H64v　回鶻文《金光明最勝王經》卷二

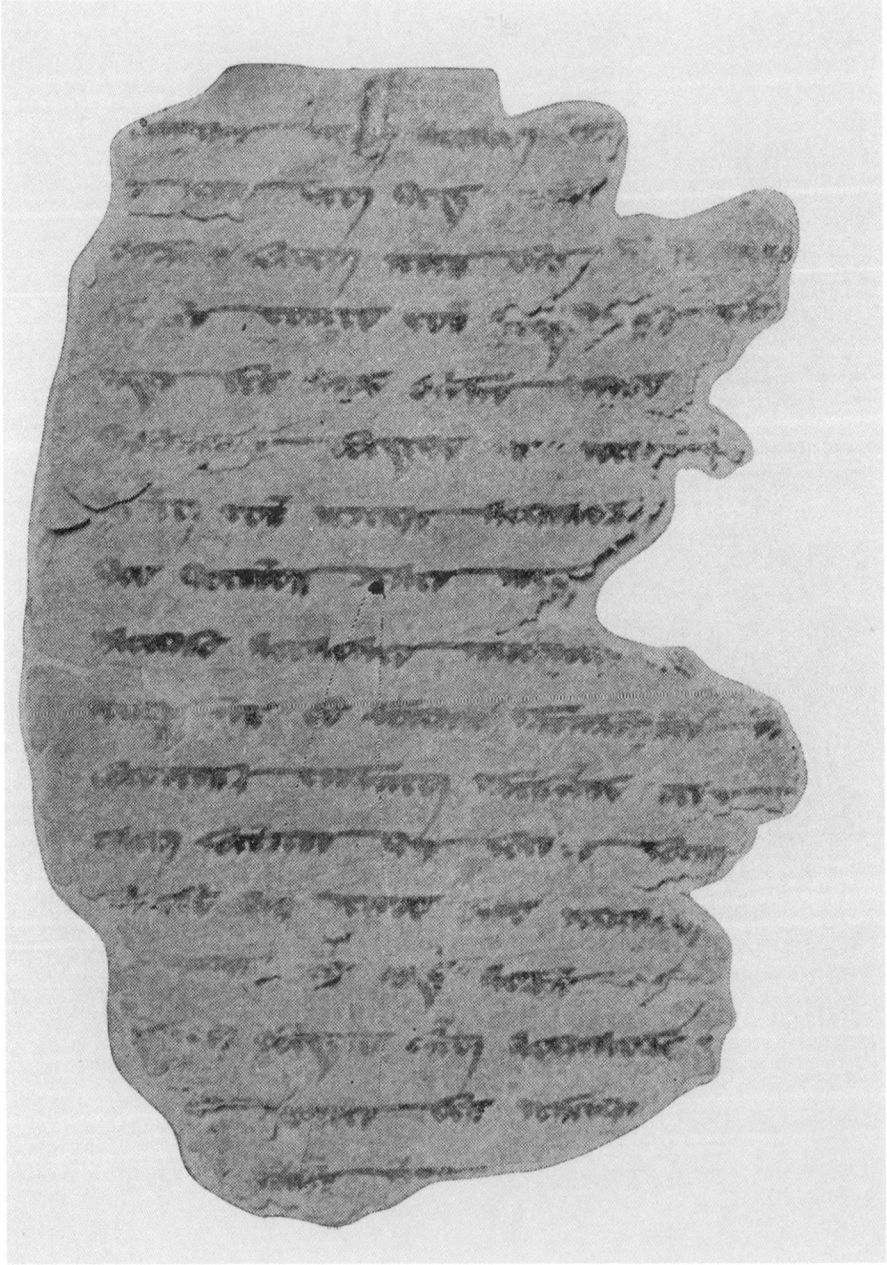

H66r　回鶻文《十業道譬喻鬘》卷四

H66v 回鶻文《十業道譬喻鬘》卷四

H67v　回鶻文音寫漢語《寅朝禮懺文》節本

H68v　回鶻文佛典

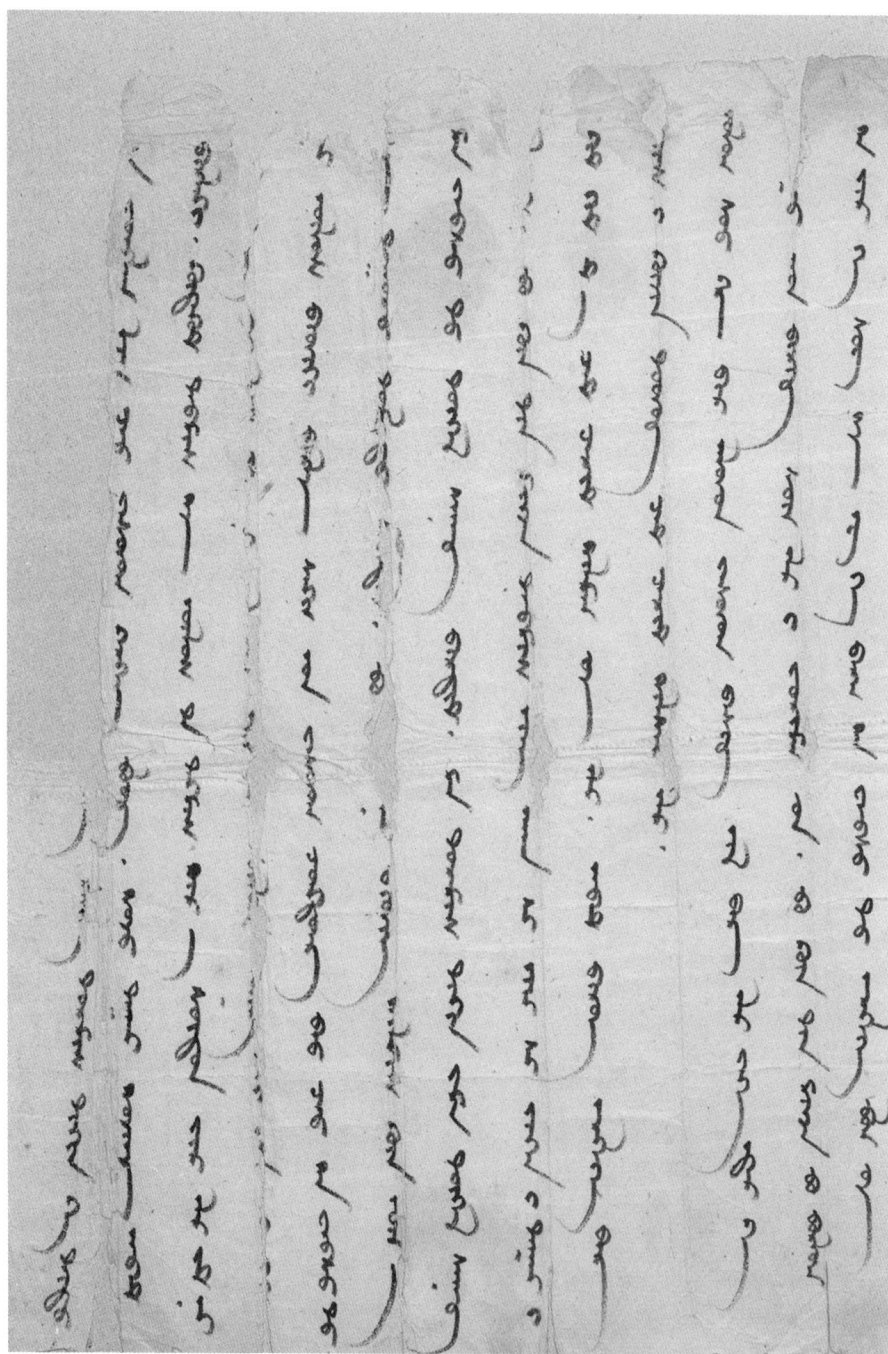

H69　回鶻文元朝某年某月某日都魯迷失·的斤賣高昌地契 −1

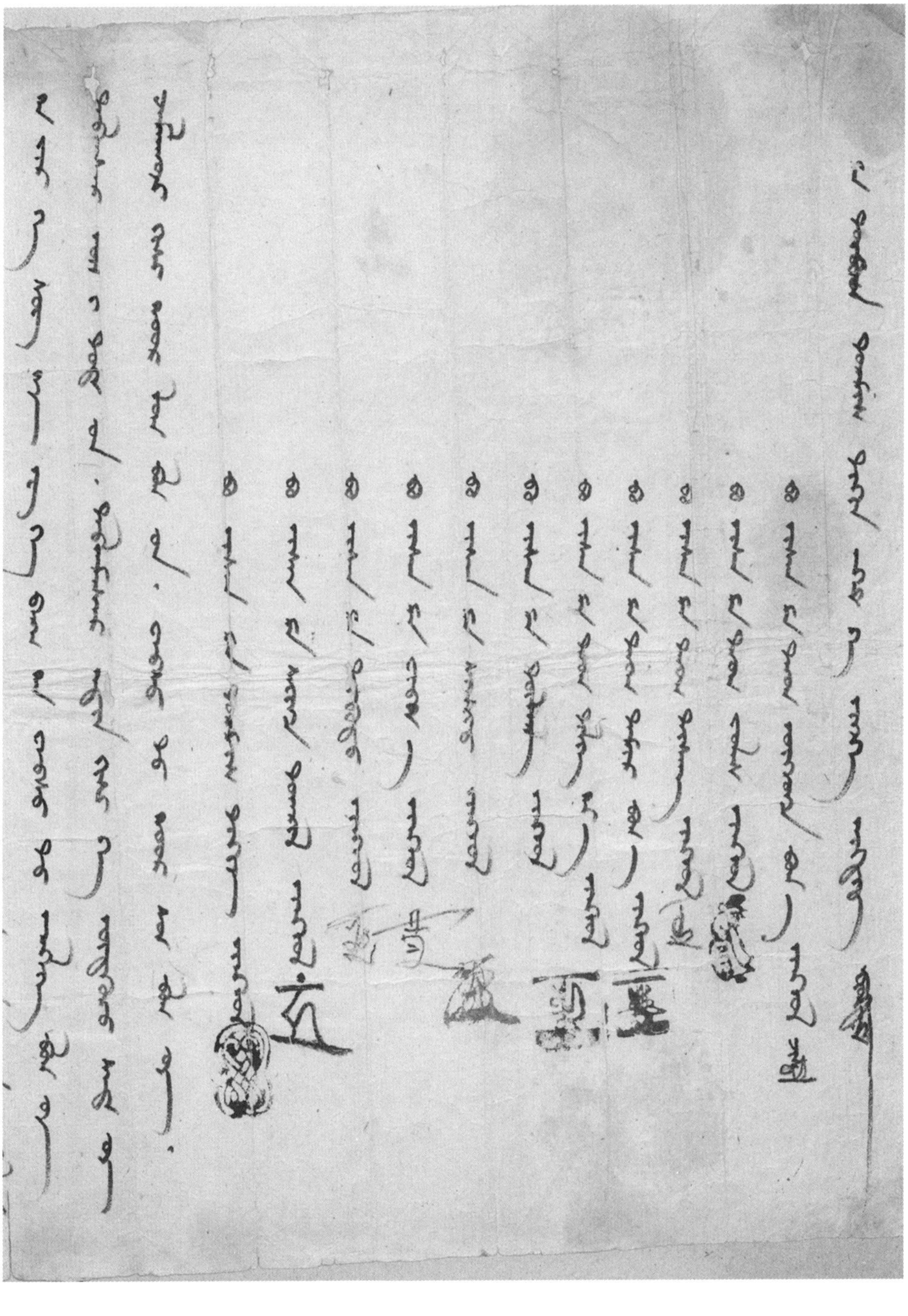

H69　回鶻文元朝某年某月某日都魯迷失·的斤賣高昌地契-2

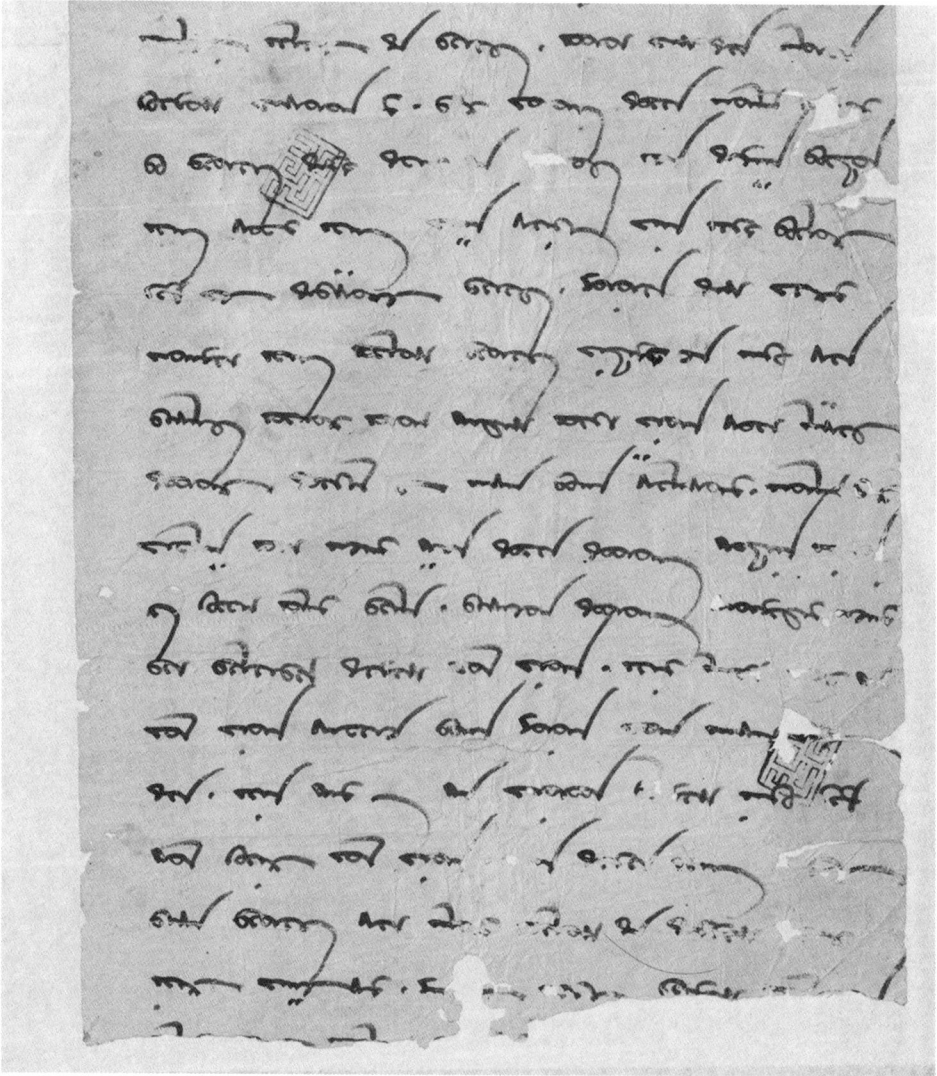

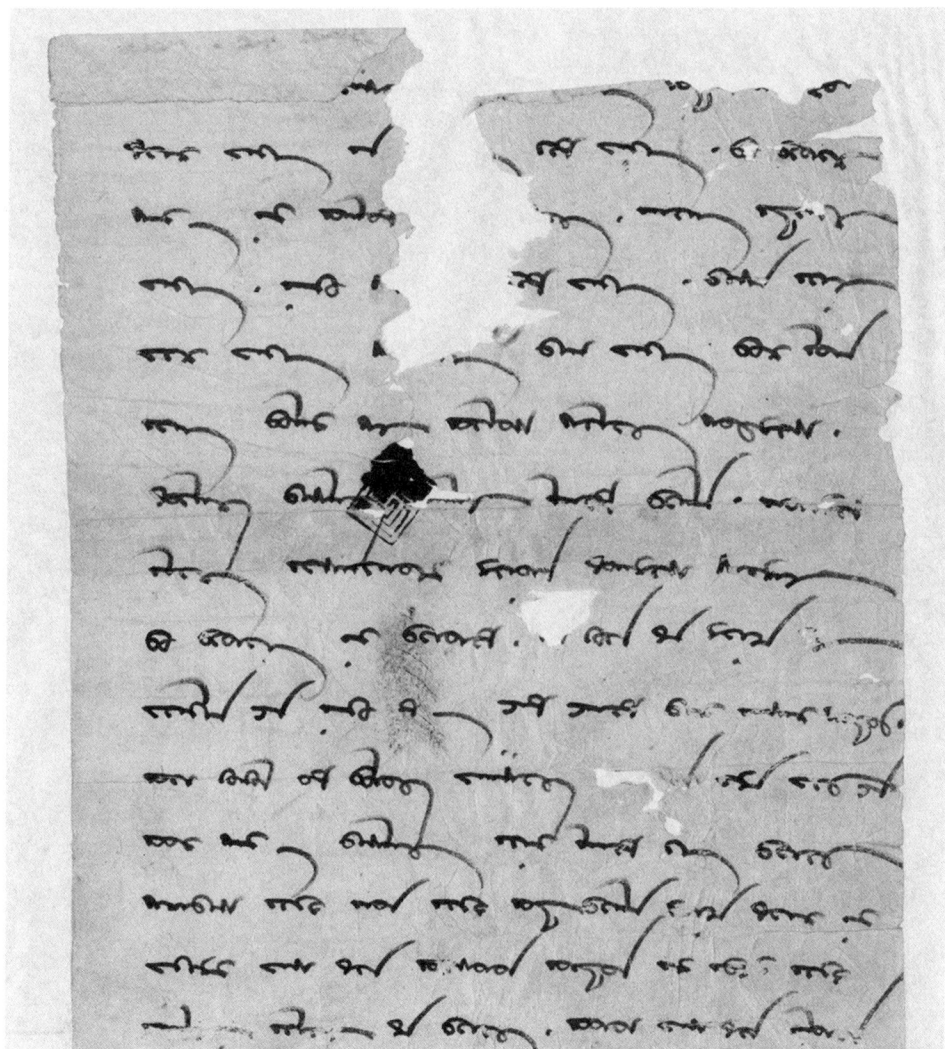

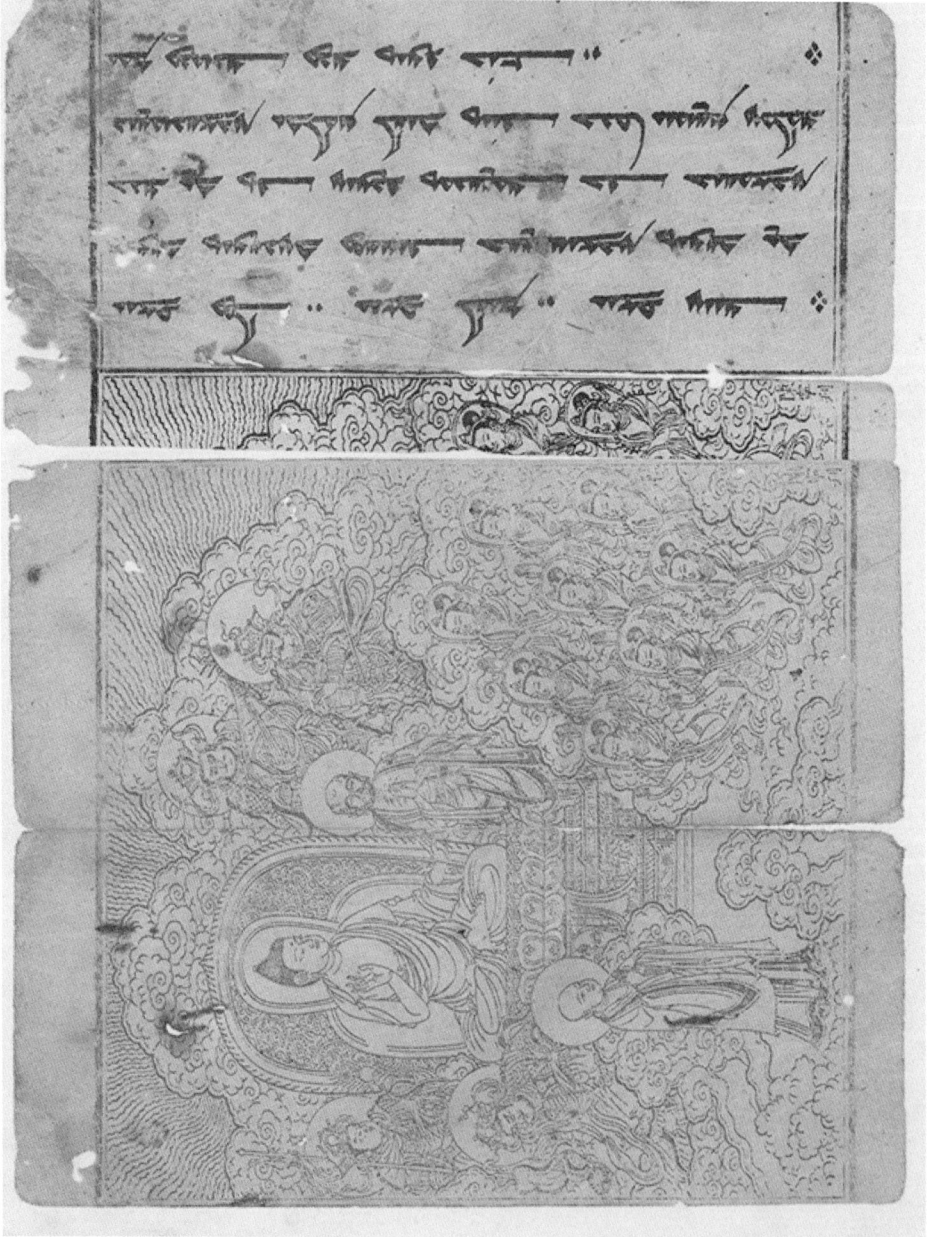

回鶻文刻本《佛說天地八陽神咒經》-1　H71

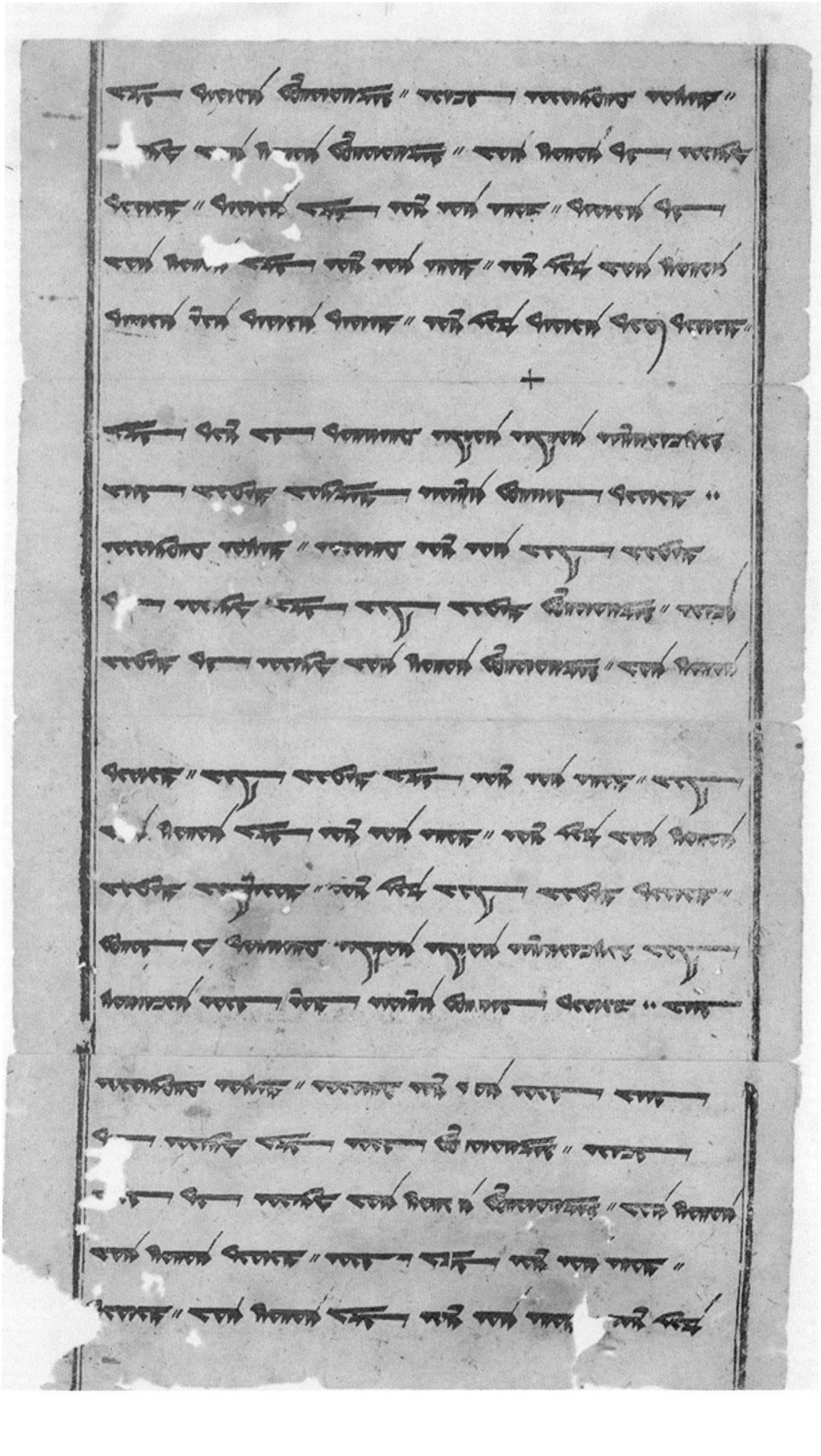

H71　回鶻文刻本《佛説天地八陽神咒經》-2

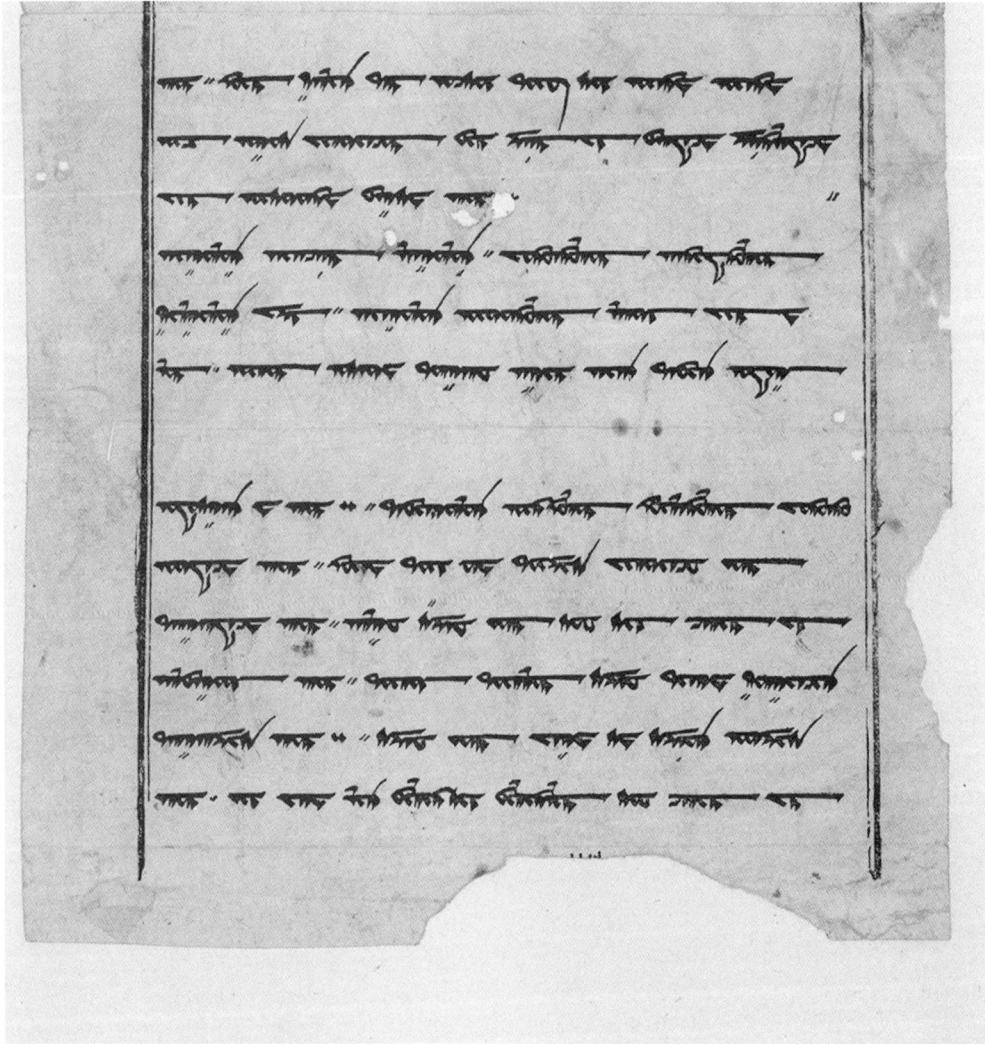

H72　回鶻文刻本《聖妙吉祥真實名經》－1

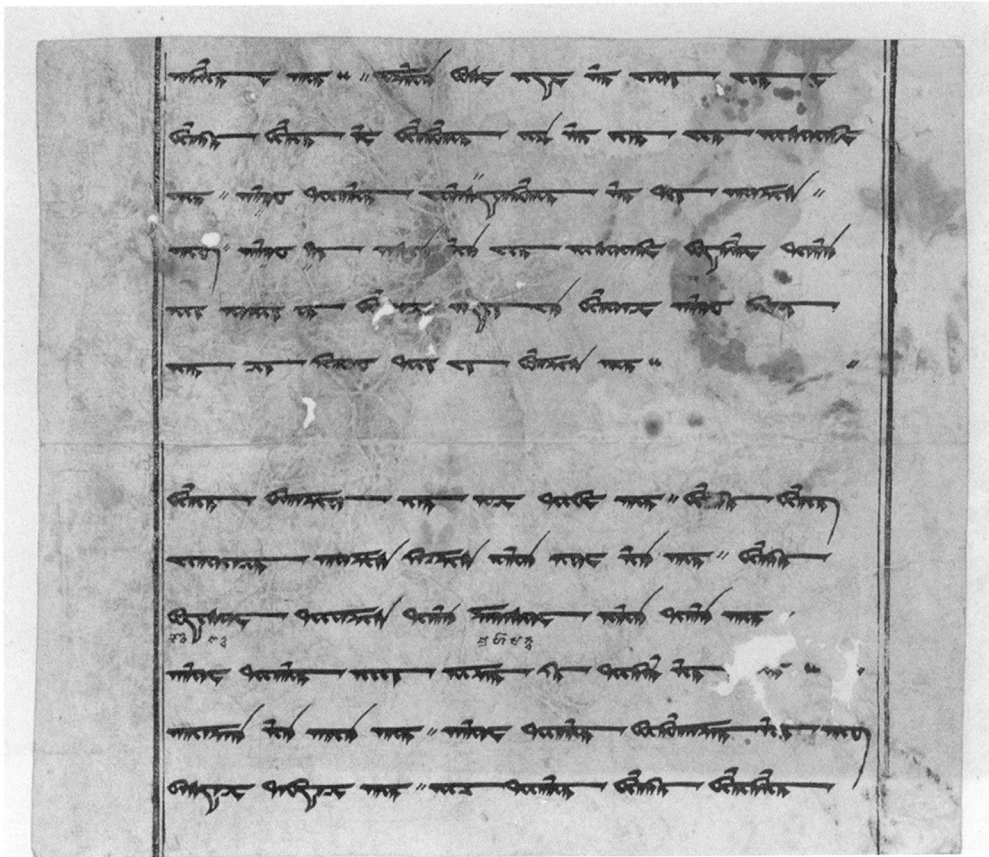

H72　回鶻文刻本《聖妙吉祥真實名經》-2

H73　回鶻文刻本《佛説北斗七星延命經》

H122r　回鶻文密教佛典殘片　　　　H122v　回鶻文密教佛典殘片

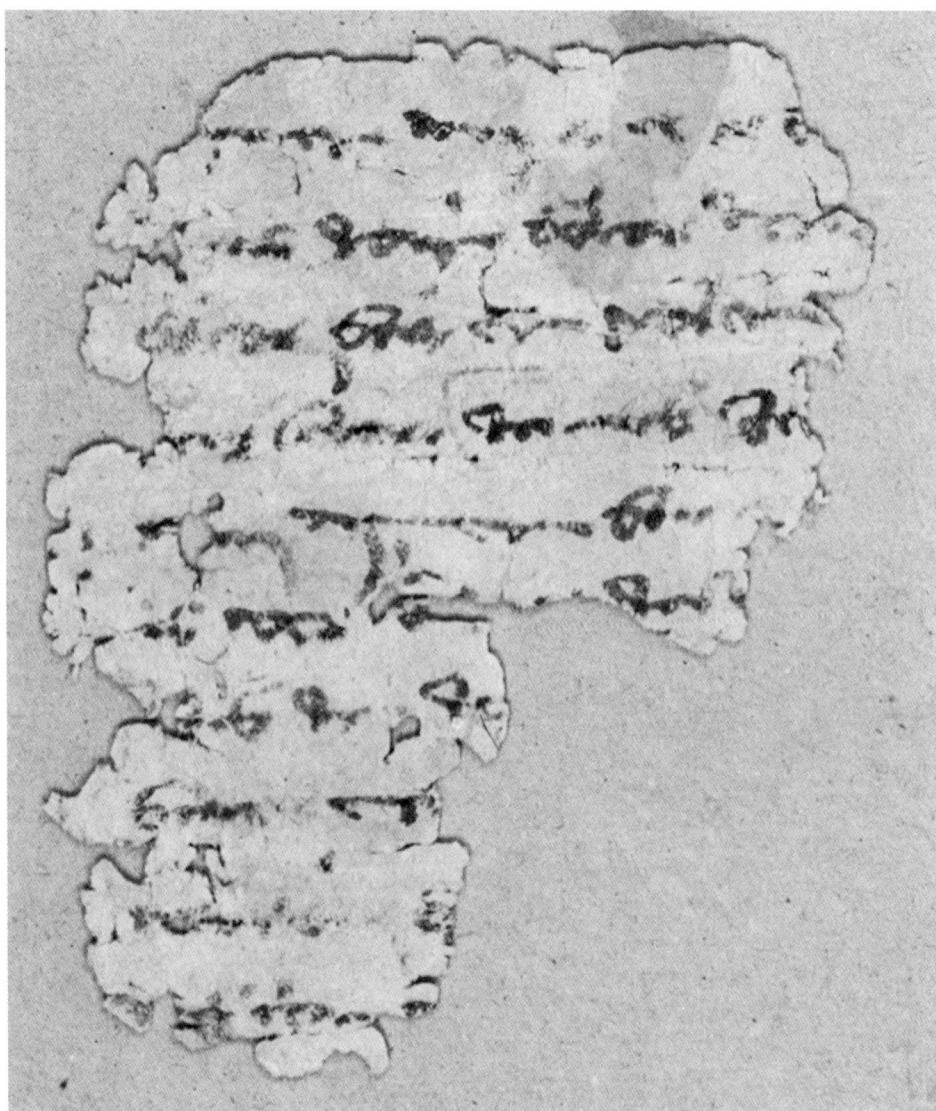

H125r　回鶻文佛典殘片

H125v　回鶻文佛典殘片

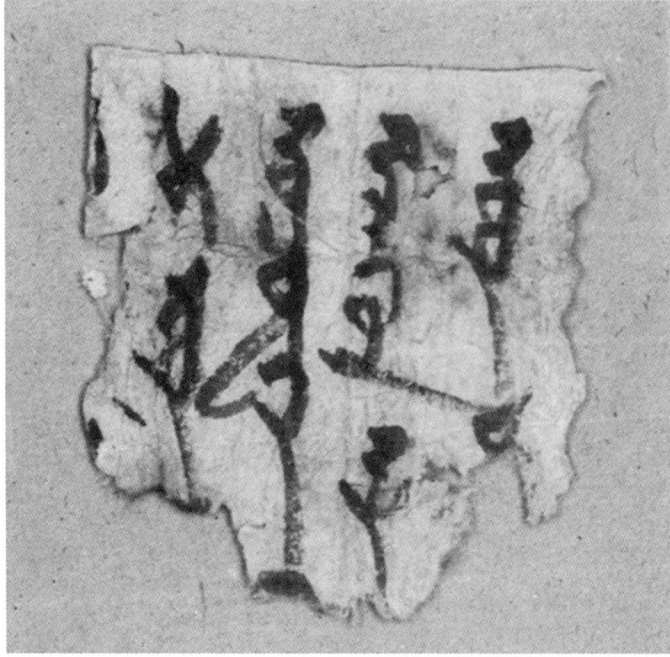

H126r　回鶻文書殘片

H126v　回鶻文書殘片

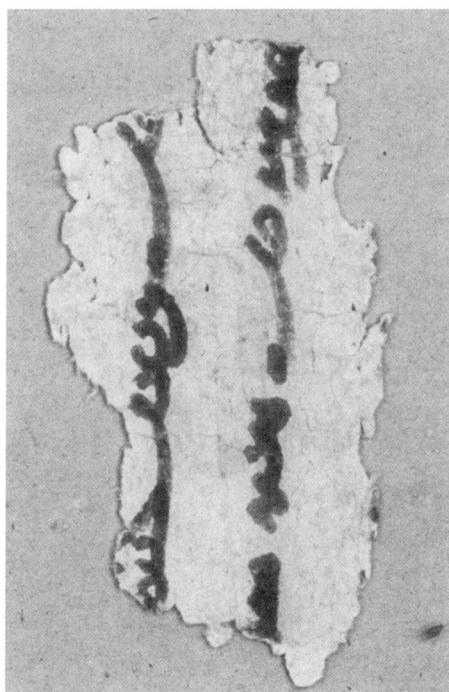

H127　回鶻文西州回鶻中書門下頒摩尼寺管理條例殘片

H128r　回鶻文佛典殘片　　　　　　　　H128v　回鶻文佛典殘片

二

龜茲語文書

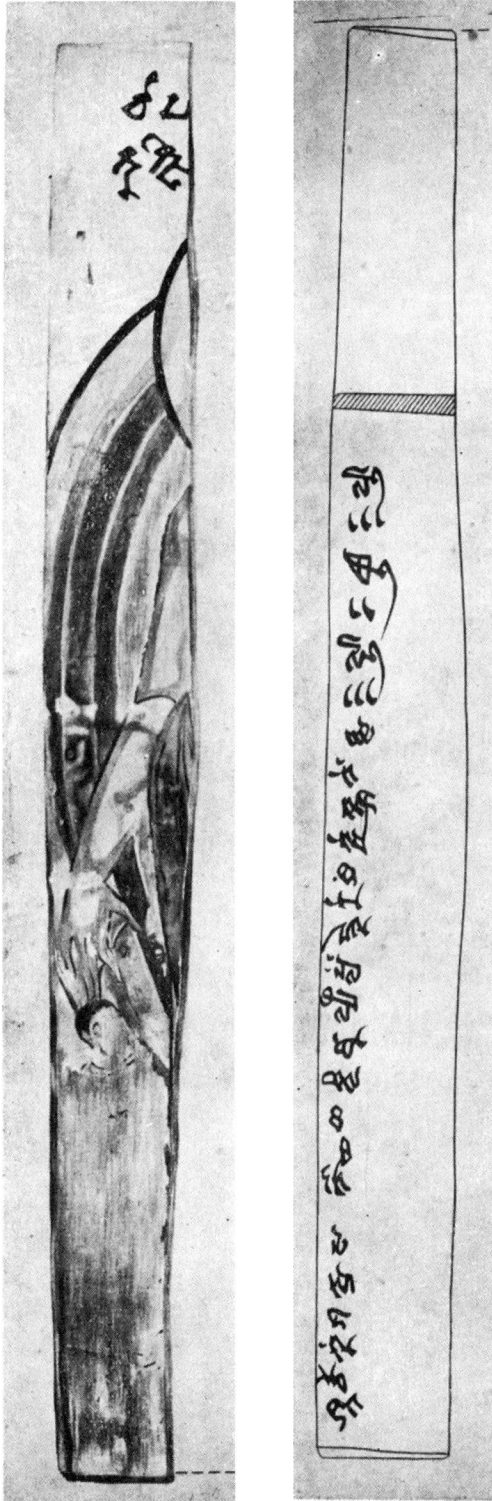

H80　龜茲語馬價文書（木簡）

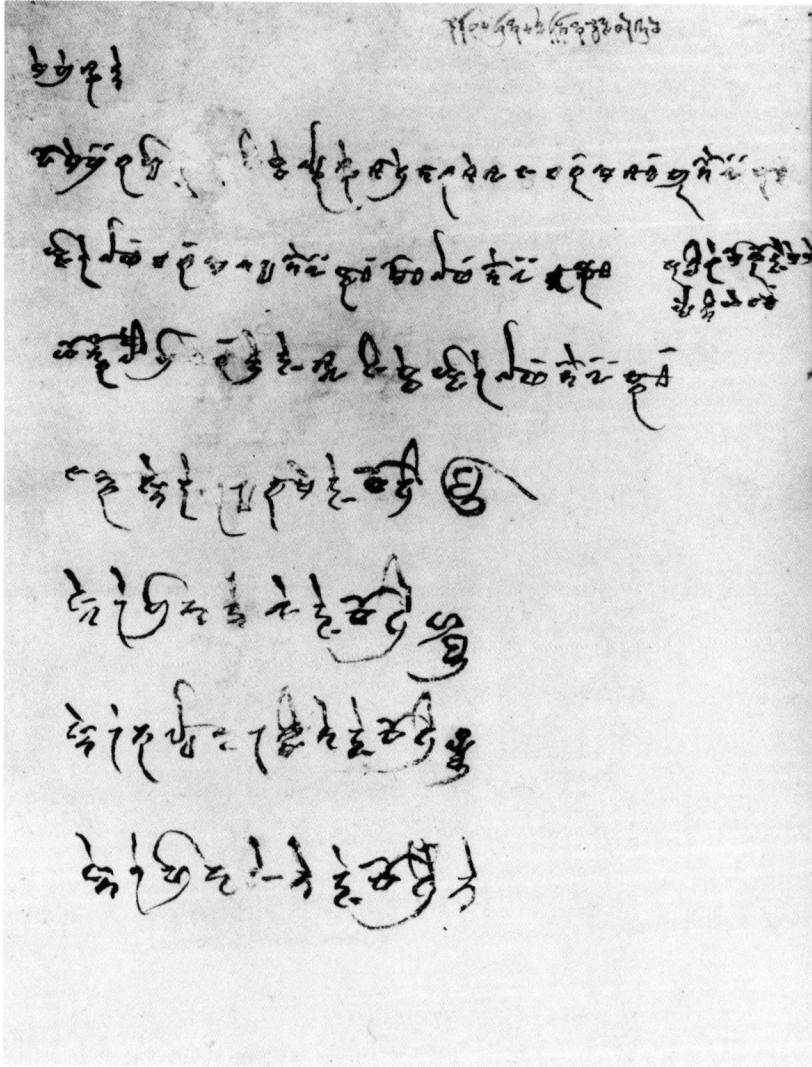

H81　龜茲語某寺經濟文書（一）

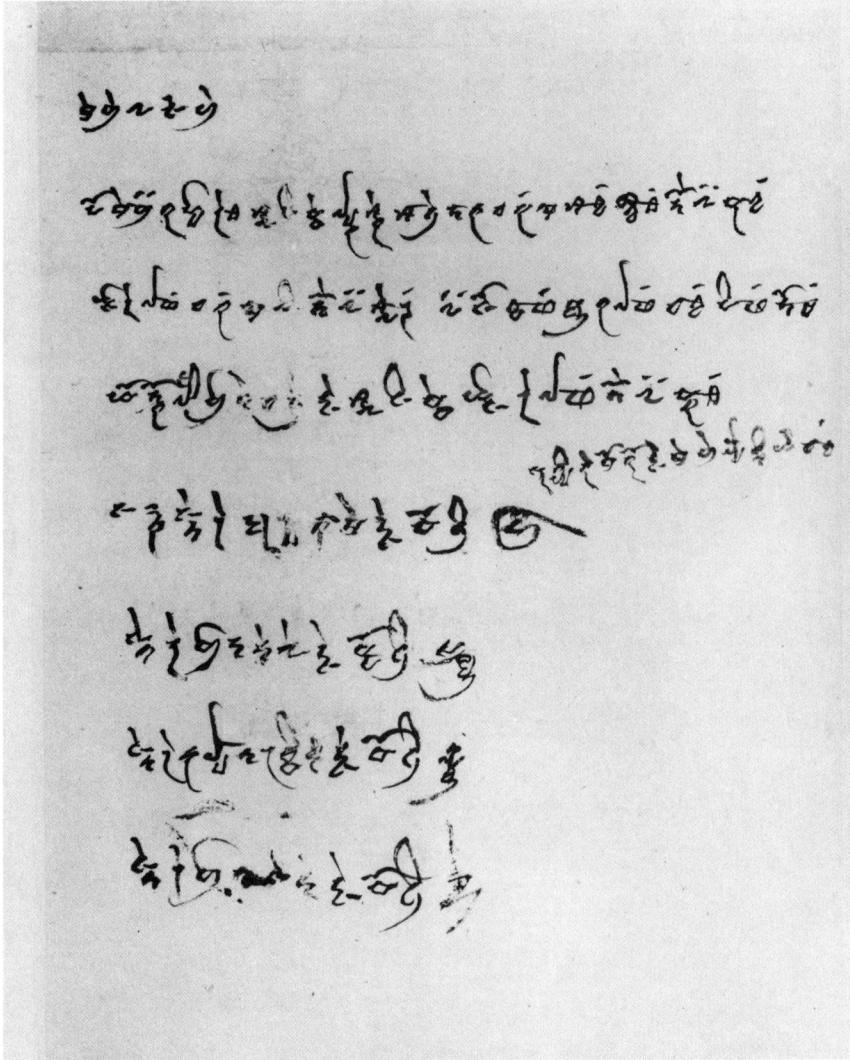

H81　龜茲語某寺經濟文書（二）

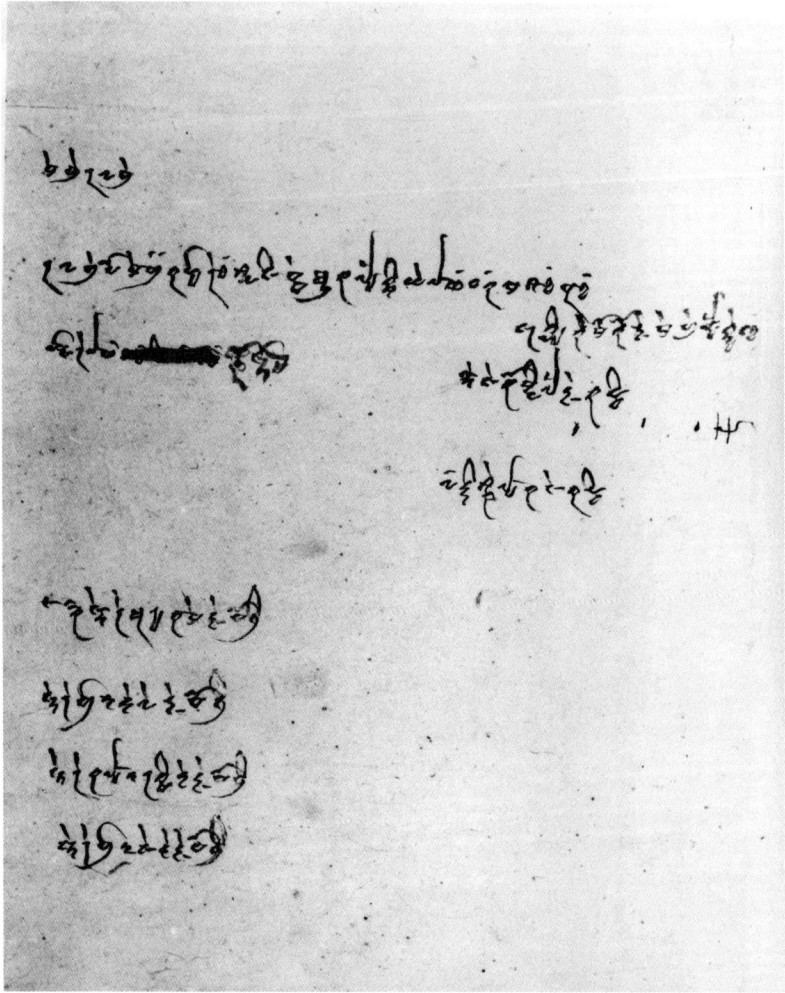

H81　龜兹語某寺經濟文書（三）

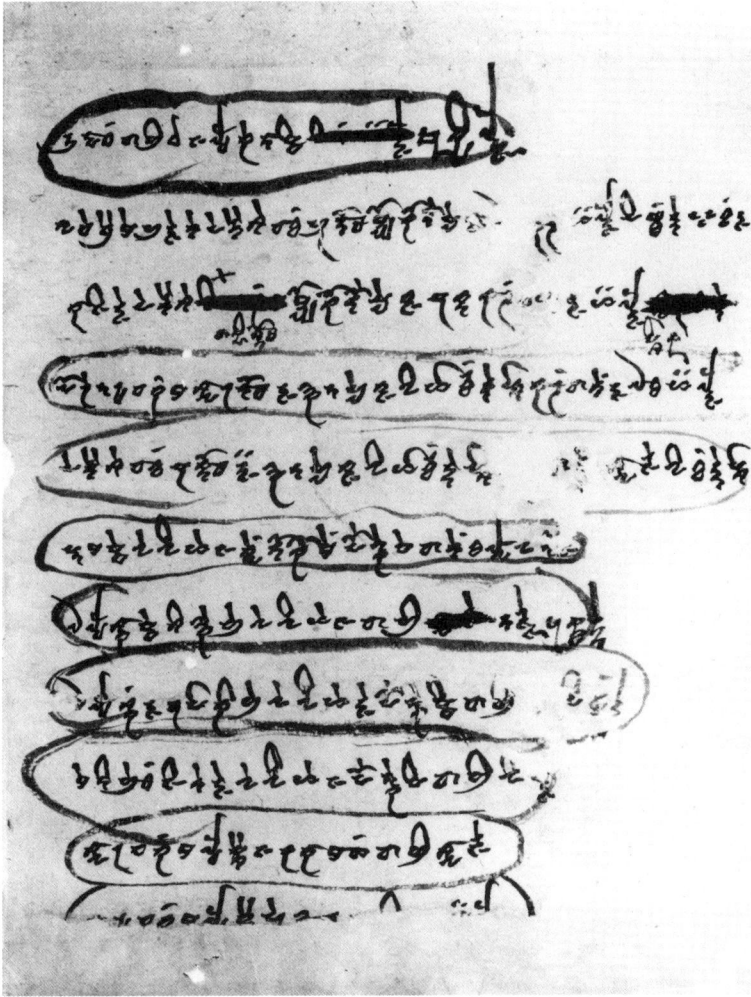

H81　龜茲語某寺經濟文書（四）

H89　龜茲語名簿（木簡）

H90　龜茲語用錢簿（木簡）

H91　龜茲語欠租簿（木簡）（正）

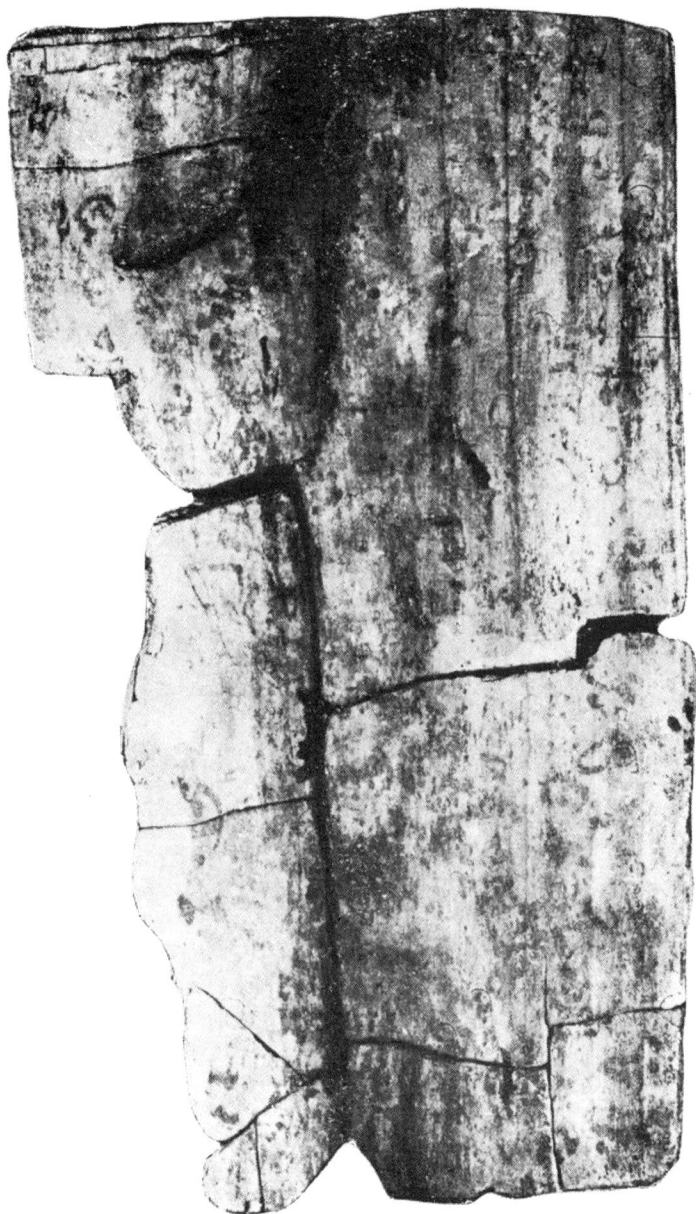

H91 龜茲語欠租簿（木簡）（背）

H92　龜茲語語木簡（正）

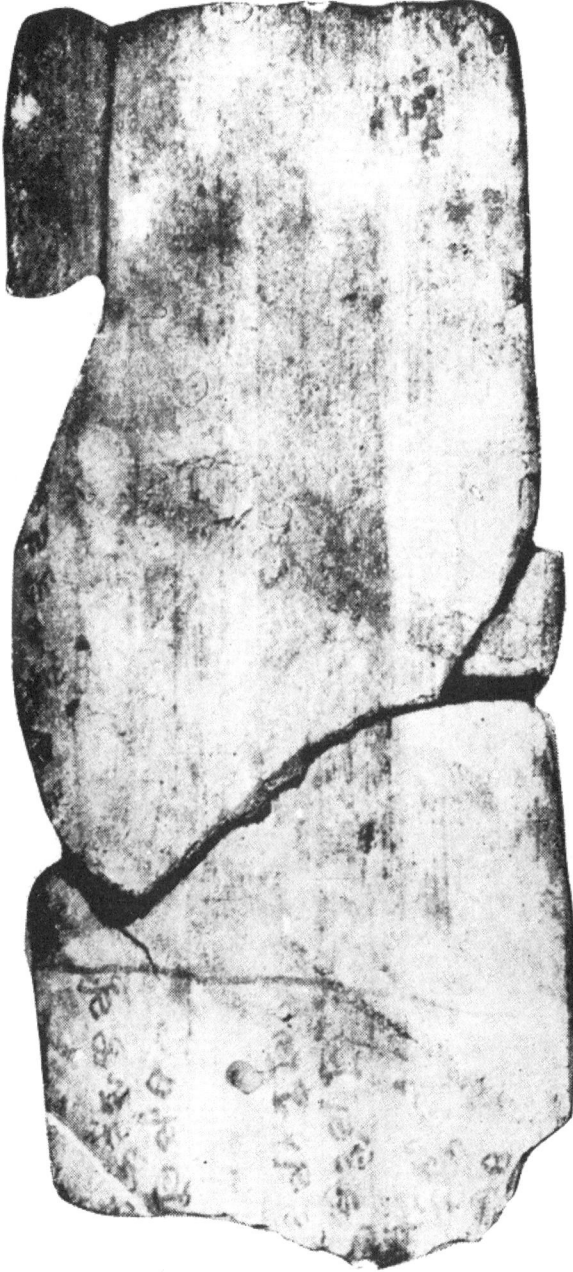

H92　龜茲語木簡（背）

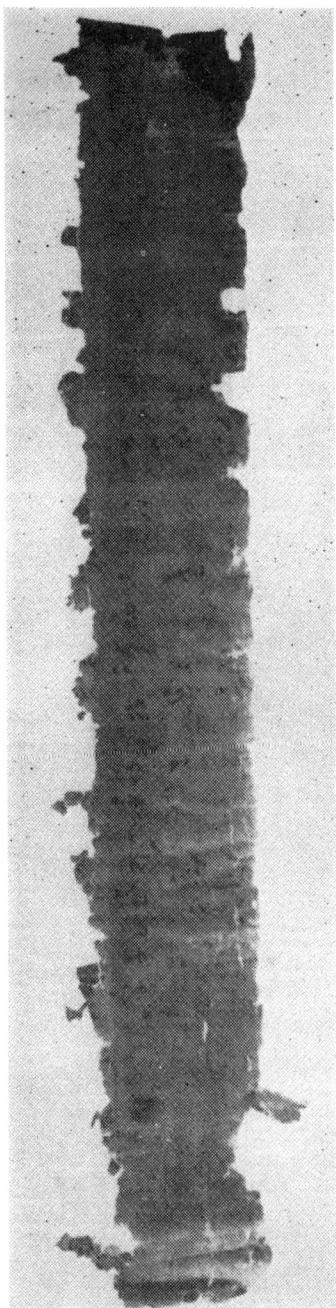

H103　龜茲語殘卷（一）

H103　龜茲語殘卷（二）

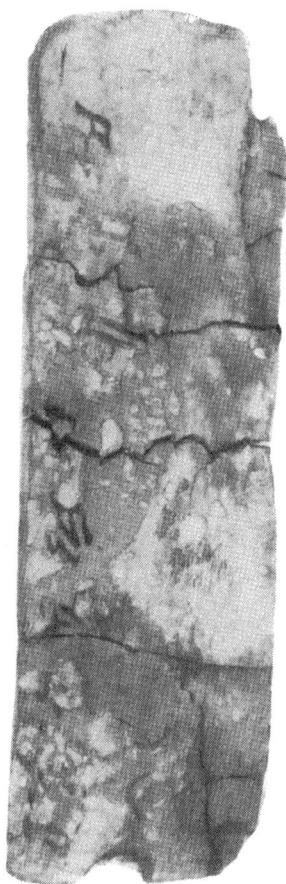

H106　龜<u>茲</u>語賣物文書（木簡）

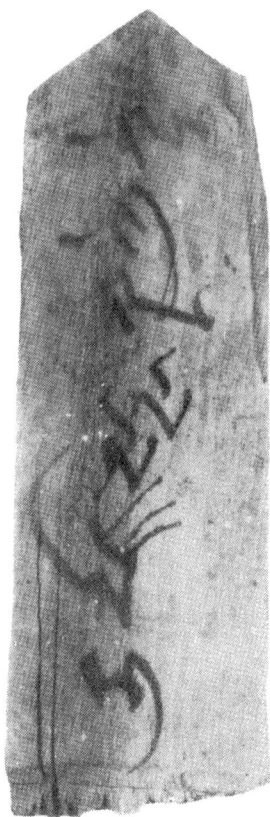

H107　龜<u>茲</u>語財物標籤（木簡）

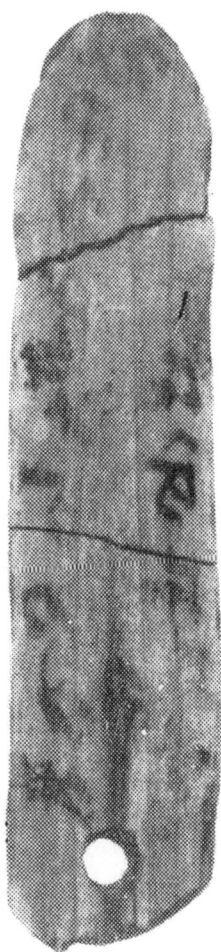

H109　龜茲語財物標籤（木簡）

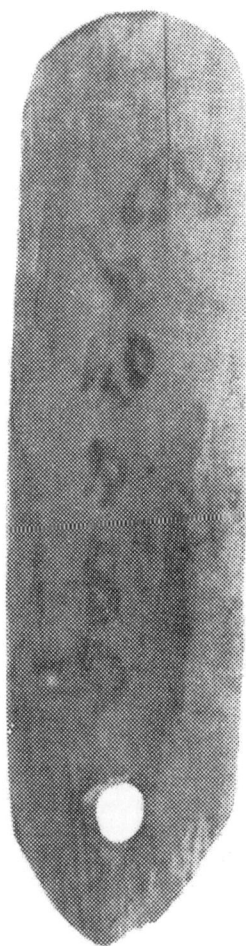

H110　龜茲語財物標籤（木簡）

三

據史德語文書

H111　據史德語郁頭王三年烏郎承諾書

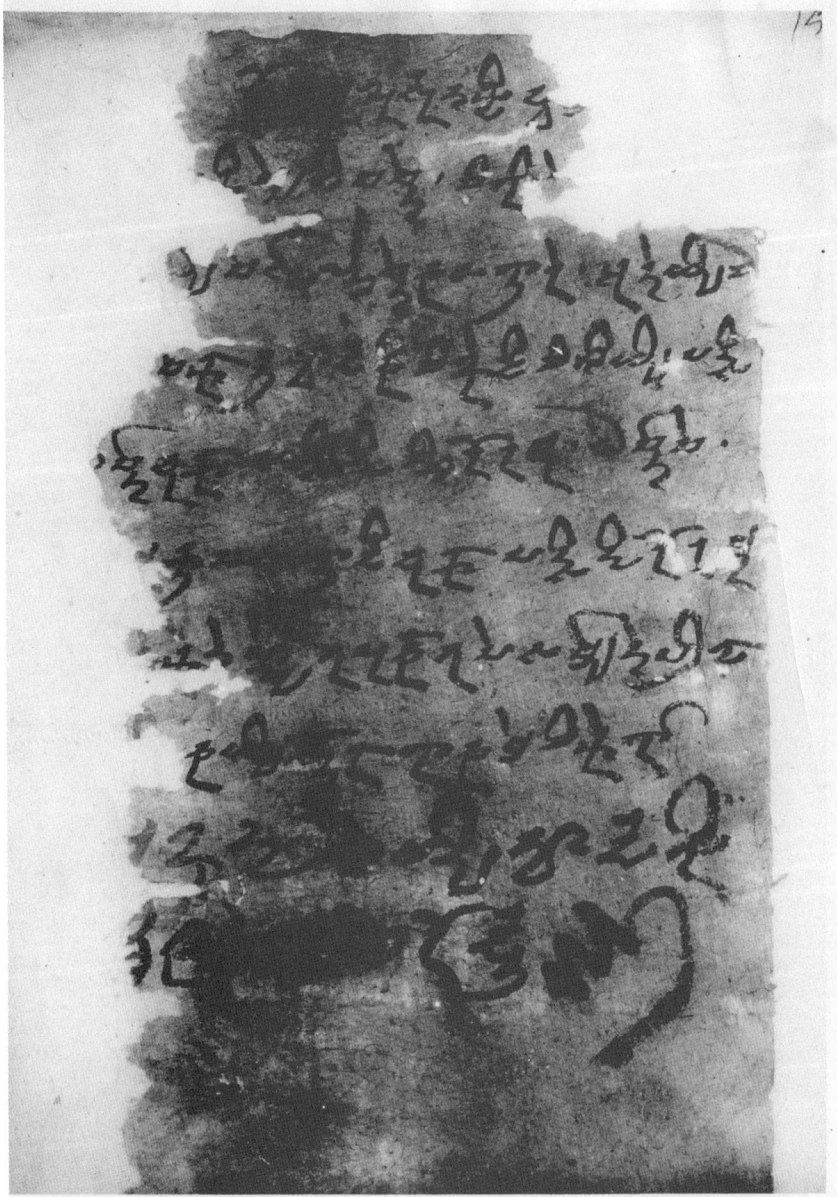

H112　據史德語供養師傅文書

（四）

梵語文書

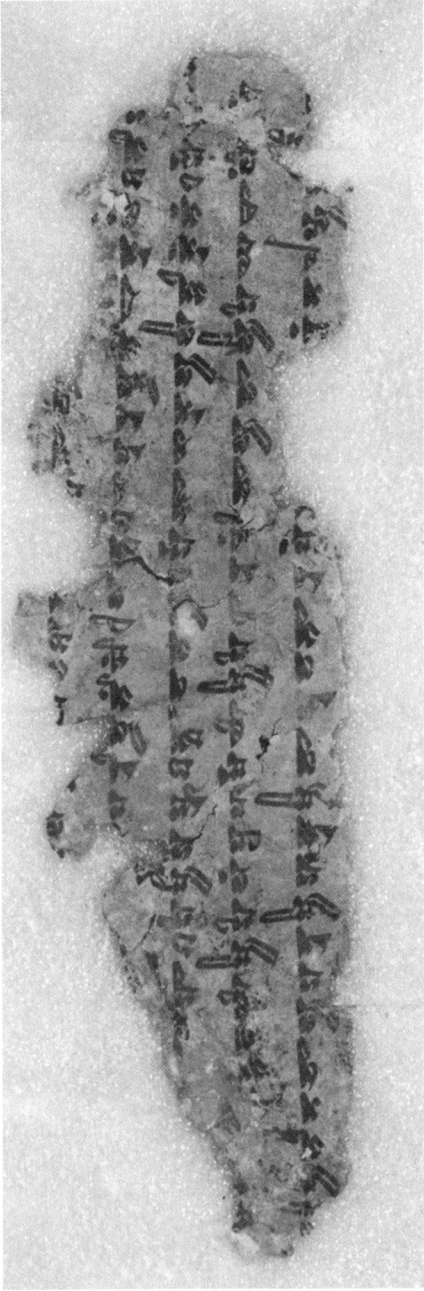

H82r　梵語《妙法蓮華經・普賢菩薩勸發品》

H82v　梵語《妙法蓮華經・普賢菩薩勸發品》

H83r　梵語佛典

H83v　梵語佛典

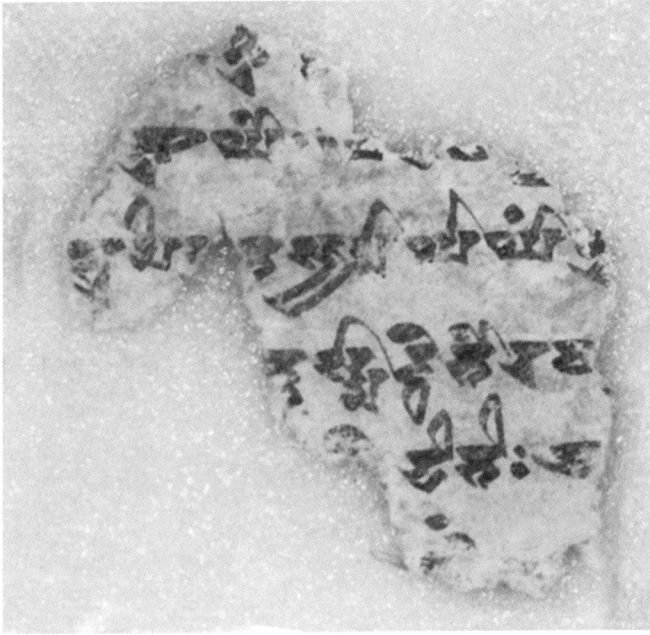

H84r　梵語佛典

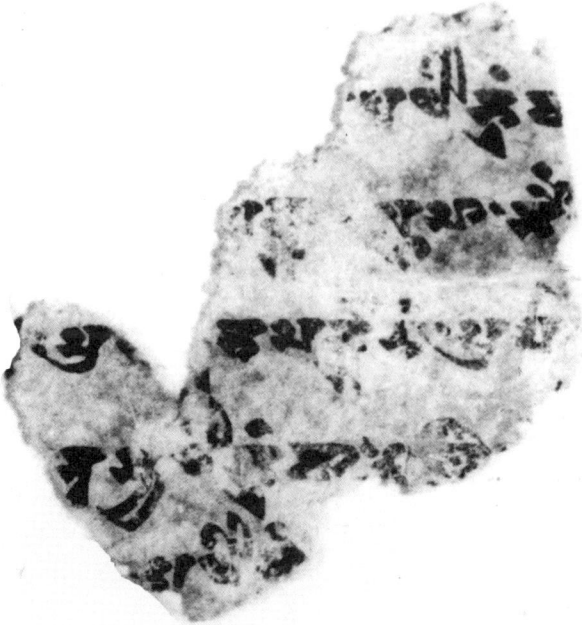

H84v　梵語佛典

H85r　梵語佛典

H85v　梵語佛典

H86　梵語《雜阿含經》

H96r 　梵語佛典

H96v 　梵語佛典

H97r　梵語佛典

H97v　梵語佛典

粟特語文書

H94r　粟特語木牘　　　　　　　　　H94v　粟特語木牘

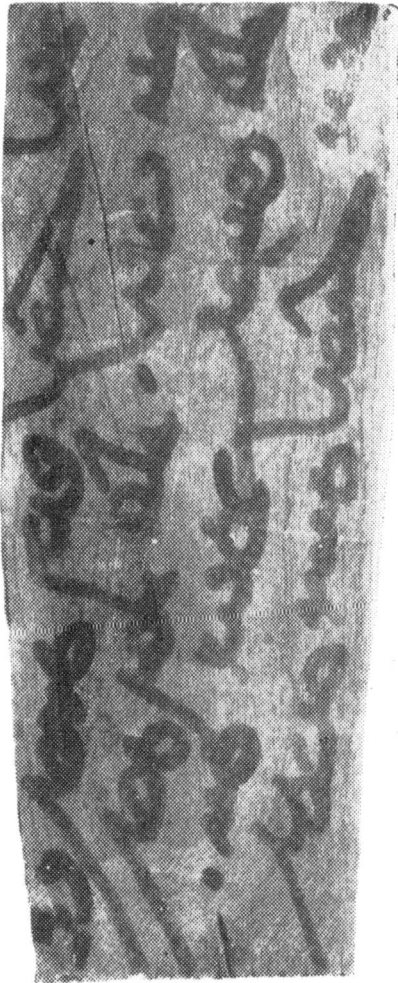

H95r　粟特語木牘　　　　　　　H95v　粟特語木牘

六

摩尼文文書

背　　　　　　　　　　正

H88　摩尼文帕提亞語教會史

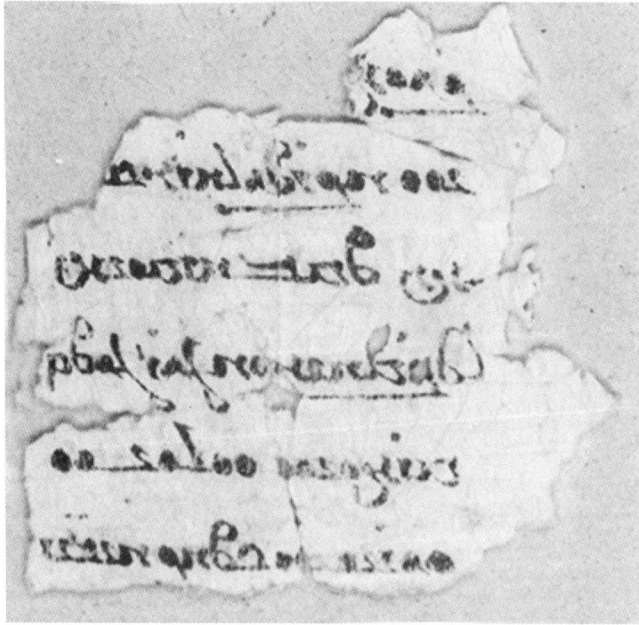

H123r　摩尼文粟特語懺悔文

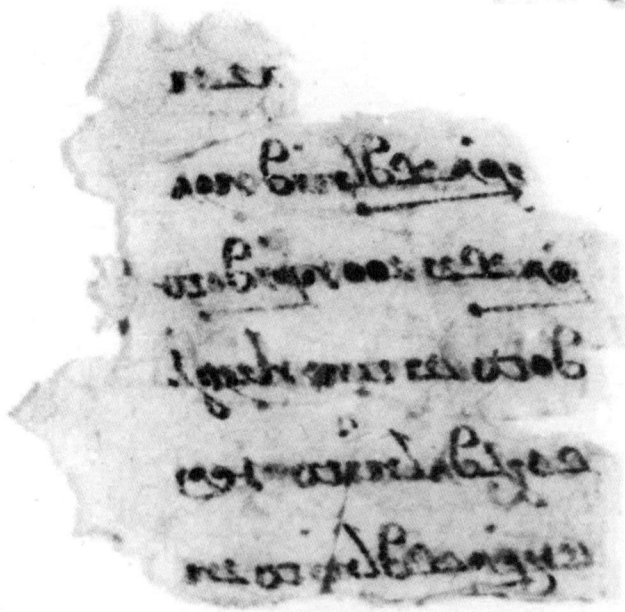

H123v　摩尼文粟特語懺悔文

H124r　摩尼文殘片

H124v　摩尼文殘片

藏文文書

H100v + H101v　藏文致曩兒波書信

八

蒙古文文書

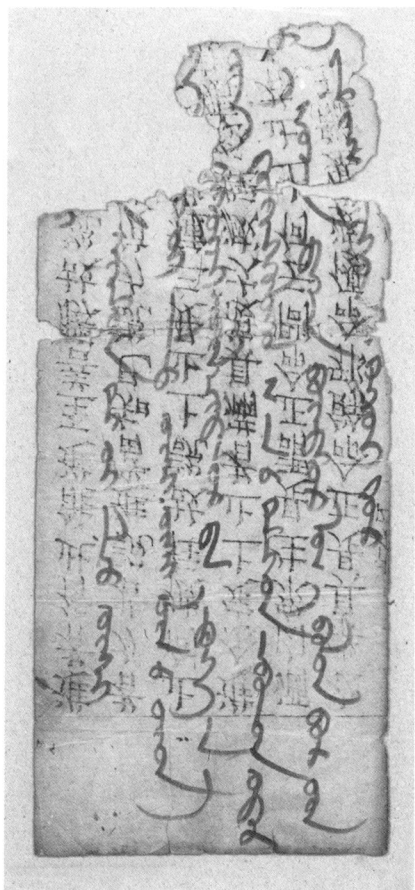

H18v　蒙古文文書 −1　　　　　　 H17v　蒙古文文書 −2

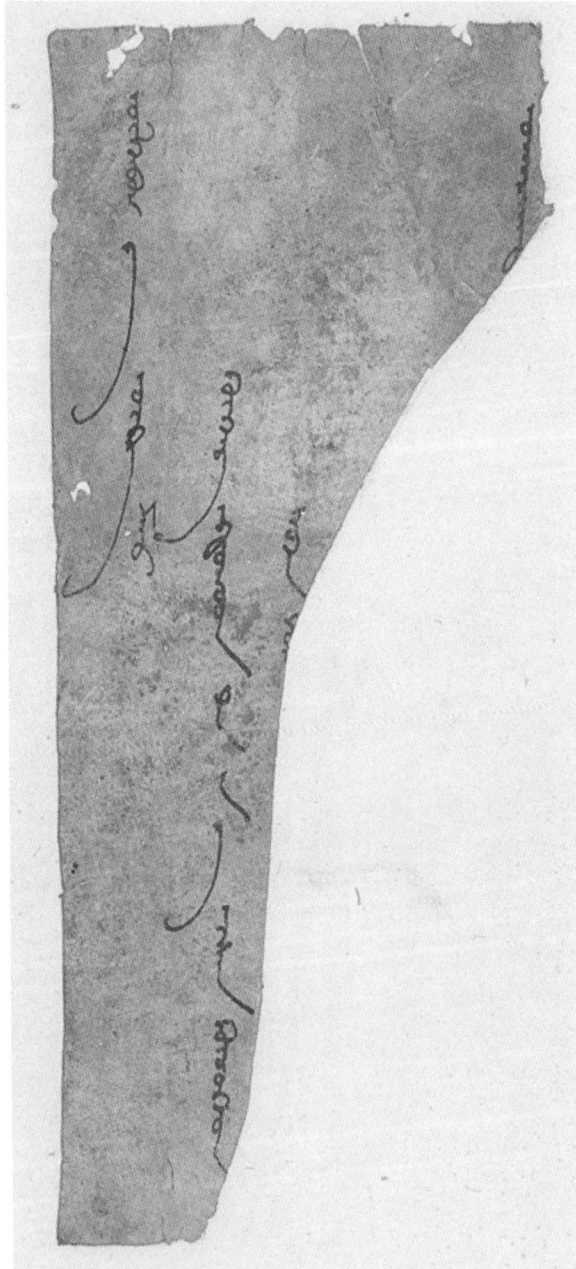

H129　蒙古文完者不花致寬徹亦都護文書（一）

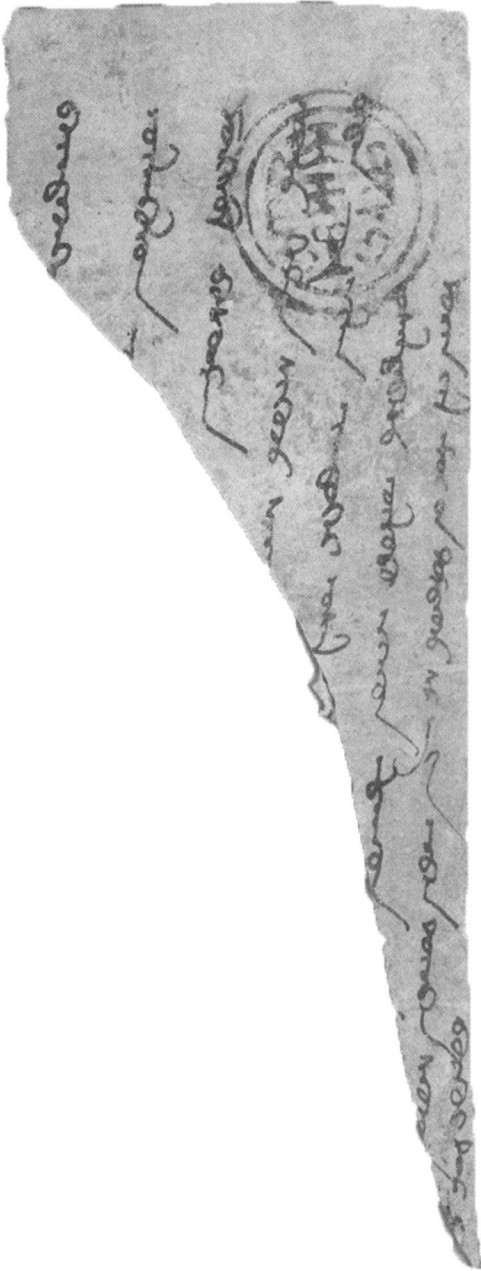

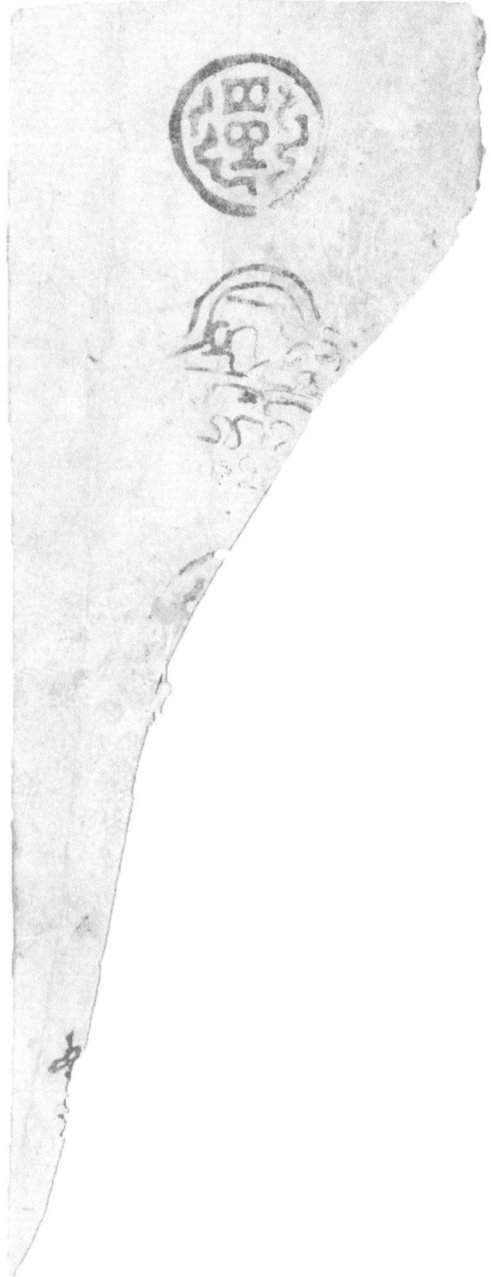

H130r　蒙古文完者不花致寬徹亦都護文書（二）　　　H130v　蒙古文完者不花致寬徹亦都護文書（二）

九

阿拉伯文文書

H104　阿拉伯文文書

十

未比定語言的文書

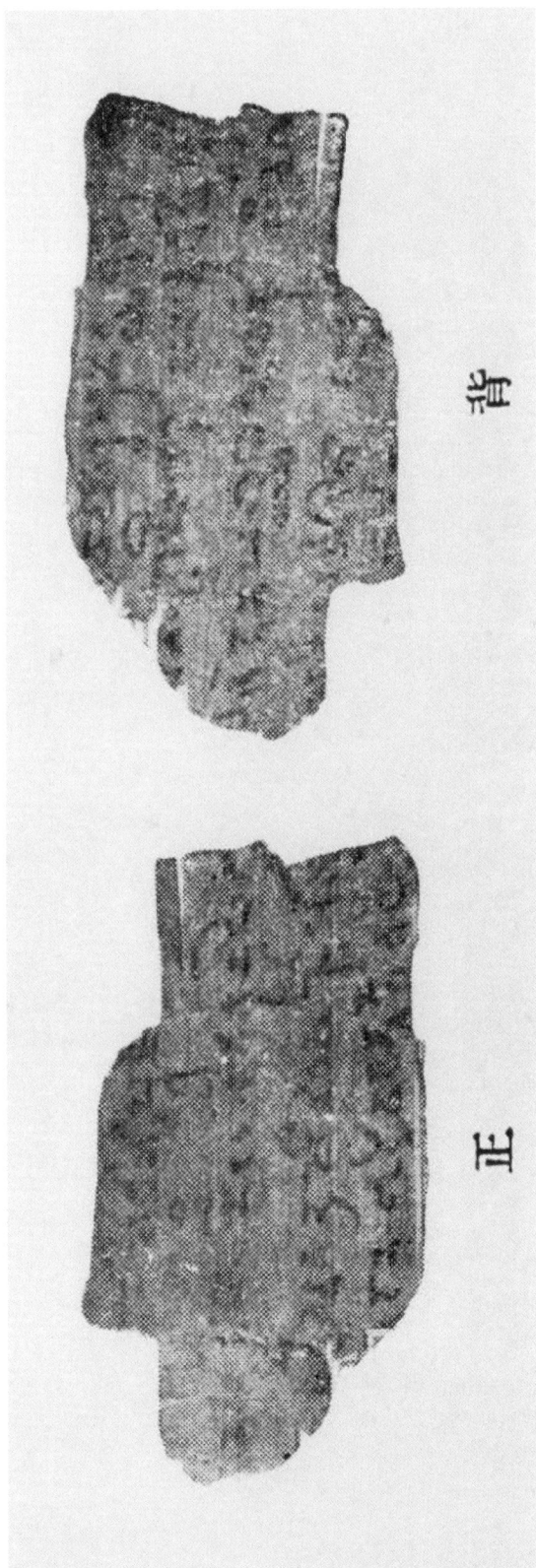

H87　胡語文書

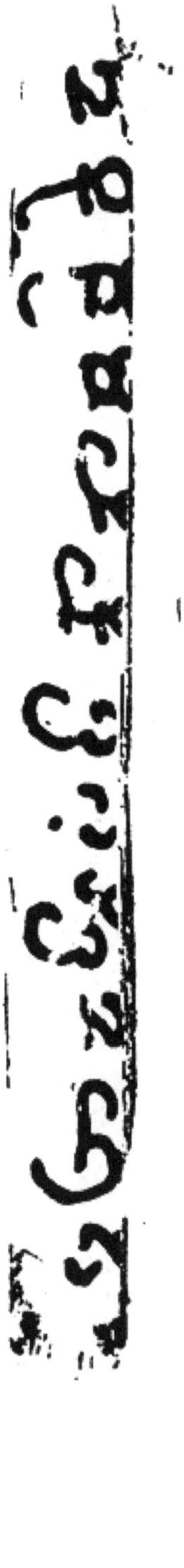

（正）

（背）

H93 胡語殘簡牘

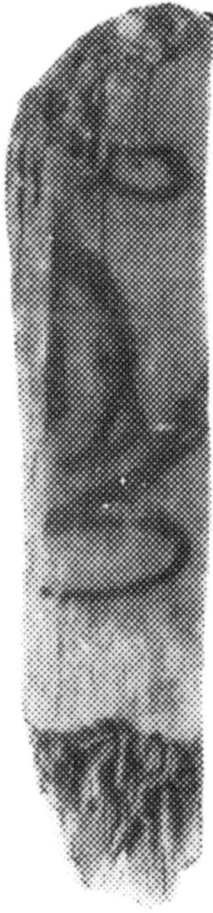

H108　有字（？）木簡